该书是广东省特色创新类项目："广东省新型政商关系构建与民营经济创新驱动高质量发展研究"。（项目编号2020WTSCX105）；

广东省高等教育教学研究和改革项目"新文科背景下粤商创新创业管理精品案例开发与实践应用研究"（2021612）；

广东培正学院重点学科与专业建设项目阶段性成果；

浙江农林大学暨阳学院中国珍珠学院教育教学研究项目：新文科背景下创业创新精品案例开发及在中国珍珠产业学院的应用研究（项目编号：PCC2022-JYB13）的阶段性成果。

该书出版获"广东培正学院重点学科与专业建设项目"资助

光明社科文库
GUANGMING DAILY PRESS:
A SOCIAL SCIENCE SERIES

·经济与管理书系·

新时代企业家领导艺术与人格魅力

张国良 张哲 | 著

光明日报出版社

图书在版编目（CIP）数据

新时代企业家领导艺术与人格魅力 / 张国良，张哲著．――北京：光明日报出版社，2023.6
ISBN 978－7－5194－7291－7

Ⅰ.①新… Ⅱ.①张… ②张… Ⅲ.①企业领导学 Ⅳ.①F272.91

中国国家版本馆 CIP 数据核字（2023）第 099482 号

新时代企业家领导艺术与人格魅力
XINSHIDAI QIYEJIA LINGDAO YISHU YU RENGE MEILI

著　　　者：张国良　张　哲	
责任编辑：李月娥	责任校对：鲍鹏飞　李佳莹
封面设计：中联华文	责任印制：曹　净

出版发行：光明日报出版社
地　　　址：北京市西城区永安路 106 号，100050
电　　　话：010-63169890（咨询），010-63131930（邮购）
传　　　真：010-63131930
网　　　址：http://book.gmw.cn
E － mail：gmrbcbs@gmw.cn
法律顾问：北京市兰台律师事务所龚柳方律师
印　　　刷：三河市华东印刷有限公司
装　　　订：三河市华东印刷有限公司
本书如有破损、缺页、装订错误，请与本社联系调换，电话：010-63131930

开　　本：170mm×240mm
字　　数：365 千字　　　　　　　　　印　　张：17.5
版　　次：2023 年 6 月第 1 版　　　　印　　次：2023 年 6 月第 1 次印刷
书　　号：ISBN 978－7－5194－7291－7
定　　价：95.00 元

版权所有　　翻印必究

序

当今世界，信息革命风靡全球，网络社会悄然兴起，数字经济扑面而来。企业家要以赚钱之心积累学识，因为能力的积累、技术的提高、知识的增长、人事的熟悉、文化的领会都是企业家积累性的学识和财富，也是企业家提升企业核心能力的关键。

企业家是指具有战略思维、战略管理思想和战略能力，掌握战略实施技术，从事研究和制定战略决策，指导企业开拓未来的企业管理决策群体，是企业的最高层领导，也是企业最宝贵的人才资源。

领导，顾名思义，就是领而导之，率领引导。领导，包括领与导两方面。领是刚性的，导是柔性的；过去主要是领，今天主要是导。领导领导，由领到导；只领不导，问题不少；只导不领，指手画脚；又领又导，拍手叫好。威信威信，有威没信，脱离群众；有信没威，无人理会；有威有信，服人服心；没威没信，一事无成。领导分为三种类型或三个层次：一是经验型，二是科学型，三是艺术型。领导艺术，是对领导经验的升华，是对领导科学的发展，是企业家自我修炼的最高追求与境界。企业家领导艺术可具体描述为"运筹帷幄，决胜千里；驾驭全局，协调八方；激励部属，催人奋进；率领队伍，走向成功"的高超本领。好人不等于好干部，好干部不等于好领导。能不能当领导取决于素质，会不会当领导取决于艺术。每一位企业家都渴望能有高超的领导艺术，但是高超的领导艺术不是唾手可得的。提高领导艺术，需要知识铺垫，需要实践历练，需要经验累积，还需要灵感和顿悟。有人说，新时代企业家要有哲学家的思维、政治家的头脑、战略家的眼光、外交家的嘴巴、宣传家的技巧，此话并不为过。

企业家管理企业的核心是处理好人际关系，调动职工的积极性。人的成功实际上是人际关系的成功，完美的人际关系是个人成长的外在根源。环境宽松、和谐协调、关系融洽，令人向往；生活安定、心情愉悦、氛围温馨，人的激情就能得到充分的发挥。天时不如地利，地利不如人和，人和更离不开沟通；和谐协调就是企业的凝聚力，也是企业的核心竞争力。

知识是力量，经济是颜面，人才是根本，文化是灵魂。经济越发展，管理越重要。结合群力，达致目标，这是企业家有效管理的出发点与归属。企业的任何集体活动都需要管理。在没有管理活动协调时，集体中每个成员的行动方向并不一定相同，以至于可能互相抵触；即使目标一致，由于没有整体的配合，也达不到总体的目标。

管理运营，策划先行。"三思而后行。"先谋后事者昌，先事后谋者亡。从哲学原理上看，企业家策划是思维与行动、主观与客观必不可少的联系环节。策划的过程就是认识的过程，也就是发挥人的主观能动性的过程。符合客观实际的管理策划，必然能正确指导人们的管理实践，最终走向成功。

管理载体，在于组织。管理工作是企业整体活动，是一个系统工程，有着明确的目的性。其涉及的范围非常广，需要运用人类丰富的知识和智谋，对整个活动过程进行组织。在企业的管理活动中，组织是必不可少的载体。

管理实践，贵在领导。一头狮子带领的一群绵羊能打败一只绵羊带领的一群狮子。好的领导对管理工作尤为重要。企业需要通过领导职能来运作其组织资源。领导能有效、协调地实现组织的目标，能调动人的积极性，能使得个人目标与组织目标相结合。

管理执行，控制到位。没有规矩，不成方圆。管理控制的实质是确保实际活动与规划活动相一致。斯蒂芬·罗宾斯说："尽管计划可以制订出来，组织结构可以调整得非常有效，员工的积极性也可以调动起来，但是这仍然不能保证所有的行动都按计划执行，不能保证管理者追求的目标一定能达到。"控制能保证组织的计划与实际运作相适应，使得组织的各项工作朝着组织目标的方向前进。控制越完善，越有利于组织目标的实现。

领导决策是领导科学理论研究的基本范畴，不仅要遵循决策的一般规律，按照一系列程序进行，而且要讲究决策艺术，因为它往往是决策成功的要件。科学决策是现代管理的核心，企业家决策贯穿管理过程的始终。决策的艺术——科学决策，程序精准；用度的艺术——把握火候，心中有数；用人的艺术——天生我材必有用，但要用到恰当处；用"兵"的艺术——新时代企业点将用兵十大戒律；协调的艺术——干群关系误区及其矫正；沟通的艺术——和谐沟通是管理艺术之精髓；激励的艺术——基于和谐治理的企业激励兼容艺术；用时的艺术——当代企业家的时间价值观；企业家人格魅力塑造——提升素养，锤炼品格。因此，企业家要不断提高自身素质，既要成为真抓实干、精通业务与技术、善于经营、勇于创新的管理者，也要成为廉洁奉公、严于律己、具有献身精神的带头人。

同时带领员工必须跟上企业发展的步伐，提高自身修养，不断充实和完善自我，找准自己的位子，挑起自己的担子，扮演好自己的角色。

新时代企业家需要大德、大智和大义，更需要担当、作为和涵养，应走在前列，干在实处。清华大学的校风是"行胜于言"；耐克的广告语是"Just do it"（知道了就去做）；海尔文化激活"休克鱼"，工作作风就是"迅速反应，马上行动"。"纸上得来终觉浅，绝知此事要躬行。"要先探索，后实干；先试行，后判断；先运转，后规范。对的坚持，错的纠正，丢掉的是落后，得到的是发展。

企业家领导艺术既是一门科学，也是一种实践。笔者不仅长期在工商管理教育教学岗位的第一线，而且曾在一家公司任总经理，可以说有较丰富的教学和实践经验，因此在写作本书过程中，尽量突出实践性、实务性和系统性。许多案例和专题都是笔者从事企业管理的实践经验和切身体会的总结和提炼，也是经营与管理理念的升华。

本书的一大看点就是介绍了大量的本土化案例与专题，坚持知识性、逻辑性、条理性和趣味性相结合，尽可能地用生动、明了的语言来阐述管理知识和技能，使利于读者理解和掌握。诗语点睛更是本书的一大特色，不学诗无以言。诗以言志，诗以咏物，诗以抒情，引发思考，启迪心智。

本书的出版也必然像任何一项工作一样，完成之日就是遗憾产生之时。因为，尽管笔者小心翼翼，也难免有一些疏漏。这就期待着读者们在学习、阅读中去发现、指正，敬请不吝赐教。在此特赋诗一首，对支持本书出版的有关领导、同事、编辑及读者致谢。

领导艺术颂
张国良
领导艺术是枝花
千人挑水万众浇
堵而抑之不如导
又领又导问题少
带人带心带队伍
刚柔相济是法宝
打铁先得本身硬
上善若水品自高

2022年6月
于羊城花都区赤坭集益湖畔

目 录
CONTENTS

第一章　新时代企业家领导素质与战略思维 …………………………… 1
　第一节　新时代企业家领导素质和能力的基本要求 ……………………… 6
　第二节　新时代企业家的素质与才能 ……………………………………… 9
　第三节　新时代企业家的战略思维能力 …………………………………… 11

第二章　新时代企业家创新思维与创业文化特质 ……………………… 18
　第一节　企业家创新思维 …………………………………………………… 20
　第二节　企业家创新是企业生命之源 ……………………………………… 27
　第三节　创业心智文化特质——以新浙商为例 …………………………… 31

第三章　新时代企业家与战略管理 ……………………………………… 39
　第一节　企业家与战略管理 ………………………………………………… 41
　第二节　企业战略概念及其特征 …………………………………………… 45
　第三节　公司战略管理的层次 ……………………………………………… 50
　第四节　多元化经营陷阱与风险防范 ……………………………………… 56
　第五节　新时代企业避、借、联战略 ……………………………………… 61

第四章　新时代企业家的市场竞争战略 ………………………………… 71
　第一节　企业基本竞争战略 ………………………………………………… 76
　第二节　企业集中化战略 …………………………………………………… 78
　第三节　企业差异化战略 …………………………………………………… 80
　第四节　虚拟企业创业竞争优势的构建 …………………………………… 82
　第五节　企业家基于核心竞争力的创新发展对策 ………………………… 85

第五章　新时代企业家经营道德与生态文化建设 …… 92
- 第一节　企业家经营道德是企业文化之魂 …… 97
- 第二节　企业文化建设与职工合理化建议 …… 100
- 第三节　企业家与生态文化建设 …… 104

第六章　新时代企业家会议组织与沟通艺术 …… 112
- 第一节　会议沟通 …… 114
- 第二节　企业家的会议组织 …… 118
- 第三节　企业家的会见沟通 …… 125
- 第四节　企业家沟通的方式 …… 129

第七章　企业家演讲沟通技巧 …… 138
- 第一节　演讲概述 …… 140
- 第二节　演讲中的思维训练 …… 146
- 第三节　命题演讲 …… 151
- 第四节　企业家演讲沟通技巧 …… 161
- 第五节　即兴演讲 …… 166
- 第六节　竞聘演讲 …… 173

第八章　企业家品牌构建与形象塑造 …… 178
- 第一节　新时代企业品牌成功精髓 …… 179
- 第二节　品牌设计原则 …… 185
- 第三节　名牌质量意识与企业精品保护 …… 190
- 第四节　企业家塑造企业形象策略 …… 194

第九章　企业家领导艺术与人格魅力 …… 208
- 第一节　新时代企业家领导艺术 …… 209
- 第二节　魅力型企业家的心智品格 …… 253
- 第三节　新时代魅力型企业家的辩证思维 …… 257
- 第四节　提升素养，锤炼品格——企业家人格魅力塑造 …… 261

参考文献 …… 269

第一章

新时代企业家领导素质与战略思维

【导入案例1-1】战略型企业家的"四商"

德国著名的军事战略家克劳维次曾说:"在双方的军队参战之前,战争胜负已经可以从双方的战略家身上看出来了。"战略型企业家如何以高超的战略思维能力、丰富的管理经验和变革创新的潜能,在市场中去寻求、发现、捕捉商机,创造市场,这是企业经营所面临的首要课题。企业家只有"善算""巧算""妙算",精于计谋,技高一筹,才能在竞争中高瞻远瞩,面向未来,把握主动。思路决定出路,布局决定结局,吨位决定地位,胸怀决定事业。1999年诞生的内蒙古蒙牛乳业股份有限公司成立仅三年多的时间,在无工厂、无品牌、无奶源的条件下,几乎一夜之间成为全国知名的乳品企业,2002年以1974.31%的高速度成长赢得中国成长企业百强之冠的殊荣。5年增长200倍,6年销售200亿元,在中国乳制品企业中的排位由1116位上升为第2位,创造了在诞生之初1000余天里平均一天超越一个乳品企业的营销奇迹!蒙牛狂奔,牛气冲天,善谋巧算,借力耕田。用别人的钱干自己的事,牛根生以智慧的头脑,用高超的战略、灵活的战术、知名的品牌、文化的魅力,创造了乳业界的神话。从蒙牛狂奔的轨迹看战略型企业家牛根生的"四商":胆商、智商、情商、德商。

一、胆商——顺应天时创牛业

胆商是一种冒险精神,作家丹佛说:"冒险是一切成功的前提,没有冒险精神就没有成功者。"各种创新变革都始于冒险,道理很简单,万事开头难。在"难"面前首要的不是能不能做,而是敢不敢做,去不去做。时势造英雄,机遇盼人杰。正所谓机不可失,时不再来。然而,机遇伴随着风险,所以机遇总是与那些胆商高、敢于冒险的人有缘。就拿经商来说,某一项目的选定,常常面对资金不足、人才匮乏、市场壁垒以及各种不确定因素的风险。在通向成功的途中,会有各式各样可预见和不可预见的"雷区"和"陷阱"。面对风险,高胆商的人励精图治，锐意进取，明知山有虎，偏向虎山行，终于完成了这惊险的一跃，取得了成功，壮大了事业。

牛根生采用先建市场、后建工厂的发展战略与逆向经营模式，建立了研发与销售在内、生产与加工在外的"哑铃型"企业组织形式；并通过"借腹怀胎"，快速繁殖，迅速做大企业。投资少，见效快，又创出自己的品牌。众所周知，许多企业的传统做法是自己花钱建奶站，而建一个奶站需要40多万元。牛根生则另辟蹊径，充分利用当地资源，没花一分钱建奶站，合计5亿多元的资产均由社会投资完成。蒙牛将"虚拟联合"渗透到企业运营的各个方面。有了自己的工厂后，"虚拟联合"在制造环节不断收缩，在产业链的其他环节却进一步延伸。截至2004年，参与公司原料、产品运输的3000多辆运货车、奶罐车、冷藏车，为公司收购原奶的2600多个奶站及配套设施，以及员工宿舍，合起来总价值达20多亿元，几乎没有一处是蒙牛自己掏钱做的，均由社会投资完成（牛根生形象地称其为"只打的，不买车"）。通过经济杠杆的调控，牛根生整合了大量的社会资源，把传统的"体内循环"变作"体外循环"，把传统的"企业办社会"变作"社会办企业"。这就是牛根生当初为跳出"三无"窘境而采取的革命性创举！当这个"阶段性战略"使自己羽翼丰满后，他就毫不犹豫地丢掉这个"第一级火箭"，开始了"全球样板工厂"和"国际示范牧场"的建设。经济界人士说：如果不是"先建市场，后建工厂"，蒙牛产品的问世至少要晚一年；如果不用经济杠杆撬动社会资金，蒙牛的发展速度至少减一半；如果不引入国际资本，蒙牛的国际化至少要晚几年。

什么叫水平？别人发现不了问题，你发现了。什么叫能力？别人办不成的事，你办成了。什么叫效率？别人用一周，你用两天就能完成任务（有用功＝效率/时间）。什么叫魄力？别人举棋不定，知难而犹豫时，你敢冒风险，敢负责任，当机立断，一锤定音——该出手时就出手，这才是胆商与魄力。

二、智商——善择地利铸品牌

所谓智商就是人的智力发展水平。它包括一个人的观察力、记忆力、思维力、想象力、创造力等，是人们运用分析、推理、运算等知识解决问题的能力。智商有先天因素，但更重要的是后天的开发和训练。"力养一身，智养千口""心胜于兵，智胜于力"。牛根生有一个著名的"三力法则"，他认为：从古至今人类的竞争无非是三种力量在博弈，一是体力竞争，二是财力竞争，三是智力竞争。野蛮社会体力统驭财力和智力；资本社会财力雇佣体力和智力；现在和将来的信息社会，是智力整合体力和财力。一个高智商的企业家，应该用自己的智力去整合社会智力、财力和体力。牛根生用他最推崇的智力将蒙牛做成了奇迹。蒙牛和伊利打的都是"草原牌",依托的都是"天然、健康"的概念。牛根生认识到像蒙牛这样的企业首先应该利用自然之恩惠去发展企业,也就是"天苍苍,野茫茫,风吹草低见牛羊"这一自然优势,创建自己的品牌。品牌象征着财富,标志着身价,证明着品质,沉淀着文化;精品引导时尚,激励创造,装点生活,超越国界。市场经济在一定程度上就是名牌经济,竞争的最终局面是名牌所分天下,精品扮演主角。因此,在产品竞争中蒙牛总裁牛根生提出"一切从设计开始"。从企业诞生之日起,他就十分重视产品开发,打造品牌,走产学研相结合的路子,与中国营养学会联合开发了一系列新产品,成功地塑造了"蒙牛"品牌。开业仅三年,蒙牛已在中国乳品行业创造了三项"全国纪录",即以最快的速度跻身中国乳业五强之列,用最短的时间打造出"中国驰名商标",以最佳的创意首倡"中国乳都"新概念。意识能量是财富的种子,财富是意识能量的果实。善于整合外界资源,核心是要生产高质量的产品。"产品=人品""质量=生命",这就是蒙牛人的格言。品质是一个品牌成功的首要保证,也是产品质量的生命线。市场竞争靠产品,品牌竞争靠质量。以品牌占领市场是"蒙牛"提高产品竞争能力的行动准则。蒙牛为提高产品质量,实现全面质量控制,对凡是涉及产品质量的人、机、料等所有方面都实行全面质量管理,并将其贯穿和体现在每个工序及每个工人身上。为提高质量管理的科学性,蒙牛还购入了国际最先进水平的监控设备,对生产过程瞬间状态进行控制,从而达到了精细化、零缺陷的质量管理效果。蒙牛的质量方针是:"产品质量的好坏,就是人格品行的好坏。没有人才的质量,就没有企业的质量,也就没有产品的质量。"蒙牛始终把品牌与质量、产品与人品紧密联系在一起,相得益彰并在消费者中不断提高企业的知名度和顾客对产品的忠诚度、美誉度,形成品牌、质量与效益的良性循环。2002年,蒙牛赢得了"中国驰名商标"和"中国名牌产品"称号。打造"中国驰名商标"最短需要3年,而蒙牛恰恰只用了3年,这充分体现了蒙牛追求高速成长,短时间内成为强势品牌的理想。

为此,"蒙牛"郑重承诺:以顾客满意为目标,以技术创新为动力,倡导绿色环保理念,创造安全工作的环境,提供优质健康的食品,追求管理零缺陷。公司的经营宗旨是:实现质量、效益、环保和安全的可持续发展,缔造"百年蒙牛"。

三、情商——凝聚人和图发展

所谓"情商"就是认识、管理自己的情绪和处理人际关系的能力。这是由美国耶鲁大学彼得·萨洛维教授提出来的。情商包括以下基本内容：认识自己的情绪，主要是自知、自信；管理自己的情绪，主要是自我调节、自我控制；自我激励，主要是设定目标、保持激情；同理心，就是认识感知他人的情绪，了解别人的感受，与人融洽相处；人际关系管理，就是处理人际关系的能力与技巧。有道是："世事洞明皆学问，人情练达即文章。"人情练达即情商。情商是一种心理素质、精神状态、情感性格，它涵盖人的自制力、热情、毅力、自我驱动力、人际交往能力等，是一个人事业成功特别是企业家成功的必备素质。情商之所以重要，是因为情商高的人，人见人爱，由此形成了事业成功的因果链：情商高必然关系多—必然朋友多—必然信息多—必然机会多—必然支持多。牛根生在童年时期就形成了"财聚人散，财散人聚"的观念。妈妈给他一两毛钱，他分给伙伴们花，结果大家都乐意听他指挥，一起去教训欺负过他的浑小子。这时候，他第一次体会到了"人聚"的力量。从此他就这样，自己吃亏，号令群小，领导才能逐步显现。牛根生在伊利集团时就在进行"人情投资"。在童年时期就领悟到的"财聚人散，财散人聚"经验，在成年以后一直不断地被复制——因为业绩突出，伊利公司给他一笔钱，让他买一部好车，他却买了五辆面包车，直接给部下一人一部；他曾将自己的108万元年薪分给大伙，其他小额分配则难计其数。牛根生的座右铭是"小胜靠智，大胜靠德"，而且他平时的行为证明了他确实具有这样的品行。于是在1999年创业之初就有许多亲戚、朋友、所有业务关系都愿意把钱投给这个品行端正、才干卓越的人。更没想到的是伊利手下大将包括液态奶的老总、冰激凌的老总，纷纷弃大就小，投牛根生而去，这样先后"哗变"的有三四百人。牛根生曾告诫他们"不要弃明投暗"，但大家坚定地认为他不是"暗"而是"明"。这些忠诚的老部下演出了一幕"哀兵必胜"的悲壮剧。他们或者变卖自己的伊利股份，或者借贷，有的甚至把自己留作养老的钱也倾囊而出，甚至连买棺材的钱都拿出来了。人心齐，泰山移；人心散，事业瘫。一个团队有没有向心力、凝聚力、战斗力，关键取决于上级；一个上级有没有吸引力、号召力、影响力，关键取决于人格魅力。视人为"手足"者，人必视之为"腹心"。没有"爱护"就没有"拥护"。关心下属，以人为本，这正是牛根生事业成功的基石。

四、德商——大胜靠德树形象

信息是财富，知识是力量，经济是颜面，道德是灵魂。社会主义市场经济必须以高尚的经营道德为灵魂，才能实施可持续发展战略。企业、国家或地区之间的竞争从形式上看似乎是经济的竞争，而实质是产品与科技的竞争，但归根结底是经营者素质和企业文化之间的竞争。企业持续竞争力的背后是企业文化力在起推动作用,成功的企业必然有卓越的企业文化。"没有强大的企业文化,即价值观和哲学信仰,再高明的经营战略也无法成功。企业文化是企业生存的前提、发展的动力、行为的准则、成功的核心。"而经营道德则是企业文化之魂。

经营道德是在商品经济和商业经营实践中产生的。历史上许多脍炙人口的生意经中都有着充分的体现,如"经营信为本,买卖礼为先""诚招天下客,信通八方人""忠厚不赔本,刻薄不赚钱"等都包含着"信、礼、诚"等内容。在中国传统的经营中渗透着浓厚的德商文化色彩。诚信为本,顾客盈门,和谐的人际关系是企业文化之精髓。人无信则不立,店无信则不兴。真、善、美是多么令人向往的字眼!而"真"位居其首,它是道德的基石、科学的本质、真理的追求。诚信对做人来讲是人格,对企业而言是信誉。人格就是力量,信誉则是无价之宝。没有灵魂精神,没有道德的才智,没有善行的聪明,虽说也产生一定的影响,但那只能导致坏的结果。一旦高尚品质的人和坚定的信念融为一体,诚信的理念与企业的经营目标结合在一起,那么企业文化的力量就惊天动地,势不可挡。蒙牛的成功与蒙牛企业文化建设中的"以德经商"密不可分。牛根生创立企业时便给自己立了一则座右铭:小胜凭智,大胜靠德。2004年,他把蒙牛文化概括为一体两面:"牛"文化,"德"字根。

蒙牛文化的"根"是什么?

用一个形象的字概括,是"牛"——"吃的是草,挤的是奶";用一个抽象的字概括,是"德"——"小胜凭智,大胜靠德"。为什么是"牛",是"德"?想想吧,与蒙牛命运相连的是怎样一群人:在产品市场上,是亿万公民;在资本市场上,是千万股民;在原料市场上,是百万农民……除了这"三民",还有"三军":生产大军、销售大军、供应大军。

蒙牛这边龙头一哆嗦,那边就会浪翻船:农民宰牛,市民断奶,股民损金。可是,规避这一切风险的核心力量是什么?是员工。所以,要以人为本。以人为本,就要德字当先。"德"是主根,"与自己较劲"和"经营人心"是两大侧根。牛根生经营理念的核心是注重人格的塑造,这也是企业文化建设的主线和灵魂。例如,在用人方面坚持"有德有才,破格录用;有德无才,培养使用;有才无德,限制录用;无德无才,坚决不用"。在产品质量方面坚持"产品=人品""质量=生命"的理念。道德人格是社会整体文化的基石,经营道德是企业文化之魂。以德治企,崇道德,尚伦理,讲人格,守信誉,不仅是一种良好的职业道德修养,而且也是精神文明的主要表现。"要想客盈门,诚信来待人。"

只有不断加强企业经营者的道德修养，为顾客提供优质产品和良好的服务，才能获财货之利，得安吉之祥。

2021年8月25日，蒙牛乳业（2319.HK）发布2021年中期财报。2021年上半年，蒙牛收入达459亿元，同比增长22.3%，利润达29.5亿元。作为乳品行业领军企业，蒙牛用超预期的高增长，实现"十四五"的良好开局。

财报显示，蒙牛各业务板块增速均大幅领先行业。其中，常温业务获近五年来最快增速，明星产品特仑苏增长近40%；在低温行业较低迷的情况下，蒙牛同比实现7%的逆势增长，市场份额领先优势继续扩大；冰激凌业务同比实现34.8%的快速增长，毛利率明显提升；鲜奶业务收入翻倍，市场份额大幅提升；奶粉业务收入同比上升11.6%；奶酪零售与餐饮渠道双翼齐飞，保持市场领先。2021年是国家"十四五"规划开局之年，蒙牛能够交出一份全面超预期高增长的成绩单，市场认为主要得益于公司准确把握经济发展逻辑和消费复苏趋势，制订了清晰战略并执行到位。

如果说战略型企业家的胆商是"种子"，智商是"土地"，情商是"阳光"，那么德商就是"水源"。万物生长靠太阳，雨水滋润禾苗壮。经营者要以德经商，以信为本，诚招天下客，誉从信中来，青山似信誉，绿水如财源。只有山青才能水秀，只有源远才能流长。

第一节 新时代企业家领导素质和能力的基本要求

企业家是指具有战略思维、战略管理思想和战略能力，掌握战略实施技术，从事研究和制定战略决策，指导企业开拓未来的企业管理决策群体，是企业的最高层领导。

领导，顾名思义，就是领而导之，率领引导。领导，包括领与导两方面。领是刚性的，导是柔性的；过去主要是领，今天主要是导。领导领导，由领到导；只领不导，问题不少；只导不领，指手画脚；又领又导，拍手叫好。威信威信，有威没信，脱离群众；有信没威，无人理会；有威有信，服人服心；没威没信，一事无成。管理结合群力，达致目标。领导分为三种类型或三个层次：一是经验型，二是科学型，三是艺术型。领导艺术，是对领导经验的升华，是对领导科学的发展，是领导干部自我修炼的最高追求。领导艺术可具体描述为运筹帷幄决胜千里、驾驭全局协调八方、激励部属催人奋进、率领队伍走向成功的高超本领。好人不等于好干部，好干部不等于好领导。能不能当领导取决于素质，会不会当领导取决于艺术。每一个领导干部都渴望能有高超的领导艺术，但是高超的领导艺术不是唾手可得的。提高领导艺术，需要知识铺垫，需要实践历练，需要经验累积，还需要灵感和顿悟。有人说，新时代企业家要有哲学家的思维、政治家的头脑、战略家的眼光、外交家的嘴巴、宣传家的技巧，此话并不为过。

企业家作为现代企业具有高新知识结构的管理阶层，不同于企业的日常经营管理者。企业家是企业管理的主体，他们根据对企业内外部环境进行分析，制定和实施企业战略，对企业战略的实施过程进行监控，并对其结果进行评价。所以，企业战略家的构成、能力和素质等方面状况对企业战略的成败具有十分重要的影响。

一、企业家与战略家

"企业家"（entrepreneur）一词最早出现于16世纪的法语文献，当时主要指武装探险队的领导。企业家与企业战略家内含相同。企业家与企业战略家的生成基础都是企业，都是为了企业发展而进行一系列经营管理决策活动，他们在企业的经济活动中起着举足轻重的作用。企业的发展离不开全体员工的共同努力，但个体的员工要经过组织，整合为群体，才能发挥效能，这个责任自然落在了企业家和企业战略家的身上。企业要想发展，也离不开适宜的战略战术，而这些关系企业生死存亡的重大决策，也都有赖于企业家和企业战略家。企业的发展除外部因素外，内部的协调、沟通也要依靠企业家和企业战略家们高超的管理艺术和决策水平。

从工作职能上来看，企业家和企业战略家大体相同，如认识和发现市场中存在的机会和威胁，编制企业中长期经营计划，确定企业经营目标和方向，评选战略项目实施的行动计划，领导企业实施战略计划，等等。在我国目前企业战略家不够成熟、完善的情况下，一般企业家都在履行企业战略管理的工作职能，即企业战略决策一般由企业家做出，从而导致了企业家和企业战略家互相包容的现象，可谓你中有我，我中有你。但他们的外延不同。企业战略家源于企业家，但企业家与企业战略家不能画等号，企业家的发展才是企业战略家。二者很多地方是不尽相同的。

（一）对企业发展的观念不同

企业家注重近期（1—3年）的绩效，要在已定战略方针的指导下，搞好企业日常的经营管理活动。企业战略家更注重长远（5年以上）发展未来，在维护企业正常生产活动的前提下，更注重企业与外部环境之间的关系，以寻求企业的更长远发展。

（二）工作重点不同

企业家侧重的是具体的管理指挥运作，工作重点是"把事情做对"；而企业战略家主要承担战略决策工作，侧重的是谋划，工作重点是"做对的事情"。

（三）知识结构要求不同

对企业家具体的管理知识要求较多，如生产管理、销售管理、财务管理、人力资源开发等微观专业知识。而企业战略家的哲学、社会科学等抽象思维的知识多一些，如战略思维方式、战略比较研究、战略分析方法等。

（四）二者的素质不同

企业家强调各种现时运作能力的提高；企业战略家注重培养和提高各种应具备的素质，强调长远发展能力。

总之，企业家应当成为企业战略家，这是现代企业和经济、社会发展的客观要求；企业战略家来自企业家，又是高于企业家的管理精英。

二、企业家素质和能力的基本要求

（一）企业家精神

企业家精神主要体现在观念上，它是企业精神的核心内容和支柱。它主要包括：

1. 勇于创造的革新精神；

2. 敢于冒险的进取精神；

3. 勇于追求敢于胜利的精神。

（二）企业家的使命感和责任感

使命领导责任，责任完成使命。没有正确的使命就没有合理的责任，使命感和责任感是对企业家素质能力的核心要求。企业家肩负着重要的使命感和责任感，应当成为企业经营的战略家、管理的艺术家、脚踏实地的实干家，所以应具有以下主要素质。

1. 政治思想素质：品格优异，作风高尚；

2. 气质修养素质：具有远大志向、果断的作风、强烈的事业心和责任感，诚实公正，以身作则；

3. 知识素质：应具备现代化的经济技术管理知识，不断吸取国内外先进的技术和管理经验；

4. 能力素质：企业家应具备决策能力、思维分析能力、组织能力、用人能力、自制能力。

【小知识 1-1】经理层的领导风

（1）目光远大，能帮助公司确定明智的方向。

（2）他们全驱使下属取得成果。非凡的企业家应善于挑选那些赞成、支持、笃信他们确定的方向又能发挥作用的伙伴。

（3）创造那种赋予人们力量和鼓励人们实干务实的能力。

（4）善于分配资本。至关重要的不仅是收益，而是如何处理这些收益。

（5）"坠入情网"，热爱自己的企业。（科特）

第二节　新时代企业家的素质与才能

一、企业家的素质

新时代企业家是以企业获得生存与发展为己任，担负企业整体经营的领导职务，并对企业经营成果负最终责任，具有专门知识技能，为企业创造出高效益的高级经营管理人才。企业家素质的主要内容如下。

（一）思想素质

企业家首先应是思想家，要能够经过思维活动，对客观现实有独到的见解，把某个问题、事件或需协调的系统分解成若干部分或子系统，找出它们各组成要素的内在特征和联系，通过优化组合，以适应外部环境的变化，即通常所说的战略思维方式。能够运用战略思维方式，奉行战略思维理念，这是企业家应具备的首要素质。

（二）政治素质

政治素质是企业家政治观点、价值观、道德、社会责任感的综合反映。企业的任何一项战略决策都将涉及企业、国家和社会利益，所以这些因素都对企业高层决策者进行战略决策起着十分重要的作用。因此，政治素质是企业家应具备的核心素质。

（三）技能素质

技能素质是指掌握和运用企业战略技术的能力，包括掌握企业战略管理知识的知识素质和运用企业战略管理技术的能力素质。在知识经济时代，企业战略家所具备的知识框架主要有哲学、社会科学和技术科学等。企业创业团队运用宏观经济知识，可以对经济形势做出迅速判断并推断未来，以此进行战略设计并领导战略的实施。如何运用所学的企业战略技术和企业战略管理知识，涉及能力素质问题。能力素质是指企业家运用企业战略技术的主观条件，包括创造能力、应变能力、分析能力和亲和能力。所以，技能素质是企业家应具备的基本素质。

（四）心理素质

心理素质是指企业家在进行企业战略管理时所表现出来的感觉、知觉、思维、情绪等内心活动的个性心理特征。企业战略家必须具有健全的神经、乐观的性格和饱满的精神。心理素质是企业家应具备的重要素质。

（五）生理素质

生理原本是指机体的生命活动和体内各器官的机能，引用到企业战略管理中是指企业家为从事企业战略各项活动所应具备的身体条件。随着科学技术的飞速发展，企业家的工作愈趋复杂，对既是脑力劳动者又兼具体力劳动者的企业战略家们来说，没有强壮的身体，显然难以胜任工作。所以，企业家必须具有强壮的体魄、充沛的精力。生理素质是企业家应具备的根本素质。

二、企业家的才能

德国一位著名的军事战略家曾经这样说过："在双方军队参战之前，战争的胜负已经可以从双方的战略家身上看出来了。"商场如战场，一个卓越的企业家必须具备许多常人没有的才能，以实现企业发展的战略目标。企业家的才能表现为以下四方面。

（一）战略思维

企业创业团队要对企业战略的选择具有高度的独立思考能力，敢于向传统观念或习惯性的结论挑战；敢于或善于提出问题，具有很强的问题意识，不断地发现问题、提出问题、解决问题。危机感、紧迫感、竞争意识是企业战略家的思想源泉。

（二）组织用人

组织用人就是运用组织理论的原理，根据企业的特点和发展的需要建立企业高层决策集团和分工协作的组织机构，把构成企业组织系统的要素按照战略目标的要求合理地组织起来，并保证其高效率地运转。要知人善任，有计划地识别、选拔、使用和培养人才。

（三）控制协调

失控是企业创业团队无能的表现。企业创业团队必须对影响全局的主要问题进行严格的控制，制定控制标准，并充分发挥各职能部门控制体系的作用；协调各种关系，解决各方面的矛盾；还要具有很强的社会活动能力，以协调企业外部的战略性关系。

（四）应变创新

在当今与未来的世界中，只有一件事是可以肯定的，那就是变化。企业的创业团队必须能够理解和接受变化，根据变化来调整自己的思想，利用变化来实现企业的目标，在变化中不断树立新的管理观念和经营理念。新时代企业家必须具备以下五方面的素质。

1. 品德高尚，志向高远。严格要求自己，锤炼高尚的品德，树立远大的志向。

2. 思维敏捷，知识渊博。具有"月晕则识风，础润而知雨"的敏捷思维，从现象中分析本质，探寻规律。

3. 心理健康，个性优异。意志坚强，情绪稳定，性格良好而有个性。

4. 足智多谋，能力超群。高瞻远瞩，远见卓识，富有韬略，机智果断，随机应变，标新立异，勇于创新。

5. 身体健康，精力充沛。

第三节　新时代企业家的战略思维能力

用兵之道，以计为首；经营之道，战略为要。企业要经营，战略要先行。企业家如何以高超的战略思维能力、丰富的管理经验和变革创新潜能，在市场竞争中去寻找、发现、创造自己的商机，正确把握企业的经营发展方向，实现企业外部环境、内部条件与经营目标三者之间的动态平衡、相互适应，是永恒的话题。如何制定企业经营战略并有效实施战略管理，这是企业高层领导的首要课题，没有战略的企业就等于没有灵魂。

西欧曾做过一次调查研究，企业高层领导人的时间是如何安排的。结果表明：这些高层领导有40%的时间用于企业的经营战略方面，40%用于处理与企业有关的各方面的关系，剩下20%的时间用于处理企业的日常事务——花费在战略上的时间占40%。企业要生存、要发展，必然要求决定企业航向的企业家花费相当的时间和精力冷静地去思考、研究、处理企业战略性的大问题。如果企业家只能以其全部时间忙忙碌碌地处理日常事务或生产中的现实问题，整天当"救火队员"而没有时间和精力去研究带有全局性、关键性的经营战略方面的问题，那么企业就很难在深谋远虑的基础上主动地一步一步向前发展，很难在竞争中取胜。思想领先行动，一个企业家应该具有经营战略头脑，首要的是要具备以下战略思维能力。

一、发现问题的能力

善于及早发现问题是企业家必须具备的思维能力，也是必须练就的基本功。敢于自我否定是企业家及早发现问题的思想基础。问题是客观存在的，归根结底取决于人们如何去认识它、发现它。高明的企业家往往都能够及时发现问题。问题就是差距，正视问题、提出问题实际上就是承认差距，也就是一种自我否定。只有不断地否定自己，永不满足，才能不断地超越自己，不断前进。大多有进取精神的企业家并不是漫不经心地等待问题，而是未雨绸缪，未战先算，自我加压，掌握未来发展的主动权。发现问题的过程，实质上就是调整研究和系统分析的过程。只有在调查研究的基础上，掌握大量的第一手资料，并通过系统的分析，找出差距，才能发现问题。企业家应该注意发现哪些问题呢？

（一）新形势下出现的新问题

新体制、新技术、新工艺的采用都会对企业家提出新的课题和任务。挑战和机遇并存，这就要求企业经营者不仅要有战略家的头脑和思维，更要有良好的预见性和战略眼光，主动适应新的形势和任务，采取相应的对策。

（二）被某种现象所掩盖的问题

企业家不仅能看到显而易见的问题，而且还要善于发现潜在的或被某种倾向所掩盖的问题。这就要求企业家要有敏锐的洞察力，透过现象看本质，从而开拓更为广阔的市场。

（三）发展中出现的新问题

成功的企业家总是十分注重企业在发展中可能遇到的问题，如产品开发、技术、人才、资金短缺等问题。发现和解决这些发展中的问题，才能实现企业的总体发展战略。

（四）群众所关心的热点问题

为了提高自己发现问题的能力，应走群众路线——从群众中来，到群众中去，兼听则明，集思广益。积极鼓励职工结合企业的实际，提出合理化建议。

由于客观事物的复杂性和主观认识上的差异性,发现问题不容易,解决问题更需要下一番功夫。企业需要解决的问题很多,重点是要抓住关键问题作为战略决策的对象,才能做出具有全局意义的战略决策。因此,现代企业家的战略思维必须要做到两点:第一,要谋全局。既高屋建瓴,统筹谋划,全方位地思考,防止顾此失彼,又要区别不同层次,分清轻重缓急,把握有度。第二,要谋长远。在制定战略决策时,既要立足现实,又要着眼未来;既从实际现实出发,又有未来超前意识,使企业不断适应市场环境与市场变化,处于主动领先地位,把握和赢得未来。

二、形成概念的能力

企业家思维中的概念形成能力是一种非凡的创造力,是制定和实施战略的先导。概念是对客观事物普遍的、本质的、概括性的反映,它是抓住事物本质和内部联系的基础,是人类思维的第一个环节。只有建立正确的、科学的概念,才能准确判断、恰当推理。概念形成阶段是人的认识已从感性认识上升到理性认识的阶段。科学思维的成果都是通过形成各种概念来加以总结和表达的,企业家应具备在错综复杂、不断变化的各种因素及其相互联系中发现根本性、本质问题的能力。要创性地形成企业战略的概念,就要把辩证法的思想应用到制定战略中去,形成全新的战略思维。辩证思维的基本特征是全面性、准确性、本质性、具体性。

首先,全面性要求在制定经营战略时思维必须全面周到,对经营战略的内容、目标要全面考虑,既要考虑过去、现在,还要考虑未来;既要考虑外部环境的机会和威胁,又要考虑内部条件的优、劣势以及企业宗旨、经营哲学,整个企业发展态势等概念,要把企业经营战略放在市场的大环境中去考虑问题;既要考虑国内市场环境、竞争对手、行业环境,又要考虑国际市场环境。其次,准确性是指战略思维必须准确清楚,不能似是而非。再次,本质性是指在制定战略的思维过程中能够透过现象看本质。最后,具体性就是制定战略时要具体问题具体分析,这是马克思主义活的灵魂。

从上述特征可以看出:辩证思维是一种科学的思维。只有掌握了辩证思维的真谛,才能在战略思维中形成正确的企业战略概念,准确、清晰地表达概念,从而有利于界定问题、达成共识、理顺思路、制定和实施战略管理。

三、超前预见的能力

企业家超前性思维是指面向未来、超越客观事物实际发展进程的思维,其特点是在思维对象实际发生变化之前，就考察其未来可能出现的各种趋势、状态和结果。在飞速发展的现代社会，超前性思维和预见能力对企业家具有十分重要的意义。

首先，现代社会全球性经济、技术联系日益加强，因此企业家的视野应不断拓宽。领导的视野不能局限于本企业本地区，而需要扩展到整个国内和国际市场，面向世界，面向未来，在全球范围内寻求自己的战略立足点。一般来说，领导的视野越广阔，所涉及的因素越多，变化幅度越大，影响越深远，就越需要加强思维的超前性和预见性。

其次，现代社会经济、技术发展速度日益加快，如从科学发现、发明到形成社会生产力的周期越来越短，机器设备和工业品更新速度大大加快，科学技术经济信息剧增，等等。在这种情况下，企业家要制定企业的发展战略，就必须事先考虑到这种迅速变化的环境，使思维变化走在环境变化的前面。

最后，现代社会经济、技术竞争日益加剧，也使得超前性思维在战略活动中的价值大大提高。一个企业家在强手如林、竞争激烈的社会中，要想掌握战略的主动权，没有超前性思维显然是不行的。从某种意义上说，没有超前性思维，就没有真正的战略，也就没有战略的主动权。

当然，超前意识要从实际出发，建立在现实性的基础上，要有可行性而不能好高骛远。凡事预则立，不预则废，科学的预见是企业经营者成功策划的基础。金风未动蝉先觉，捷足先登；善于预见则成功，不善于预见则失败。中国有句古语"处事识为先而后断之"。因此，企业家必须提高自己的预见力，能见前人所未见，想今人之所未想，能从现状看到未来，能提出真知灼见。

四、独立思考的能力

大文学家韩愈曾说："业精于勤，荒于嬉；行成于思，毁于随。"独立思考能力含义有三：一是分析和判断问题时不为他人所左右，有主见，不人云亦云。二是能深思熟虑，慎明思辨，在众多复杂的关系中发现它们的相互联系，并能抓住问题之关键，牵"牛鼻子"。三是独特的创新思维方式，不受习惯势力和惯性思维的束缚。战略思维方式主要有以下五种。

（一）纵向思维

纵向思维又称顺向思维，是按照事物形成发展的时间顺序考虑问题的一种思维方式。运用该方式考虑制定战略问题时，把相对独立的事物按其发生的先后顺序进行分析，从而以事物发展的阶段性特点和前后联系去思考问题，受传统习惯影响较大,在多数情况下难以达到预定的战略目标。

(二) 横向思维

它把思维的内容平面铺开,通过分析企业战略中各种条件或因素间的相互影响制约关系来认识事物。该方式由于把经营战略放在普遍联系、相互影响、相互制约的关系中认识,因而容易提高对战略经营的全面认识,有利于战略管理的成功。

(三) 逆向思维

逆向思维也称反向思维,是在战略思维过程中从已有的结论推出前面的思维方式。该思维方式由于不符合常规,因而容易发现一些在正常思维条件下不易发现的问题。现代社会发展的速度是前所未有的,这就要求人们的思维方式要多样化、立体化,解放思想,拓宽思路。在企业经营活动中,不少成功企业家善用逆向思维,从反面提出问题、解决问题,从而取得意想不到的成果。

(四) 多向思维

多向思维是对战略议题从各个不同角度进行全面考察后得出结论的思维方式。该方式的特点是从点、线、面不同的战略层次进行全方位思考,形成立体思维,从而具有灵活多变、消除死角的优点。从各个侧面、各个角度、各个层次考察审视企业,把企业作为一个有机整体,站得高、看得远、想得全,从而制定出驾驭全局指导全面的总体战略。

(五) 动态思维

动态思维是在战略中依据客观外界的变动情况而不断调整和优化战略思维的内容,以提高思维正确性的一种思维方式。由于外部环境是不断变化的,如果战略思维活动不能随着外部环境的变化对其内容进行协调,以修正思维的方向和目标,就很难做出正确的战略决策。

五、应变创新的能力

在市场经济的海洋里,潮涨潮落,变化频繁,顺潮流善变者生,逆潮流不善变者亡。市场风云,变幻莫测,强手如林,各显神通。企业家要善于把握千变万化的市场行情,以变应变,先谋后战,才能在商海中避风浪,绕暗礁,直挂云帆济沧海,夺取最后的胜利。灵活应变是企业家自觉地适应变化了的客观形势并巧妙有效地处置问题的能力,在科学判断的基础上使原则性和灵活性高度统一。对客观环境必须遵循了解、适应、利用、影响、改造五个程序,核心是适应。适者生存不仅适用于自然界生物界,在社会经济界更是如此,无论企业还是个人，要生存和发展下去，必须使自己适应环境。为能够主动适应环境，必须及时了解认识环境的现状和未来变化的趋势，在了解和适应的基础上发挥主观能动性，充分利用有利条件，力求尽快发展自己。创业难，守业更难。企业家必须保持对新鲜事物敏锐的洞察力，见微知著，富有想象力，思路开阔，善于提出大胆而新颖的设想，敢闯敢干，每一时期都有新思路，不断地用更新更高的目标鼓舞人们前进。诺贝尔奖获得者西蒙说："管理的核心在经营，经营的核心在决策，决策的核心在创新。"特别是在进行企业发展战略决策时，面对的都是未来可能出现的问题，需要企业家不断地探索和创新。创新思维活动有其内在规律性，一般要经过五个阶段。

第一，准备阶段。不打无把握之战，不打无信心之仗。首先要有推动创新活动的内在动力，不达目的决不罢休。

第二，深思熟虑。这是创新思维的关键一步。一着不慎，满盘皆输；一着领先，全盘皆活。

第三，休整待发。对错综复杂的问题，冥思苦想，仍理不出头绪，应暂停一下，自我调整。

第四，豁然领悟。灵感一来，进入新的境界。创新思维突然出现，经过休整酝酿，长期积累，新的智慧的火花闪烁，从量变到质变，实现思维的飞跃。

第五，调整成熟。灵感有时是不可靠的，必须发挥理性思维和理智判断的作用。从逻辑推理上加以验证，必要时可以进行局部试验实证，然后再逐步推而广之。

总之，认识和掌握上述创造性思维活动的规律性，将有助于企业家增强创新思维能力，提高企业经营战略创新活动的效果。企业家的本质在于创造，而这种创造性又突出地反映在战略思维的全过程之中。创造性思维就是在战略思考中冲出各种旧思想的束缚，在常人前人的基础上产生新的创意、新的创造和新的突破。它表现在企业战略活动中就是制定出乎前人和常人的并且符合经济发展规律的经营战略。人的任何能力都不是先天就有的，应变创新能力也是在日常社会生活中通过学习、积累、总结、锻炼而形成并不断提高的。因此，企业经营者提高思维能力和应变能力的途径应是不断学习，博学多识，并且积极参加社会实践活动，积累经验，勤于思考，多谋善断，这样才能使自己的思维更加敏捷。

"知人者智，自知者明。"播下一种行动，你将收获一种习惯；播下一种习惯，你将收获一种性格；播下一种性格，你将收获一种命运。发挥战略领导作用，应从认识自我、管理好自己的生命开始。针对我国许多企业规模一大就战略失调的深层领导问题,从改变这些企业家的言行入手,特总结出了以下"领导要诀30字"。

特别提醒：领导要诀30字。

对不起,是我错了。

你有什么建议?

就照你的办。

我们一起……

干得好!

谢谢!

请……

无字诀：微笑。①

实际上,以上介绍的领导要诀30字,不仅适用于领导,也适用于员工,其中所蕴含的深层理论含义,涉及管理沟通、团队合作、管理授权、报酬激励、人才培养、自我超越等多方面的内容,因而具有一定的普遍适用性。当然,在实际运用中,需在理解这30字真正内涵的基础上,将其转换成更为符合相应组织或个人特色的类似语言,真正注意常说、常做,这就更有助于形成企业团队的合作精神,增强员工凝聚力,发挥群体智慧,从而推动企业的长期持续发展。

对领导来说,在语言习惯上除了经常使用领导要诀30字,尽量避免使用领导最不重要的30字。

领导最不重要的30字：

7字：照我说的做,没错!（刚愎自用）

6字：我早就想到了（揽功归己）

5字：你怎么老是……（诿过于人）

4字：绝不可能……（扼杀创新）

3字：我来做。……（事必躬亲）

2字：今后……（犹豫不决）

1字：我……（自我中心）

（无语）黑脸! 红脸! ⟷ 白脸!②

---

① 项宝华. 战略管理：方法与艺术 [M]. 北京：华夏出版社,2001.
② 项宝华. 战略管理：方法与艺术 [M]. 北京：华夏出版社,2001.

第二章

新时代企业家创新思维与创业文化特质

【先导案例2-1】创出自己事业的新天地——浙江农林大学学生宋雅丹的创业之路

我于2008年4月在淘宝平台上开设了一家属于我自己的网店，取名为木木家（网址：http://mumuhome.taobao.com/），用我平时省下来的300元零花钱去杭州四季青面料市场进了布料，自己设计制作了几款衣服放在网店里出售，没想到一下子卖出去了，而且还有很多顾客想买我的衣服。我就继续进面料，设计、制作衣服出售。就这样，我淘宝店的生意越做越好，第一年我就赚到了我人生的第一桶金——300万元。

木木家经过两年的快速发展，经过设计、生产、销售环节的不断完善，至今已达到平均日销售量1500件的水平，2009年年销售额达到了1400多万元，2010年第一季度已基本达成销售额1000多万元。今年我将抓住发展的机遇，推进网店公司化进程，打造自己的服装品牌文化。

木木家经过两年的经营，设计部、客服部、发货部和仓储部均得到了快速的发展，并开始稳定完善。

（1）木木家设计部。木木家从自己一个人设计开始，发展到拥有自己的服装设计部。2009年木木家陆续从社会上招聘服装设计师，组建属于自己的服装设计部，至今已拥有5名专业的服装设计师，其中主设计师曾在全国行服装设计大赛中多次获奖，拥有时尚、多元的服装设计理念。木木家服装设计部的成立，通过各种交流培训学习，每月设计服装款式近百款，大大丰富了木木家女装的款式，给广大顾客增加了选购的余地。

（2）木木家客服部。木木家因发展需要，通过不断扩招，至今已拥有客服工作人员20名，其中工作一年以上的客服有5人，半年以上的客服有7人。客服部设置客服经理1名、店长1名。客服部拥有严格的日常考核制度、年轻的团队管理模式、到位的培训学习机制。客服部通过不断发展完善，其接待能力不断增强。

（3）木木家发货部。木木家发货中心共占地2000平方米，发货中心工作人员共12名。前期对发货部门进行了整改，规范了发货流程，引进了上海管易软件有限公司的发货系统，邀请专业人才对发货员进行了专业培训。通过培训和学习，大大提升了发货速度和准确率，平均日发货数量达到了1200多票。

（4）木木家仓储部。木木家仓储部共两层，占地2000平方米，仓储部工作人员共20名。仓储部负责面料的采购、加工原料的配发、成衣进库的质检和仓库管理配发。

回顾我创业的历程，总结了一下，我的创业共经历了五个阶段。

第一阶段（2008年4月—2008年9月），淘宝创业初期。

在淘宝网成功开设店铺之后，销售了第一批由自己设计制作的成衣，受到广大顾客的青睐，这就大大坚定了我的信念，网络服装销售坚持原创。当时，店铺内的所有工作均由我一个人完成，包括服装款式的设计、面料的采购和衣服的销售等。后来由于订单太多，我就找了学校附近的一家裁缝店帮忙加工。那时基本上除了上课，其余的时间都在设计、制作和销售衣服。

第二阶段（2008年10月—2009年3月），店铺完善阶段。

店铺经过了6个月的发展，已拥有了一部分稳定的客源，每天的订单都在增加。店铺所有的工作都由我一个人来做实在来不及。那时候我就想到了要招聘客服人员，成立我自己的客服团队。商品拍摄开始尝试聘请模特、摄影师和化妆师进行外拍，商品的描述上了一个台阶，更好地阐述了我们的商品。顾客对此反响很好，销售额进一步提高。

第三阶段（2009年4月—2009年8月），快速发展阶段。

店铺各方面已基本完善，在同等级别店铺中已经遥遥领先，但销售额处于瓶颈阶段。为了进一步扩大消费群体，提高销售额，此时我们采取了与顾客进行互动，提高顾客忠诚度的方法。店铺留言区成了我们的互动区，顾客可以在留言区跟我进行交流互动。我们将一些宝贵的意见、建议搜集起来，为下一步服装设计及销售打下基础。同时，采取培训学习的方法提高客服的服务态度和水平，店铺进入了快速发展阶段。

第四阶段（2009年9月—2010年2月），店铺提升阶段。

店铺快速发展，仅凭我一个人设计根本满足不了顾客对衣服款式的需求，于是招聘了4名专业服装设计师加入我的团队，在产品的丰富度上有了明显的提升。同时，跟淘宝网有了进一步的合作，签订了大量的广告合同。大规模的广告投入使店铺的收藏人气等指数快速增加，销售额也跨越性地增长。

第五阶段（2010年2月至今），网店公司化阶段。

在经历前期快速发展之后，店铺的发展已粗具规模，单靠网店的管理模式已经无法满足当前发展的需要，将网店公司化运作迫在眉睫。首先进行公司的注册和女装品牌的注册。其次将公司内各部门进行明细分工，出台公司各类考核制度等一系列公司化的模式运用于我的网店。公司化运作进一步提高了网店的正规化建设和木木家女装品牌的竞争力，为将来品牌的进一步发展打下坚实的基础。

一个超前的创业项目，是成功的一半。现在创业不像十年前创业那么简单——肯花时间去做，大部分都能成功；现在如果没有一个好的项目，恐怕你再怎么努力都是白费时间。如果你能在准备创业之前就能选择一个超前的项目，那你已经成功了一半。我首先在创业之前就看准了电子商务的发展前景，网购将会快速发展，其次揣摩了女孩穿衣怕撞衫的心理，最后我选择了在淘宝这个网购平台上开创自行设计衣服款式进行销售的项目。

一个优秀的工作团队，是成功的支柱。创业初期你一个人把所有的事情都搞定也没有问题，但是当你的事业发展到一定阶段的时候，仅靠你一个人的力量是远远不够的，这时候就要靠你的团队来一起完成。我的事业之所以能走到现在，我的团队是一个很大的支柱。团队中的每一个人我都非常了解，我能合理地分配他们工作，发挥一个团队最大的能力。

一套正确的营销策略，是成功的关键。我们做所有事情的目的是要成功销售自己的商品，你能否成功销售你的商品是衡量你是否成功的标准，这时候你就需要一套量身定做的营销策略。我们要抓住我们服务的对象，设身处地地思考：如果我是一名顾客，什么样的衣服最吸引我。我选择了主动去跟顾客沟通，跟顾客做好互动，了解顾客最需要的是什么。我们的营销策略是我们成功的关键。

第一节　企业家创新思维

许多创业者既向往创业，渴望创业，又害怕创业，担心创业。创业实践活动能否顺利展开，取决于创业者创业能力的高低。在同样的环境下，创业能力越强的人抓住机遇、成功创业的可能性就越大。创业教育的最终目的是培养大批社会急需的创新创业型人才。因此，系统地学习创业管理相关知识，不仅能够培育创业者的创新精神、创业素质，而且可以培养和提高大学生的社会生存能力、竞争能力和可持续发展能力，培养和造就社会所需要的高素质复合型人才,这是构建创新型国家与和谐社会最为重要的基础。发展企业家的创新思维要把握以下"三点论"。

一、战略——认识论

使命领导责任,责任完成使命。激情推动创业,创业带动就业。自主创业,挑战自我,是人生最大的资本。愿景的"愿"字原来是我的心,是我的一种愿望;企盼是出自内心的动力,也就是信念。信念是世界上最伟大的力量,信念是企业的生命,也是创业管理者的使命。它为创业定基调、指方向、拓思路、树形象。用兵之道,以计为首;创业之要,理念先行。大学生要有想创业、敢创业、能创业的那么一股敢创敢拼的劲头,并体现和融入个人创事业、家庭创企业和为社会创大业的实践之中。立志创业,就应该勇敢地去接受创业征途上的各项挑战;如果你渴望成功,就要建立必胜的信念。这样,你才有机会实现你的梦想,成功地塑造崭新的人生。

没有战略的企业就像断了线的风筝,没有战略的创业者头脑就像没有蜡烛的灯笼。人无远虑,必有近忧。战略远见是创业成功的源泉。因此,创业管理者在战略思考方面:一是谋全局。它以创业全局为出发点和着眼点,从各个侧面、各个角度、各个层次考察审视创业管理,把创业管理视为一个有机整体,站得高、看得远、想得全,从而制定出驾驭全局、指导全面的创业总体战略,绘制企业发展的整体蓝图。它关心的是"要做对的事情",注重对企业未来总体方向的谋划,而不仅仅是"把事情做对"。二是谋长远。创业的立足点是谋求提高企业的市场营销竞争力,使企业兴旺发达、长盛不衰,谋求的是企业的可持续发展,而不是追逐短暂的虚假繁荣。创业战略规定企业未来一定时期内的市场营销方向,"它关心的是船只航行的方向而不仅仅是眼下遇到的波涛"。大海航行靠舵手,舵手靠的是船上的舵,经营战略是创业管理的命运之舵。

创业者既要看到创业成功之后的收获、掌声和荣誉,也要充分评估创业的风险,实事求是分析自己所具备的创业能力,做好承受挫折和失败的心理准备。因此,大学生创业要树立正确的创业观,要辩证地看待创业。

首先,要认识创业能力的可塑性。创业者要有一定的能力,创业能力表现为一种动机、一种精神,也表现为一种思维能力、决策能力、沟通能力、运作能力、经营管理能力及学习能力。所有这些能力不是先天的,是后天教育和培养的结果。因此,创业能力,对每一个人来说,不是有没有的问题,而是能否正确认识这种能力和自觉开发这种能力。创业能力是自我学习和环境条件决定的,创业能力是可塑的。

其次，要认识到创业的风险性。创业具有一定的风险性，创业的过程就是充满风险的过程。经过一系列的市场调研后，原始的创意可能被无情地否定；从技术到产品的项目运转过程，小试、中试都可能失败；在无情的市场竞争中，产品的营销、对手的竞争等任何一个环节的失败都可能使企业受挫。任何一种风险都会造成物质和精神上的损失，很多风险和损失都是需要创业者个人来承担的。在国内创业的企业中，寿命少于5年的约61.9%，在10年之内面临淘汰命运的达80%以上。事实上，国内将近60%的创业失败率正说明了创业的艰难度和风险性。

最后，要认识创业道路的曲折性。许多创业成功者都是从零起步的，创业思维比金钱更重要。头脑就是银行，思路决定出路，出路决定财路，智慧行销天下。世间万事生于"有"，"有"皆生于"无"。老子曰："道生一，一生二，二生三，三生万物。"这反映了自然界从无到有的哲学历程。人类社会发展到今天，今天的万物不都是起源于"无"吗？创业管理者在战略选择时必须善于把握住这一哲学命题，否则，会陷入"零起到零"，甚至是"负数"的恶性循环。对每一位创业者来说，从零到无限是一个十分诱人的过程；把握这一过程的脉动规律，无疑是一件激动人心的事。把握这一过程的实际是考察创业者的运筹力和创造力，也是创业心智与创意策划的最高艺术境界。

顾客的需求，创业的追求。人们的需求是多种多样的，这种需求达到一定数量就构成了市场。所以，创业的路子也是多种多样的。要学会寻找创业机会，开发产品，开拓市场。

二、战术——方法论

创业者如何以高超的战略思维能力、变革创新的潜能，在市场中寻求发现、捕捉商机，创造市场，这是创业管理所面临的首要课题。为此要学会先算、善算、妙算。"先算"定方略，"善算"知己彼，"妙算"得市场。

首先，"先算"定方略。《孙子兵法》曰："夫未战而庙算者胜，得算多也，多算胜，少算不胜，何况无算乎！"争"先"一着，出奇制胜。一个"先"字内涵深刻，突出表现出一种积极争取主动的思想，不仅表现在行动上，更主要表现在主观思维上要先于计谋，先发制人。抓紧时间，神速取胜，是占领市场的主要营销策略。一是先声。首先在声势和声誉上高于对手，达到"不战而屈人之兵"的全胜效果。二是先占。抢在竞争对手之前进入市场，迅速占领市场。三是先机。掌握市场上的各种有利时机。捷足先登，一着领先，步步领先。四是先天。在新产品进入市场之前，一定要从产品质量、适用性、外观形状多方面先天优于竞争对手,产品"新""快""美""特",奇招迭出。

其次,"善算"知己彼。知己知彼,百战不殆;知天知地,胜乃无穷。出门看气候,创业识环境,生意知行情,信息抵万金。创业战略必须对外部的经营环境和内部条件进行基本的分析:社会客观大势研判——经济发展趋势;行业中观前景考察——行业未来态势;微观经营环境分析——竞争合作关系;市场营销需求透视——终端顾客行为。"处事识为先而后断之。"就创业战略而言,关注研究企业内外部环境的变化,把握环境变化的趋势,及时有效地识别环境变化所带来的机会与威胁,是创业管理者的首要职责。正确的方法就是:观察测量,发现,行动。第一,观察。观察当前社会上热门的产业、热门的行业。第二,测量。测量产业的规模,测量行业的成熟度。第三,发现。发现该产业或行业的空白点,发现该产业或行业顾客有需要,而尚未有人想到去满足的产品或服务。第四,行动。一旦发现空白点,立即行动。

《孙子兵法》曰:"兵者,诡道也。"当今市场如战场,市场作为一个开放露天的擂台,各种各样的因素都会促使新的创业竞争对手进入擂台与你较量,没有进入擂台者也会与你在看不见的创业战线上竞争。知市场,知己彼,知时政,审时度势,方可制胜。

最后,"妙算"得市场。在市场竞争日趋白热化的今天,创业管理的战略重点应着眼于创造市场,而不仅仅是瓜分市场。因为现代消费需求不仅有多样性、发展性、层次性,而且还有可诱导性。一个善于开拓市场的创业者应该明察秋毫,捕捉和发现潜在的需求并主动去满足它。相对于创业管理这个大工程来说,挖掘卖点无疑是一个细节,但就是这个细节能起到"四两拨千斤"的作用。它是销售中的黄金切入点,只要把这个细节做好了,企业的整体营销水平就会大幅度上升。

菲利浦·科特勒曾指出:"市场营销是企业的这种职能:识别目前未满足的需求和欲望,估量和确定需求量的大小,选择企业能最好地为它服务的目标市场,并且确定适当的产品、服务和计划,以便为目标市场服务。"具体地说,营销职能有:开展市场调查,搜集信息情报;建立销售网络,开展促销活动;开拓新的市场,发掘潜在顾客;进行产品推销,提供优质服务;开发新的产品,满足顾客需要。

三、运转——实践论

创业有道"动"起来,抢抓时机"干"起来,经营有方"转"起来,适应环境"活"下来。创业项目运转是一个实践过程,运转就是一切。目的是活着,内容是补偿，只要能够生存，规模能小则小，投入能少则少。投资需要回报，企业需要盈利。经营获利是创业者的天职，利之得，人心聚；利之丰，企业强；利之聚，社稷兴。盈利是以运转为前提的。运转与盈利在时间上是先后关系，在逻辑上是因果关系，在内在联系上是鸡与蛋的关系。运转是一切问题的解决条件。一切问题只能在运转中发生、认识和解决，大到业务定位，小到岗位划分。离开运转，任何人都无从猜测会有哪些问题存在，也不可能理解发生的事情，更不可能找到解决的方法。

生存问题是创业者开业后面临的首要问题。据统计，90%的企业3年内关门。企业最初开创的3年非常关键，决定着创业成功与否。在这一阶段，创业者要学会从市场需求出发，整合广告宣传、人脉、销售、文化、信息等方面的资源，并注重有效合作。创业真知，贵在实践。创业者在创业管理中需有意识地加强实践，培养和提高以下六种品格和能力。

第一，韧性。坚忍不拔，耐力无限，坚如铁石，韧似牛皮。对一般人来说，忍耐是一种美德；对创业者来说，忍耐却是必须具备的品格。创业者要有过人的胆量、钓鱼的耐心。米卢说过"心态决定一切"，这句话用在创业者身上似乎更为恰当。成功收购"金兔"品牌的周仁忠董事长的创业过程一波九折，他的体会是要敢于面对挫折，不断挑战失败，要做到思败、懂败、不怕败、不言败，这样才能获得成功。建议创业者给自己建立一个失败档案，从失败中汲取经验，并时刻提醒自己，犯过的错误不能再犯。经验无论好坏，都是人生的资本。

在创业过程中，难免有一个爬坡阶段，心态、恒心和毅力至关重要。企业和产品一样，都要有一个成长、成熟与衰退的过程，因此在困难时再坚持一下，可能就是胜利的彼岸。面对困难一定要横下一条心，咬紧牙关，坚持到底就是胜利，这需要自信的气质、顽强的毅力、执着的追求、拼搏的劲头。否则，凡是遇到挫折便裹足不前，撒手不干，半途而废，这才是真正的失败。市场风云，变幻莫测——高峰低谷、繁荣疲软，交替出现。繁荣有繁荣的好处，低谷有低谷的作用，繁荣期加快发展，低谷期调整蓄力。经济大潮，潮涨潮落，顺流善变者生，逆流不善变者亡。创业管理者要学会辩证思考，在对立中把握同一，在同一中把握对立，把握千变万化的市场行情，以变应变，先谋后战，才能在商海中避风浪、绕暗礁、越激流、过险滩，直挂云帆济沧海，夺取最后的胜利。

当大家齐心协力都认准一个正确方向，树立理念，高擎战旗，结合群力，目标确定就要拼命完成，不达目标决不罢休，世界上还有什么困难是不可战胜的吗？

第二，悟性。主意诚可贵，思维价更高，金点巧策划，点石可成金。成功的创业者的欲望，许多来自现实生活的刺激，是在外力的作用下产生的，而且往往不是正面的、鼓励型的。刺激的发出者经常让承受者受到屈辱、痛苦。这种刺激经常在被刺激者心中激起一种强烈的愤懑、愤恨与反抗精神，从而使他们做出一些超常规的行动，焕发起超常规的能力。史玉柱说："未来的创业者最重要的素质，我觉得他需要两个：第一是他个人的悟性。没有悟性的话，你应该去打工，而不是去做一个创业者。就是一个有悟性的人才能成为一个创业者。第二是他很勤奋，能吃苦。就是这两个，少一个，我觉得都不行。这两个加起来，我觉得他就成功了一大半。"要有独特的思维。机会往往是被少数人抓住的。要克服从众心理和传统的习惯思维模式，敢于相信自己，有独立见解，不人云亦云，不为别人的评头论足、闲言碎语所左右，才能发现和抓住被别人忽视或遗忘的机会。创业者根据环境的变化，不断对自身的行为做出相应的调整，从而使新创企业在运转中生存、发展和壮大。

第三，理性。创业是梦想燃烧起奋进的激情，是智慧引领创造的理性，是驾驭整合资源的能力，是全面把握运转项目的本领。创业不仅需要激情，更需要理性，"理性创业"才能提高成功率。理性创业，就是要根据自身的实际情况，务实创业。要根据自己的资金、技术、经验等实际情况，全面思考创业的方向、如何去创业的问题，把问题想清楚了，便确定自己的创业目标、创业计划，并有步骤地运作，提高自觉性，减少盲目性。创业要不拘形式、不拘类型、不拘规模，积累经验，积累资金，把小事做大做强。

创业需要激情，但激情不等于意气用事，也不等于凭感觉行事，更不可迷失于过度自信之中。要记住三个"万万不可"：一是在项目实施过程中，万万不可先交钱后办事。不要把自己的辛苦钱，仅凭一纸合同或协议，就轻易付给对方。二是万万不可轻信对方的许诺。在签订合同时就应留一手，以防止对方有意违约给自己带来损失。三是万万不可求富心切，专门挑选看上去轻而易举就赚大钱的项目去干。越具有诱惑力的项目，往往风险也越大。

在项目选择上，对项目的可行性应该认真分析研究。首先要开阔视野。视野是你的眼睛能见角度的宽窄、目力所及范围的大小、看到的事物的多少、内涵与品质的高低；这宽窄、大小、多少、高低对项目的选择太重要了。其次，要多看、多听、多想。见多识广，识多路广。每个人的知识、经验、思维以及对市场的了解不可能做到面面俱到，多看、多听、多想能广泛获取信息，及时从别人的知识、经验、想法中汲取有益的东西。从大处着眼，从小处着手，关注细节，理性创业。我们倡导理性创业，尊重规律、尊重市场，这才是最根本的出发点。面对今天的市场，做专、做强、做久、做大，这才是一个企业发展的正确轨迹。因此，创业者要有发展意识，要不断完善企业组织架构和指挥系统，及时调整市场定位，并建立企业周期性发展的长效机制。

第四，学识。境界源于修养，修养源于知识，知识源于学习，学习源于追求。知识的增长、技能的提高、人事的熟悉、文化的领会，是组织中积累性的学识。当今社会，知识更新速度加快，知识折旧率提高，知识保鲜期缩短。随着不断扩展和深化的人类社会和生产实践，人类知识总量的创造也越来越多，不断出现一些与知识有关的新概念，如知识爆炸、知识经济等。所以，为了有效地从事各类经济活动，就要求人们不断地学习和掌握人类最先进的知识和技能。这一点对于创业者尤为重要。要用心智去感悟成功人的心路历程，因为成功是有方法和途径的，要认认真真地帮助成功人做事，成为成功人的朋友，让成功人能真心地帮助你，教导你。千点万点，不如明师一点。成功的最好的方法，就是重复成功人的脚印。没有学习力，就没有竞争力。国力的竞争是经济，经济的竞争是科技，科技的竞争是人才，人才的培养靠教育。常言道：学无止境，艺无止境，自我超越的意义在于创造。高度自我超越的人是不断学习、提升自我、成就事业、拓展才能、完美人生的人。当今世界，信息革命风靡全球，网络社会悄然兴起，知识经济扑面而来。创业者只有不断学习，企业才能获得源源不断的发展动力。因此，要做一名学习型的创业者，不仅要学商业知识，还应学习文化、政治、社会、艺术等，学习国际新概念、新理念，向竞争对手学习也是一种很好的方法。

第五，胆识。从"知"和"识"的层面分析，在现实创造性工作中，见识大于知识，胆识大于见识。由于知识不足，必然缺乏见识，把握机会的能力就差；当需要做出决策，需要在团体中展现领导的魄力时却勇气不足、信心缺失，严重缺乏胆识，造成在精神上难以服众的局面。

诚然，任何人在创新、创业的过程中都是非常艰苦的，可能面临着一次次失败、挫折；只有精心谋划、雄心不变，面对困境，智勇双全，方能大显身手，收获颇丰。作为一个务实的创业实践者应该拼的是智慧、谋略，靠的是胆识。敢想、敢干，拿出胆量是创业者的首要资本。胆量是雄心壮志的具体体现，梦想有多大，成功的欲望有多强，都要用胆量实现，这样才敢想，才能充满信心，不怕失败，敢于实践，才能有创业的开始。胆量是创业的先决条件，但只有胆量还不够。创业路上坎坷与荆棘密布，还要具备相应的胆识，胆识是创业者能够走远的根本要求。没有知识做支撑，胆大就可能是赌博。创业的整个过程既需要创业者敢于冒风险，敢于险中求胜，又需要创业者具备丰富的知识，将胆量转化为胆识。

第六，践识。美国国家创业指导基金会创办者史蒂夫·马若提出了12种被普遍认为是创业者需要具备的能力和素质：适应能力、竞争性、自信、纪律、动力、诚实、组织、毅力、说服力、冒险、理解和视野。这些能力和素质可以说基本上属于"默会知识"。而这些"默会知识"在以传递、理解和掌握"显性知识"为主的课堂教学中是学不到的，只能在"做中学""干中学"，才能真正掌握。也可以说，创业能力不是教出来的，而是练出来的。通过创业实践丰富阅历、砥砺品格、锤炼作风。实践证明，有文凭不等于有水平、有能力、有效率、有胆略。创业管理仅有学识还不够，必须把知识转化为能力，这就需要实践。实践出真知，"纸上得来终觉浅，绝知此事要躬行"，既要注重学识和理论，更要注重实践。直接经验是源，间接经验是流，只有源远才能流长。大胆实践，先运转，后规范；先试行，后判断。对的坚持，错的纠正，丢掉的是贫穷，得到的是发展。

第二节　企业家创新是企业生命之源

就业是民生之本，创业是就业之源。近年来，对于创业和创业管理的研究成为全球管理领域关注的热点。自20世纪80年代以来，管理理论的发展迎来了一个新的浪潮，"追求卓越""变革与再造""核心能力""知识管理""创业管理"等管理思潮一浪推着一浪。创业教育已成为知识经济时代世界高等教育发展的必然趋势。一些卓有影响的人士认为，21世纪是创业的世纪，小型新创企业的经营方式将成为企业的主要运营模式。彼得·德鲁克早在1985年就提出创业型经济这一概念。他发现，现代经济的支撑力量已经不再是曾经为民众所熟悉的传统500强了。德鲁克指出，当美国就业面临压力的时候，其经济体系发生了从"管理型经济"到"创业型经济"的转变，从而改变了这一危机。这不仅是一个经济问题，而且是一个民生问题，它关系到经济的发展、社会的稳定和国家的长治久安。

经营之道，战略为首；竞争制胜，贵在创新。竞争越激烈，创新越重要。美国福特汽车公司总经理卡勃德威尔曾大声疾呼："我们不创新的话，就无法活下去了。"一个有作为的企业家，不应是企业"昨天"的保护者，而应是"今天"的开拓者、"明天"的创造者。创新就是创业。创新经营就是企业在生产经营活动中必须根据市场变化和市场需求并结合企业自身的特点，不断地有创造性地发展。战后日本经济崛起，后来威胁到美国，甚至在很多领域已超过美国，后来者居上，很重要的一点就是日本企业在整个经营管理上更注重创新。创新是企业的生命之源，下面就企业创新问题从思维、目标、模式、技术、产品、理念六方面进行探讨。

一、思维创意，出新求利

主意诚可贵，思维价更高。金点策划可点石成金。"人无远虑，必有近忧。"超前意识是创造性思维之母，企业立足的根本是创新经营。企业家要时刻把握住企业发展的方向，冷静地判断经济发展的新趋势，善于捕捉商机，做出正确的决策。对于企业来说，超前思维是指企业家把企业的生产经营活动和企业赖以生存的环境看作一个生生不息、不断向前、永无止境的运动过程。这一过程充满了机遇和挑战、成功与挫折。企业根据环境的变化，不断对自身的行为做出相应的调整，从而使企业在运动中生存、发展和壮大。战略远见是成功的源泉。麦当劳运用的战略大概只有这样的创意：迅速发展连锁店。在麦当劳连锁店如雨后春笋矗立在美利坚大地之前，有谁能够想到一个卖汉堡包的企业可以发展到那么大的规模呢？谁又敢冒着破产风险而拼命地扩充铺面呢？只有克拉克和他的麦当劳确信自己可以成功，只有克拉克看到他的麦当劳具有成功的潜质！这就是超前思维。超前思维的要点有三：一是企业家在决策时不但要向"钱"看，而且要向"前"看；二是精明的企业家要有"月晕而识风，础润而知雨"的敏锐目光；三是"金风未动蝉先觉"，捷足先登，能见前人所未见，想今人之所未想，能从现状看到未来。

二、目标树立，励精图治

企业战略目标是指企业在一定时期内，考虑企业内外条件及可能，沿其经营方向预期所要达到的理想成果，如企业竞争地位、业绩水平、发展速度都可作为企业的创新目标。没有目标企业就无法进行创新。企业创新目标应当数量化，它有三个好处。一是便于分解。指标下达，落实到人，明确责任。二是便于检查。在实施过程中可以根据有关数据检查整个企业是否在向新战略目标方向迈进，若发现问题，可以及时采取措施加以纠正。三是便于激励职工心往一处想，劲往一处使，结合群力，达致目标。企业创新目标应具备以下四个特征。

（一）可接受性

创新目标的实施和评价要靠企业内部职工和社会大众完成，因此，树立目标必须符合他们的利益，为他们所接受。

（二）可检验性

创新目标要有时间性，即在规定的时期内，要达到预期的战略目标。因此，必须随时进行检验，使战略的实施在可控制的范围之内。

（三）可实现性

创新目标要切合实际，实事求是。将目标定得过高，使人可望而不可即，会挫伤员工的积极性，浪费资源；但也不能妄自菲薄，把目标定得过低，这样会对员工缺乏激励作用，使企业丧失发展机会。因此，创新目标的制定应该是"跳起来能摘到的桃"。

（四）激励性

企业创新目标必须与员工个人的目标相统一。唯有如此，企业的创新目标才能为员工所关注，才能激励各方的责任和热情，励精图治，为实现企业的创新目标而做出不懈的努力。

三、管理模式，标新立异

企业战略目标一旦确立之后，就应该有新的组织管理模式，保证战略目标付诸实施。"新飞"特色的格言式管理就是很好的例证。新飞电器有限公司前身是一家濒临倒闭的小型地方军工企业，经过12年的奋斗，现已发展为驰名中外的现代大型家电企业。总裁刘炳银创造的有效管理模式就是善于用格言来劝诫和鞭策职工。"要吃饭找市场"——紧盯市场抓管理。"用户永远是正确的，下道工序即用户"——围绕质量做文章。每一工序都是用户，有权拒收上道工序流转过来的不合格工件；每个处室对有关处室提出的工作任务，即视为用户的要求，必须按要求完成。这样使每个职工都体会到了自己的"双重角色"，提高了产品质量和工作质量。"不上就下"——大胆改革求发展。"今天工作不努力，明天努力找工作"——治厂格言。人是管理工作中最活跃、最能动的因素，能否调动职工积极性是企业管理工作成败的重要标志。在创新方面，"允许失败，不允许不创新"。失败了，一切费用由公司承担，搞出成果者则给予重奖。一个年轻的大学生将冰箱噪声降低了0.5分贝，公司奖励他一套两室一厅住房及3000元现金。近几年，新飞的科技人员平均每两个月就推出一种新产品，新产品开发速度为全国行业之冠，产品由投产之初的1个系列3个品种，发展到今天的12个系列120多个品种。

成本管理是企业管理中至关重要的一项专业管理活动。二十几年前，邯钢创建了"模拟市场核算，实行成本否决"的管理模式，这种有效的管理经验为全国许多企业纷纷效仿。有许多企业坚持从实际出发，本着"精神实质不走样，具体方法有创新"的宗旨，学创结合，取得了良好的效果。

四、技术创新，科技领先

高新技术正在成为国际经济竞争的法宝，世界经济的竞争越来越多地体现为物化在商品中的技术水平的竞争。从技术引进走向技术创新，应当成为中国当今企业发展的必由之路。科学技术是第一生产力。《中共中央关于科学技术体制改革的决定》中明确指出："现代科学技术是新的社会生产力中最活跃和决定性的因素。随着世界新的技术革命的蓬勃发展，科学技术日益渗透到社会物质生活和精神生活的各个领域，成为提高劳动生产率的重要源泉，成为建设现代精神文明的重要基石。"据美国国家科学基金会对美国国民生产总值（GNP）增长因素的分析和估算，GNP增长依靠自然资源的比重不断下降。技术开发带来了巨大的经济效益，新产品实现产值32亿元，利税5亿元。因此，企业必须增强科技进步意识，树立技术开发思想，制定和实施技术创新战略，以技术开发领先，带动企业成长。经济增长的最重要动力和最根本的机制在于企业的科技创新活动。

五、产品创新，出奇制胜

与技术创新相适应的是产品创新，出奇制胜。产品是技术物化的结晶。企业产品也有一个经济寿命的周期，反映了产品的经济价值在市场上的变化过程。为了使企业保持一种产品生机勃发的状态，必须"生产一代，开发一代，研制一代，构思一代"。这叫"四世同堂"。只有这样，企业的经济增长和经济效益才会有深厚的力量源泉。

新颖的产品开发、出奇的产品构思、精心的产品设计，是树立良好产品形象的基础。日本几乎所有的企业都把开发设计新产品摆在头等重要的地位，日本企业每年有上万种新开发设计的产品投产，它们用6个月进行开发新产品的设计活动，3个月组织生产，1个月进行销售。日本企业不断开发设计新产品，塑造了日本产品的良好形象，促进了日本经济的快速腾飞。

当今时代，产品的更新节奏加快，市场发展日新月异。为此，企业必须树立忧患意识，不断开发新产品。例如，广西玉柴机器股份有限公司，其产品形象良好的根本原因在于居安思危，不断开发设计新产品。玉柴1984年开始生产6105Q柴油机，在当时就深受市场的欢迎，并形成一定的优势。但玉柴并未满足，产品不断升级换代。塑造了玉柴良好的产品形象，使玉柴规模、效益不断跃上新台阶。俗话说"一招鲜，吃遍天"，走与众不同的道路，开发别人尚未想到的产品，寻找"冷门"，填补空缺，堪称一绝。许多"妙棋"，例如，美国的"牛仔裤"、日本尼西奇公司的"尿布"、英国服装公司的"孕服"等，都显示了企业在这方面的卓越才能。在开发"冷门"的创新活动中，经营者还要善于开动脑筋，注重调查研究，重视掌握市场信息，要想方设法用新的产品去吸引消费者，刺激需求，以"新"求利，以"奇"引人，以"廉"取胜。许多企业开发新产品、开拓新市场的成功经验表明：市场相信科学。高科技是企业的生命线，提高产品科技知识的含量是企业竞争制胜之本，谁能在市场经济中不断创新，最快掌握新技术，开发新产品，开拓新市场，占领科技制高点，谁就能在市场竞争中处于领先地位，立于不败之地。

六、经营理念，与时俱进

企业的经营理念既要与企业的总体经营战略相一致，又要体现时代潮流，不能人云亦云，如团结、奋斗、求实、创新之类，公式化、大众化。没有个性的理念不会有竞争力。这就要求企业经营理念体现行业特点，符合企业特点，有助于企业经营战略的实施。例如，无锡市金属材料公司的经营观念为："踏遍千山万水，吃尽千辛万苦，说尽千言万语，运回千船万车，送到千家万户。"洛阳火车站的经营理念也比较有个性："车票似请帖，旅客似亲人。"

第三节 创业心智文化特质——以新浙商为例

在我国的经济发展中，浙江历来占有重要地位。特别是改革开放以来，浙江成了全国经济增长最快、活力最强的省份。新浙商勤于思，善于言，敏于行，是浙江的一大财富，更是中国的一大财富。有人比喻，浙商就是中国的"犹太商人"。"大众创业，万众创新"的今天，新时代浙商创业心智文化特质日益显现出独特的魅力。解读新浙商创业文化特质，给人以心智启迪。

一、新浙商发展概况

小微兴，则创业兴；小微强，则创新强。浙江省市场监督管理局发布的数据显示，2019年浙江企业运行总体平稳、稳中有进，2019年共新增企业40.8万家，同比增长12.4%。截至2019年年末，纳入全国企业名录库的浙江省在册企业数量达到222.4万家，占在册企业的87.7%；在册民营企业数量达233.4万家。

新设企业中，农业、工业、服务业三种产业占比分别为0.8∶15.5∶83.7。其中，2019年农业企业新设数量与2018年基本持平，工业企业新设数量同比增长5.4%，服务业企业新设数量同比增长18.5%。

此外，企业主体升级进阶有序。数据显示，2019年实现"个转企"2.4万家，公司制企业占比达93.1%，企业占所有市场主体的比例由2017年的33.1%、2018年的34.3%上升至2019年的35.0%。新增股份制公司2417家，与2018年基本持平。

数据显示，浙江企业的发展要素供给充分。截至2019年11月底，浙江省企业贷款余额达3.67万亿元，同比增长13%，比年初新增3896亿元。1—10月，浙江省共减免企业税收173.2亿元。2019年向企业开放科研设施与仪器7.3万台次，同比增长138.9%。

重点产业加速发展。浙江省新设八大万亿产业企业11万家，在册八大万亿产业企业达到71.4万家，带动投资注册资本11.8万亿元，同比增长10.3%。其中：金融产业新设企业3548家，同比减少52.54%；在册数达8.6万家，同比减少16.4%。其余七大产业均实现增长，环保产业与健康产业新设数量增长较快，分别新设企业6116家、29798家，同比增加56.6%、56.3%。

在"一号工程"、5G商用助推下，5G技术驱动现代信息服务业快速发展，包含信息传输、软件和信息技术服务行业门类在内的数字经济产业迅猛发展。数据表明：浙江省2019年新设数字经济产业企业4.4万家，同比增长35.6%；总数达16.4万家，同比增长17.5%，增速快于其余七大产业，带动就业92.3万人。

浙江省政府提出要率先开展5G商用，到2020年规划建成5G基站3万个，2022年建成8万个，2025年实现所有5G应用区域全覆盖。在这一背景下，信息传输、软件和信息技术服务业快速发展，2019年新设相关企业3.3万家，在册数达12.6万家，同比增长22.2%，增速快于数字经济产业企业。

与此同时，高端装备制造业引领制造向智造、质造转变。2019年浙江新设制造业企业4.5万家，同比增长4.8%，总数达50.4万家。其中，新设高端装备制造业企业9050家，同比增长22.8%，高于制造业18个百分点，总数达9.7万家。

小微蝶变，聚浪成潮。新设企业1.9万家，同比增长15.2%，在册数达18.2万。2019年1—11月，17个传统制造业增加值增长6.1%。其中：10个重点传统制造业增长 6.9%，增速高于规模以上工业；化纤（14.8%）、非金属矿物制品（15.0%）、化工（10.0%）等行业增加值增长较快。

浙江坚持稳字当头、稳中求进，以新发展理念推动高质量发展，统筹抓好稳企业、增动能、补短板、保平安，进一步促进企业高质量发展。

二、新浙商创业心智文化特质

历数浙江经济所创造的成就，不能不追根溯源，挖掘独具特色的浙江文化。从"良渚文化""河姆渡文化"到"永嘉学派"的重商文化，千百年来，浙江文化逐渐形成了"义利兼顾"的精神内核。走进新浙商的创业思维世界，看看他们是怎样用经商哲学创造财富的。

（一）义利并重，工商皆本

浙江文化精神自古代思想家王充开始，讲究独立思考。这种自主创新的精神，长期以来影响、浸润着浙江人民，构成了一种文化基因与基本素质。温州人历来就有义利并重的文化传统，由此养成的锱铢必较的习惯，让他们对数字特别敏感。温州是古东瓯王国故地，建城已有 1688 年，历史文化底蕴深厚，是中国重商经济学派的发源地，也是中国数学家的摇篮。因为商业气氛浓，数字文化底蕴深厚，所以近百年来温州数学人才辈出，赢得了"数学家之乡"的美誉。在当代中国乃至世界的数学家群体中温州籍知名数学家有 200 余人，姜立夫、苏步青、李锐夫、杨政道等就是其中的佼佼者。上溯 800 年前的宋代，永嘉学派倡导事功学说，奠定了温州经济发展的文化基因。温州永嘉学派反对"重义轻利""重农轻商"等儒家的迂腐观点，主张经世致用，提出"义利并重"，强调"通商惠工""工商皆本"。而这正是促成当代温州经济发展的重要原因之一。温州人在改革开放的实践中，继承了永嘉学派的功利、重商思想和注重实干的特点并将其发扬光大，形成了具有时代特点，即自主创业、进取开拓、改革创新的温州精神。在温州人的头脑里，赚钱是光荣的，"赚百万元不嫌多，赚一厘钱不嫌少"。由此，温州形成了小商品大市场、小产品大行业、小资本大集聚的发展模式，孕育出了一个又一个经济发展奇迹。古人曰："越人善贾。"越国名臣范蠡功成身退，弃官从商，家资巨万，三散千金，誉为一代商圣，给浙人以深刻的启迪。他们不因事小而不为。他们自知先天不足而勤学不辍。新浙商是一个传奇的商帮。改革开放后，他们敢于创新，勇立潮头。他们更是以吃苦耐劳、百折不挠的意志闻名天下。温州人敢于创业，敢闯敢拼，不怕失败，形成了人人想当老板、个个争当老板、千家万户搞经营、千军万马闯市场、千山万水寻商机的全民创业的局面。这是对浙江商人创业心智文化特质的最佳诠释。

（二）低调做人，高调成事

浙江商人如同山坡上的百节草，一落泥土就生根，一有阳光就灿烂，一有雨露就茁壮成长。他们山海谋生食之不足，木雕石刻辛劳求存；弹棉花、做美容不辞辛劳；收鸡毛、捡狗屎不嫌不弃。20世纪80年代，他们爬火车，睡地板，做人家不愿做的事；90年代，他们走关东闯西南，做人家不敢做的事；千禧年，他们跨大洋越千山，做人家做不了的事；21世纪初，他们转变观念再升级，做人家想不到的事。吃尽了人间之辛，受尽了人生之累，吞嚼了离别之酸，尝遍了商场之苦。他们历经磨难，百折不回，终成正果；巧渡调控，抵御寒潮；费尽心血，闯过危机；走过低谷，企稳回升。为创业他们想出千方百计，道出千言万语，闯过千山万水，忍受千辛万苦，应对千变万化，回报千恩万谢。

（三）和谐兼容，开拓创新

浙江商人自古便有着敏锐的洞察力及强有力的执行力。"开拓创新"一词形象地概括出浙商创业创新、百折不挠的奋斗精神。盘古作为中国古代的创世之神，其开天辟地之举具有丰富而深刻的文化内涵，蕴含勇往直前的探索精神、矢志不渝的奋斗精神以及朝气蓬勃的开拓精神。"掘地"，源自《左传·隐公元年》的"掘地见母"，惊天地泣鬼神的壮举，蕴含着轰轰烈烈的意象。开拓创新并举，引申意指从无到有、从有到优的首创性和开拓性。"开拓创新"的含义是开拓进取、积极探索的无畏精神，是一种善于把握机会、想方设法争取资源的行动方式。百折不挠是贯穿"开拓创新"过程的无所畏惧和矢志不渝的开拓精神。总之，"开拓创新"在内涵上蕴含了新浙商不畏艰险、愈挫愈勇的大无畏精神，它在意境上生动体现出当代浙商坚定和坚毅地为中国特色社会主义建设做贡献的精神，创新创业也是新浙商生生不息的不竭动力。

（四）贾而好儒，务实勤奋

由于明清时期徽商和浙商两大商帮的交往融合，以及双方的地缘特点，浙商逐渐形成了贾而好儒的性格与特质。这也是浙商兼容并包的体现。浙江杭州胡雪岩故居，背后蕴含着一个安徽人在浙商中成就重要事业的故事，也体现了两者文化的融合。一代"文化贾儒"——复星集团董事长郭广昌出身寒门，家境清贫，姐弟三人因缴不起生产队公积金而被人瞧不起。母亲对广昌说："你长大要争气，有出息，做一个有用的人。"他初中毕业不顾父亲反对，放弃上师范，硬要读高中，立下军令状，不上大学誓不休。后进复旦又留校任教，为做"有用的人"，与四位同学辞职下海，一展宏图抱负。他出思路，订计划，绘蓝图，分工协作，一天当作两天用；他抓开发，上新品，占市场，全力促销，一人当作两人使；他筹资金，搞运作，谋发展，实施兼并，一元当作两元花，终于事业有成，逐渐打造出既专注中国资本运作，又具备世界眼光的投资集团。贫家学子成了上海滩的富豪、上海浙江商会会长。美国总统访华时专门会见郭广昌等代表。

浙江商人敢为人先，自胜自强，敢说敢干，敢打敢拼。此乃江南山水之造就，先贤文化之哺育。浙商也从中吸取精华，传承衣钵，绽放光辉。在那艰难的岁月里，他们顶着多变的政治气候，硬在石缝中顽强地生存，在曲折中奋力地追逐，在逆境中艰难地成长。海盐衬衫总厂厂长步鑫生是中国首个打破"铁饭碗"的先行者、首个在企业实行"联产计酬制"的创新者、首个受到当时国内高层肯定的改革者和风云人物。

白天经商，晚上读书，已成为浙江商人一生的追求。读天下书，走天下路；学习成了浙商打开智慧大门的钥匙，学习成了浙商攀登事业高峰的台阶，学习成了浙商渡向成功彼岸的明灯。这就像一块石头原来很普通，在它身上雕了龙、刻上皇帝的名讳，便成了玉玺；也像一颗松子落在悬壁里，历经风雨，不屈不挠，成了名松。

（五）根植本土，胸怀天下

在浙江地区，无论城市还是乡镇都在改革开放的引领下，进行着中国最早的工业尝试，在这之中也成就了大批的浙江商人。他们永立潮头，在繁荣市场经济、活跃商业文化方面，发挥着重要的作用。在浙江，海宁的皮草、义乌的小商品、绍兴的纺织、永嘉桥头的纽扣、乐清柳市的低压电器、湖州织里的童装等各具地区特色的产业不断发展，而且成集群方式不断推进。与此同时，浙江也出现了本土的百强县市，它们的发展更是浙江商人根植本土的重要体现。在全国百强县排名前十位中，浙江占据重要位置，如杭州萧山、宁波鄞州区、绍兴市、慈溪市等。它们的出现把浙商的成就进一步彰显。

浙商的创业在根植本土的情况下，进一步便是向全国乃至全世界发展。浙江商人在全国各个领域掀起投资狂澜，浙江商人的主要成功之外在于其可以形成一个强有力的团队，发挥团队作战的效力，从全国各地随处可见的浙江商会就可以看出。全国除西藏外的省、自治区、直辖市都将成立浙江企业联合会（商会）。目前，以浙商商会组团式投资的形式越来越多，民间商会开始主导资金的流向。在已经成立的20多个省级浙江企业联合会（商会）中，不乏一些强势商会及其企业家。尤其是北京浙江企业商会的沈国军、上海浙江商会的郭广昌这两位明星会长的出现，一定程度上增加了商会的影响力。反过来，会长们也很看重商会角色的重要性。以商会名义招商引商也成为一种新模式。主要的招商模式有合作制及扎堆制两种。

浙江投资者们都有一个"滚雪球"的法则，那就是一名浙商来这里投资后，他会带动另一批人也来投资。而浙商前来创业发展，互相帮助，就像滚雪球般，越滚越大。为了打造一个具有浙江模式的邳州市场，先期来邳州投资的浙江老板戚邦金邀请了上百名浙商来此考察，一批人看后就留下投资了。在文化创意与教育产业投资方面，浙商投资的企业大部分集中在北京、上海、广东等经济发达地区，而创业者也以学历较高的70后为主。显然，在文化创意产业方面，年轻人所产生的爆发力优于上一代浙商。

（六）商而重诺，诚信为本

"君子爱财，取之以道""仁、义、礼、智、信"等儒家的道德准则作为商德，做人与经商并重，以做人的追求来经商，在经商过程中体现"诚信"的做人原则，以亦儒亦商为特征的儒商，其道德自觉和以诚信自律在中国商业文明开始之初就达到了令人赞叹的水平。"小胜凭智，大胜靠德。"义乌中国小商品城是一个充满活力的市场，一个以小商品为特色、辐射全球的大商圈悄然形成。在这里有一股"力量"，无论是政府部门，还是经营业主，都不止一次地提道：市场能持续繁荣发展，诚信是生命。在国际商贸城门口的红底金色匾牌上书写六个大字：重质量，守信用。经过多年摸索，义乌已经建立了一套较为成熟、先进的市场管理制度，不仅能为商户"维利"，更能打造政府的诚信品牌。

经营户是市场的"主角"，在强化服务职能的同时，义乌市又开始把目光投向了他们，展开了形式多样的准入培训、诚信教育、道德教育和业务知识培训等，免费开办商务英语、外经贸知识、市场营销培训班，引导经营者礼貌待客、文明经商，大力开展诚信教育、道德教育，避免侵犯知识产权，增强市场竞争力，树立起经营户"诚实立身、信誉立业"的意识。如今，在义乌，有几条特殊的经营法则成了商人的共识：诚信原则不欺骗顾客，与客户结成相互信任的伙伴关系。把握这些"游戏规则"，才使得客商金银满钵，市场欣欣向荣。义乌是浙江的一个缩影，在浙江商人中到处可见遵守承诺、诚信经营的案例。他们把诚信的理念深入骨髓，以诚为本，为商业的发展做出了贡献。

（七）小题大做，星火燎原

新浙商是从"鸡毛换糖"这样的小生意中起源的。在早期，雨后江南小巷的石板路上不时一阵阵"笃、笃、笃"货郎鼓的敲打声。这时候孩子们大都会条件反射似的立刻四散行动，翻出家里的废铜烂铁或者鸡毛鸭毛，用这些东西从摇货郎鼓的人那里换糖吃。没有人会想到，多年以后，当"鸡毛换糖"的记忆已经离我们远去的时候,这些曾经挑着货担、摇着拨浪鼓的人,却开始左右着国际百货商品的价格。

"小题大做"(小商品,大市场;小规模,大协作;小机器,大动力;小利,大干;小能人,大气魄)是浙商文化的重要物质之一,浙江商人中不乏小题大做的典范。义乌的企业大多数是围绕小商品创办的,这些科技含量、资金门槛都很低的产品很有市场竞争力,如拉链、圆珠笔、袜子、毛巾、打火机、手电筒、计算器等。这些不起眼的小商品,却销往全国,走向世界,鼓了不知多少义乌人的钱袋子。从老一代的"四千精神"到当下浙商的坚韧敢为、诚信尚义、精明务实、四海为业、情系家园等新时代的浙商精神,浙商文化内涵不断丰富发展,但其"坚持"的精神内核始终为浙商所奉行。宗庆后做企业做了二三十年了,做成了中国首富还在坚持。"所以坚持很重要。我们也一样,都要坚持。"浙江企业的发展正是这一份坚持与努力,燃起了星火燎原之势。

(八)草根经济,竹林模式

浙江商人是草根经济。从出身来看,浙江商人多来自广大农村与普通阶层,是典型的草根致富。据统计,以义乌为中心的浙江农村,有60%以上的农户经商。据当地工商部门统计,目前,与义乌市场有往来的农村经纪人在1万名左右,预计经纪业务年成交额将超过100亿元,直接收益的农民人数达50万,人均增加年收入2000余元。从所从事的工作来看,他们起初从事着低级的工作,如"鸡毛换糖"的货郎鼓、理发、修自行车等别人看不起的工作,处于市场经济的最底层。从现在的产业发展来看,虽然浙江的工商业发展极快,但是仍然有着草根的形象,多半以代加工为主。他们能取得成功,归功于他们的精神——他们精诚合作,抱团互帮。浙江人在家乡有时不一定协作互助,但一出乡关就变了,变得大气,变得团结,变得纯粹,变得有素养。这也许是"男儿立志出乡关,业不成名誓不还"诗句的激励,也许是"在家靠父母,出门靠朋友"理念的影响。这种人文情怀深深地渗透于浙商之中。浙江商人抱团经商、抱团解困、抱团走向全国、抱团闯荡大洋。竹林模式是一种团结奋进、抱团发展的模式。大地雨后春笋,企业人才济济,许多中小企业面对国际金融寒流,抱团取暖、和衷共济、根系发达、生生不息,这就是企业集群与团队合作精神的真实写照。

【精粹阅读2-1】义乌商赋

张国良

华夏文明,源远流长,利己达人,和为帅也。天道和,地祥和,人平和,商贵和。和合力，胜金玉；和生祥，彩云追。古国乌商，吴越旧疆，以乌命名，商为灵魂。地居浙境之心，形似金乌振奋；商如破竹之势，市冠神州之首；小商品之海洋，购物者之天堂。

金鸡啼晓，百鸟和唱，和风细雨，百花齐放。义乌市场，美名远扬，九州街衢，商城翘楚。南荆美玉，东国珠宝。合浦夜光，昆仑绛树。和光同影，七彩绚烂，斑斓饰画，装点万家。嬉戏玩具，娱乐世界。听改革惊雷，梦中奋起；迎开放春风，领潮争先。不辞劳苦，背井离乡，走街串巷，鸡毛换糖。拨浪鼓，摇开岁月谱新篇；货郎担，挑起江山闯市场。商务往来，以礼相待，心态平和，积极阳光。和而同心，行而同向，送人玫瑰，手留余香。财自道生，利缘义取，诚信经商，历久弥香。

精诚义乌，善行德广；耕读传世，家风和畅；勤劳天性，民族脊梁。披荆斩棘，负星戴月；冲雪踏霜，攀车缘窗；幽身藏影，闪锋避芒；天为帷幕，地做榻床；譬如神鸟，迎风成长。崛起长三角，面向太平洋。

勤耕好学，刚正勇为，诚信包容，商和业大。兴商建县，小康大道；以贸促工，广袖临风；市场开拓，策马扬鞭；工业强市，气势恢宏。顺应天理，善择地利，凝聚人和，适宜时尚，因势利导。会通和合，正本清源，存心正意，和商正道，业兴财旺。一带一路，联通欧亚，挥师两洋，通江达海。政通人和，八面来风，创业福地，活力源泉。招商引资，敞开山门，凝心聚力，图强创新。龙饮白雾，天降祥云，绿色崛起，金沙浪涌。物流货畅，诚信如金，商海弄潮，和商永恒。寓此宝地，三生有幸，乐此商道，福地流金。

诗曰：大浪淘沙细浪涌，成就大市小商品。购物天堂在义乌，人间商道是精诚！

【诗语点睛】

创业挑战出精品
创新立意是灵魂
财富地图巧手绘
竹林模式齐奋进
营销策略是法宝
战略导航要先行
就业之源在创业
达善社会为民生

第三章

新时代企业家与战略管理

【导入案例3-1】伊利战略营销"五步曲"

内蒙古伊利集团二十几年前还是利税仅4.7万元的街道小厂,而今已发展成为资产总额20多亿元,员工达一万余人的大型乳品生产企业,连续多年雪糕、冰激凌产销量全国第一。"赢得竞争优势,夺取领先地位,获得更大效益",已成为伊利战略营销的新景观。其发展历程可概括为伊利战略营销策划"五步曲"。

第一步,市场渗透法。十几年前当"海拉尔"雪糕走俏东北市场,而当时的伊利还是一个刚刚起步的小型企业,主要生产一些具有民族特色的乳制品。为发展壮大自己的实力,当时它根据有关规定及时从海拉尔乳品厂有偿引进吸收、优化配方,很快推出了"海拉尔伊利"雪糕,并迅速占领了呼市市场。并在主要街道墙上写着朴实无华的广告——"伊利就是伊利,什么也无法代替",逐步提高产品和企业的知名度。后来随着市场营销范围的逐渐扩大,雪糕包装纸上面"海拉尔"字样越来越小,而"伊利"两字越来越大,而且是红色的,后来逐渐将其取而代之。一支支雪糕就像一滴滴甘露,滋润着每个消费者的心田,又像毛毛细雨逐步渗透市场,润物无声。产品很快覆盖了自治区首府呼和浩特市及其周边市场。

第二步,留有缺口法。1991年、1992年奶粉市场疲软,伊利人从蒙古族素有爱吃炒米、喝奶茶的饮食文化习惯中受到启发,率先开发出独具特色的"伊利"牌奶茶粉。出乎意料,产品投放市场十分火爆,成了紧俏商品。在这种情况下,伊利人没有如人们所想的那样开足马力生产,尽量满足需求。有人不解:"发财机会到了,何不敞开生产?"伊利人却采用逆向思维营销策划:"绝对不能。如果吃够了、喝腻了,就像奶粉一样谁还买?"这种"缺口型"营销战略的实施,使伊利奶茶粉畅销不衰,牢固占领了内蒙古、西北、东北及南方部分省市的市场,而且产品价格处于坚挺上扬状态。

第三步,让利领先法。为了实现"过黄河、跨长江,销遍全中国"战略营销方案，为使伊利系列产品尽快占领南方市场，走向全国各地，伊利在各地一些有代表性的中心城市占领营销制高点，采用了让利于民、占领市场的营销策略。1994年秋，伊利公司以草原文化和昭君出塞典故为底蕴，以"昭君回故里，伊利送深情"为主题，将经济与文化融为一体，向武汉市中小学生及部分市民赠送了100万支伊利雪糕。不吃不知道，一吃忘不掉。一传十，十传百，百传千千万，产品迅速占领了武汉及中南市场，实现了过黄河、跨长江的战略营销方案，并且为企业文化写下了精彩的一笔。

第四步，避实击虚法。自古兵家无人不晓：水趋下则顺，兵击虚则利。1995年以后伊利的目标市场是北京。对于全国众多的乳品生产厂家来说，北京市场是商家争雄之地。当时面对北京市场几家实力雄厚的合资企业，伊利人深感正面营销竞争的困难。然而为了使伊利系列冷冻食品尽快打入北京市场，他们经过调查和精心的策划，决定采取避实击虚的战略营销方案，侧翼进攻，迂回包围。针对合资企业产品价位高、档次高、消费群体有限的问题，伊利避开消费水平高的闹市区，在三环路以外有意识地发展销售网点，产品定位以中低档的产品为主，"茅台酒的品位，二锅头的价格"。经过不懈的努力，伊利的产品以"星星之火"燃起燎原之势，从三环以外的地区逐步打入了二环、一环，销遍了北京城，走"农村包围城市"的道路，取得了战略营销又一大胜利。

第五步，"核能"扩散法。"核能"是指企业的核心能力，它是企业宝贵的战略资源，是通向未来市场的大门。伊利把企业核心能力视作一个"核能源"，通过其扩散作用，将能量不断扩展到最终产品上，从而为消费者层出不穷、源源不断地提供新产品。

此后，伊利一路高歌，突飞猛进，从呼和浩特走出自治区，走向全国，迈向国际市场。如今，集团的主营业务收入已居国内乳品行业之首。内蒙古伊利集团正携其美誉与实力演绎连台好戏：扎根黑土地，登陆津京沪，稳步构筑伊利中国大市场，全面打造"中国伊利"——中国乳业的航母，且一直保持较好发展势头。伊利液态奶更是在全国范围内呈全面挺进之势，2002年再创产值翻番的历史新高潮。伊利股份有限公司作为国内乳业龙头企业，三大主要系列产品——液态奶、冷饮和奶粉——销畅全国市场。历年经营业绩也充分表明，拥有"伊利"品牌作为中国驰名商标的伊利公司，主营收入增长率一直以30%递增，且一直保持较好发展势头。伊利昂起中国乳业龙头，已经铸就"中国乳品第一品牌"。

伊利股份2021年中报显示，公司主营收入565.06亿元，同比上升18.89%；归母净利润53.22亿元，同比上升42.48%；扣非净利润50.1亿元，同比上升

33.06%；负债率62.76%，投资收益2.43亿元，财务费用-3604.09万元，毛利率37.4%。在2021年度榜单中，全球第一易主，Lactalis以年营收230亿美元，取代行业巨头雀巢（208亿美元），成为最大乳企。雀巢位居第二。伊利（138亿美元）位居第五。

通过对伊利战略发展轨迹分析，可以得到这样的启示：在现代战略营销策划中，市场是水，产品是船，品牌是帆，营销是风，战略是舵。水可载舟亦覆舟，有风没帆船不动，有风破帆船难行，有船无舵没方向。大海航行靠舵手，舵手靠的是船上的舵，经营战略就是企业的命运之舵。市场经济的海洋潮涨潮落，变化频繁，顺流善变者生，逆流不变者亡。市场风云，变幻莫测，强手如林，各显神通。企业要把握千变万化的市场行情，以变应变，先谋后战，精心策划，高效运作，才能在商海中避风浪，明方向，绕暗礁，越激流，过险滩，迎风取势，直挂云帆济沧海，夺取最后的胜利。

第一节　企业家与战略管理

一、当今企业家必须注重现代经营战略

纵观古今，市场如战场；历览中外，商战如兵战。在市场经济的激烈竞争中，有识时机者"金风未动蝉先觉"——捷足先登；有深谋远虑者"将军盘弓故不发"——后发制人；有作坊制冰棍贩卖者经营有方，艰辛奋斗终成大业；有百万富翁者一着不慎，满盘皆输，多年业绩，顷刻瓦解。胜败因素众多，但经营战略的正确与否是决定性的因素。在当今市场经济条件下，企业要生存和发展就必须注重现代经营战略。

（一）企业家经营战略是企业经营活动的必备前提

企业要经营，战略要先行。"战略"一词源于军事术语，指在敌对状态下将军指挥军队克敌制胜的方法和艺术。战略决策是关系全局的、长远的、重大问题的决策。现代企业在经济形势复杂多变的情况下，研究制定企业的经营战略并据此制定中长期规划，对企业的发展前途至关重要。《孙子兵法》曰："夫未战而妙算胜者，得算多也。"经营者只有"善算""巧算""妙算"，才能在竞争中精于计谋，技高一筹，战胜对手。

（二）企业家注重经营战略是市场经济发展的客观要求

随着我国市场经济体制的建立，国家调控市场、市场引导企业的经营机制

已逐步形成。企业要成为自主经营、自负盈亏的经济实体，必须依靠市场供求规律和价值规律自我调节生产经营活动，做出正确的经营战略决策，在优胜劣汰的竞争中求生存谋发展。

（三）企业家经营战略是消费需求多样化的必然要求

随着科技的进步、生产结构的调整和人民生活水平的提高，市场的消费需求呈现出分散化、复杂化、多样化的趋势。人们对日用商品出现了高、中、低不同层次的消费需求。部分高档商品进入家庭，要求提供相应的售前、售后服务。因此，根据消费需求发展趋势的变化而制定企业的营销战略，如名牌战略、售后服务战略等，满足和创造市场需求，是企业在制定经营战略中的首要任务。

（四）企业家经营战略是企业一切管理工作的精髓

企业经营战略是全体职工的行动纲领，它为企业的发展指明了基本方向和前进的道路，是企业各项管理工作的精髓，也是生产经营活动的中心。它能使企业有明确的经营活动目的和主心骨，能够起到统一全体员工思想和行动的作用，有助于调动全体员工的积极性、主动性和创造性，使广大员工心往一处想，劲往一处使，为实现企业的战略目标而做出不懈的努力。制定经营战略能够对企业当前和长远发展的经营环境、经营方向和经营能力有一个正确的认识，做到胸中有数。通过全面了解本企业的优势和劣势、机会和威胁，从而做到"知己知彼"，不失时机地把握机会、利用机会，扬长避短，求得企业的生存和发展。

二、企业家制定经营战略客观必然性

俗话说："人无远虑，必有近忧。"从企业发展的角度来看，企业今天的行动是为了执行昨天的战略，企业今天制定的战略正是为了明天更好地行动。企业家要高瞻远瞩，面向未来，把握主动。特别是企业高层管理者应当把自己的主要精力集中到制定和实施企业的经营战略上来。在美国进行的一次调查中，有90%以上的企业家认为"最占时间、最为重要、最为困难的事就是制订战略规划"。由此可见，经营战略已成为许多企业取得成功的重要因素，这些企业已进入了"战略制胜"的时代。以农业经济为主的社会，人们所关心的是过去——经验和做法；以工业经济为主的社会，人们所关心的是现在——技术和市场；以信息为主的社会，人们关心的是未来——战略和策划。意识能量就是财富的种子，财富就是意识能量的果实。美国著名的经济学家阿尔温·托夫勒指出:"对没有战略的企业来说就像在险恶气候中飞行的飞机,始终在气流中颠簸,在暴风雨中穿行,最后很可能迷失方向,即使飞机不坠毁,也不无耗尽燃料之危。如果对于将来没有一个长期的明确方向,本企业的未来形式没有一个实在的指导方针,不管企业规模多大,地位多稳定,都将在新的革命性的技术经济的大变革中失去其存在的条件。"

(一) 三种主要力量使企业越来越难赢

新世纪有三种主要力量不可低估。

1. 顾客（customers）占上风

今天的市场,卖方不再占据优势,买方真正占了上风。"萝卜慢了剥层皮。"顾客更富于个性,挑剔是现代消费者的一大特点。消费既是生产过程的终点,又是再生产过程的起点。这是因为消费是产品的完成。没有消费,就没有生产;消费为生产创造出新的需要,这种不断增长的新的需要是生产得以不断进行的原动力。顾客与企业,互惠解难题;顾客是上帝,信赖成朋友;顾客忠诚度、美誉度,是企业生存之根、立命之本。

2. 竞争（competition）在加剧

市场经济越发展,企业竞争越激烈。在日趋激烈的市场竞争中,企业必然是主体。如果说市场是舞台,那么企业就是演员。市场上的利益诱惑使众多企业趋之若鹜,竞争者的队伍越来越庞大。"赢得竞争优势,夺取领先地位,获得更大效益"已成为全球经济竞争的新景观。谁都可以得罪,市场不能得罪。

3. 变化（change）是常事

当今世界只有一个东西是不变的,那就是"变"。变化已成为社会经济运行的一种常态。在市场经济的海洋里,潮涨潮落,变化频繁,顺潮流善变者生,逆潮流不善变者亡。市场风云,变幻莫测,强手如林,各显神通。企业家要善于把握千变万化的市场行情,以变应变,先谋后战,才能在海中避风浪,绕暗礁,越激流,过险滩,直挂云帆济沧海,夺取最后的胜利。

(二) 企业面临着生命周期的严峻挑战

企业是一个生命的肌体,它也有生命过程的周期规律。企业从诞生的那一天起,就站到了其生命周期的起点上,同时也面临生命周期的挑战。

据统计,中国企业平均寿命只有7~8岁,民营企业只有2.9岁,跨国公司的平均寿命为11~12岁,世界500强的平均寿命为40~42岁,世界1000强的平均寿命为30岁。那些因决策失误,对市场反应迟钝、管理不善的企业会过早地进入"公司恐龙博物馆"。

（三）企业未来的市场竞争日趋激烈

1. 竞争对手抢占了市场

现代市场竞争，强手如林，各有招数；商场激战，缴枪也杀，更为激烈。仅了解顾客的需要已不是灵丹妙药，因为众多企业都朝着同样的目标市场前进，形成千军万马过独木桥的格局。在这种情况下，你要多一个心眼儿，善于观察敌、我、友的行踪，联合盟友，击败对手，扩大自己的优势以赢得市场。这就是企业战略的基点。

2. 面向未来的竞争更为激烈

今日市场上的领先者，并不一定是明日市场上的领先者。他们是否想过5年甚至10年后市场究竟会怎样？请思考下面几个问题：

你是像一个维持今日市场碌碌运转的维修"工程师"，还是更像一个构想明日市场优胜者的"设计师"？

你是"战略家"，还是"救火队员"——两眼一睁，忙到熄灯，忽视战略，盲打盲从？

你投在创造未来上的精力，是否比投在延长过去上的精力更多？

今天的竞争实质上是一场挑战者与落伍者之间、创新者与守成者之间、勤奋的开拓者与偷懒的模仿者之间的竞争。挑战者、创新者、开拓者之所以成功，是因为他们敢于跳出老框框，向远处眺望，走机会最多的路。

3. 名牌瓜分天下，精品扮演主角

名牌象征着财富，标志着身份，证明着品质，沉淀着文化；精品引导时尚，激励创造，装点生活，超越国界。国内市场国际化、国际市场国内化、世界市场一体化是当今全球经济发展的基本趋势，赢得竞争优势、夺取领先地位、获得更大效益成为全球经济竞争的新景观。市场经济在一定程度上讲就是名牌经济，竞争的最终局面是名牌瓜分天下，精品扮演主角。无怪乎有人说：农业时代竞争土地，工业时代竞争机器，信息时代竞争品牌，品牌是进入21世纪的入场券。因此，我们在设计企业发展战略时，只有将品牌提升到战略的高度，树立名牌质量意识，保护民族工业精品，才能弘扬国粹，竞争制胜。

【案例3-2】把木梳卖给和尚

有家大公司在招聘营销主管时，出了一道实践性的试题：把木梳尽量多地卖给和尚。绝大部分应聘者面对如此怪题感到困惑，纷纷离去，最后只剩下三个应聘者：小伊、小石和小钱。负责人向剩下的三人交代，从今日开始，以10

日为限交卷。10日期限到，三人来到了公司，小伊汇报说，他只卖出了一把木梳，他讲述了历尽的辛苦，以及受到众和尚的责骂和追打的委屈。好在下山途中遇到一个小和尚一边晒太阳，一边使劲挠着又脏又厚的头皮。小伊总算说服他买了一把。小石比小伊成绩要好，他卖出了10把。他说：一天他去了一座名刹古寺。由于山高风大，进香者头发都被吹乱了。小石找到了寺院的主持说："蓬头垢面是对佛的不敬。应在每座庙的香案前放把木梳，供善男信女梳理鬓发。"主持采纳了小石的建议，买下了10把木梳。轮到小钱了，他总共卖掉了1000把木梳。小钱介绍说：他来到一处颇具盛名的深山宝刹，这里朝圣者如云，施主络绎不绝。小钱对主持说："凡来进香者，多有一颗虔诚之心，宝刹应有所回赠，以做纪念，保佑其平安吉祥，鼓励其多做善事。我有一批木梳，你的书法超群，可刻上'积善梳'三个字，然后可做赠品。"主持大喜，立即买下了1000把木梳，并请小钱小住几日，共同出席了首次赠"积善梳"的仪式。得到"积善梳"的施主和香客，很高兴，一传十，十传百，由此朝圣者更多。主持主动要求小钱再多卖一些不同档次的木梳，以便分层次地赠给各种类型的施主与香客。但10日期已到，小钱只好赶回了公司。考核结果自然是小钱争得了营销主管的位置。问题：该案例说明了什么？从战略营销的角度看，小钱的销售思路有什么特色？[①]

第二节 企业战略概念及其特征

"战略"是一个既古老又新颖的名词。说它古老，是因为远在中国的三国时代，诸葛亮就表现出战略家的过人智慧，后人常以他的战例为借鉴；说它新颖，是因为现代企业战略要比古代战略无论在概念还是内容方面都复杂得多、微妙得多。

一、战略的概念

战略，古称韬略，原为军事用语。顾名思义，战略就是作战的谋略。辞海对战略一词的定义是："军事名词，指对战争全局的筹划和指挥。它依据敌对双方的军事、政治、经济、地理等因素，照顾战争全局的各方面，规定军事力量

[①] 资料来源：摘自《本周金融信息》总310期. https://www.docin.com/p-47206133.html.

的准备和运用。"

战略最初多应用于军事领域。在英文中,"战略"一词为"strategy",它源于希腊语的"stratagia"——这也是一个与军事有关的词。《简明不列颠百科全书》称战略是"在战争中利用军事手段达到战争目的的科学和艺术"。许多著名军事家都对"战略"一词做过精辟的解释。著名的德国军事战略家冯·克劳塞维茨将军曾说过:"战略是为了达到战争目的而对战斗的运用。战略必须为整个军事行动规定一个适应战争目的的目标。"另一位著名的德国军事战略家毛奇也曾经说过:"战略是一位统帅为达到赋予他的预定目的而对自己手中掌握的工具所进行的实际运用。"

除军事领域外,战略正越来越多地被应用于政治、经济、科技、文化、教育等领域。那么,战略的内涵是什么呢?

【案例3-3】典型的战略实例

实例:一席隆中对,三分天下事

《三国演义》第38回"定三分隆中决策,战长江孙氏报仇"中,详细、生动地描写了刘备、关羽、张飞三顾茅庐,请诸葛亮出山的历史情景。当诸葛亮闻知刘备"欲伸大义于天下"的"将军之志",又受刘备的三顾之恩,便在茅屋中为刘备献出了自己的谋略,这就是历史上有名的"隆中对"。诸葛亮先对曹操、孙权、刘备三方的实力做了分析,接着提出了自己的谋略。

曹操——曹操势不及袁绍,而竟能克绍者,非惟天时,抑亦人谋也。今曹已拥百万之众,挟天子以令诸侯,此诚不可与争锋。

孙权——据有江东,已历三世,国险而民附,此可用为援而不可图也。

刘备——将军乃汉室之胄,信义著于四海,总揽英雄,思贤如渴,若跨有荆益,保其岩阻,西和诸戎,南抚彝、越,外结孙权,内修政理;待天下有变,则命一上将将荆州之兵以向宛、洛,将军身率益州之众以出秦川,百姓有不箪食壶浆以迎将军乎?诚如是,则大业可成,汉室可兴矣。将军欲成霸业,北让曹操占天时,南让孙权占地利,将军可占人和。先取荆州为家,后即取西川建基业,以成鼎足之势,然后可图中原也。

二、企业战略的特征

企业战略是企业以未来为基点,为赢得持久的竞争优势而做出的事关全局的重大筹划和谋略。企业战略的特征主要有以下八点。

（一）全局性

企业战略以企业全局为出发点和着眼点。它是企业发展的整体蓝图，它关心的是"做对的事情"（Do the right things），注重对企业未来总体方向的谋划，而不是仅仅"把事情做对"（Do the things right），纠缠眼前的细枝末节。因为"把事情做对"只是"效率"的好坏而已，唯有"做对的事情"才会产生长远的效果。

（二）长远性

战略的立足点是谋求提高企业的市场竞争力，使企业兴旺发达、长盛不衰；谋求的是企业的可持续发展，而不是追逐短暂的虚假繁荣。要强化战略思考力和组织设计，不要仅仅追求眼前财富的积累。

（三）方向性

企业战略规定企业未来一定时期内的方向，"它关心的是船只航行的方向而不是眼下遇到的波涛"。大海航行靠舵手，舵手靠的是船上的舵。经营战略就是企业的命运之舵。

（四）纲领性

战略管理是企业管理的"顶尖石"，是企业的宏观管理，是统御企业活动的纲领。它为企业的发展指明了基本方向和前进道路，是各项管理活动的精髓，也是生产经营活动的中心。它有利于调动职工的积极性、主动性和创造性，使广大员工心往一处想，劲往一处使，为实现企业的目标而做出不懈努力，战略管理虽然不是万能的，但没有战略却是万万不能的！

（五）现实性

企业战略是建立在现有的主观因素和客观条件基础上的，一切从现有起点出发。也就是说，企业战略必须易于操作，要结合企业自身条件和环境状况来制定切实可行的战略。一个完整的战略方案不仅要对战略目标做出明确的规定，还要明确战略重点方针、策略和实施步骤，体现企业战略整体的可操作性和现实性。

（六）竞争性

企业战略也像军事战略一样，其目的也是克敌制胜，赢得市场竞争的胜利。为此，企业战略必然带有对抗性和学习性。对抗性就是要针对对手的行为制定和采取应对性的措施，学习性是指企业对竞争对手的了解和向竞争对手学习。企业通过针对性学习，一方面可做到知己知彼，从而熟知自己的相对长处与短处；另一方面可学习竞争对手的长处，以在知识和技能方面更好地充实和提高自己，达到更好的克敌制胜效果。

（七）稳定性

战略是解决长远性、全局性的问题，影响面大。因此，要保持其相对的稳定性，不能朝令夕改。只有企业的外部环境和内部条件发生重大变化后才能做战略性调整、转移。而战术则是指解决局部问题的原则和方法。它具有局部性、短暂性、灵活性、机动性等特点。

战略与战术两者的关系是：战略是战术的灵魂，是战术运用的基础。战略如果错了，就无所谓战术上的对与错。战术的运用是战略的深化和细化，它要体现既定的战略思想。二者的出发点相同，都是为了制定和实现企业的既定目标。

（八）创新性

"物竞天择，适者生存。"环境是企业赖以生存的空间。战略管理最重要的一个规律就是，企业必须适应环境变化才能生存和发展，而适应环境变化的关键则在于不断地变革、创新。美国学者彼得·德鲁克说过一段关于企业经营创新的话，他说："这个要求创新的时代中，一个不能创新的已有企业是注定要衰落和灭亡的，一个不知道如何对创新进行管理的管理者是无能的，不能胜任其工作。对创新进行管理将日益成为企业管理者特别是高层管理者的一种挑战，并且成为他的能力的一种试金石。企业家的职能是创新。"1978年诺贝尔经济学奖获得者西蒙说："管理决策是管理的同义语，管理的核心在经营，经营的核心在决策，决策的核心在创新。"

【小思考3-1】企业战略"四要""四不要"

要看将来，不要留恋过去；

要抓机会，不要摆困难；

要把握好自己的前进方向，不要总是跟在别人后面；

要有崇高的目标，不要任其随意发展。

三、战略的构成要素

关于企业战略的构成要素，不同的学者可能会有不同的观点。比较有代表性的是安索夫（H. I. Ansoff）的四要素说。

安索夫认为企业战略由四种要素构成，即产品与市场范围、竞争优势、增长向量和协同作用。这四种战略要素是相辅相成的，它们共同决定着企业的

"共同经营主线"。通过分析企业的"共同经营主线"可把握企业的方向,同时企业可以正确地运用这条主线,恰当地指导自己的内部管理。

(一)产品与市场范围

它说明:企业属于什么特定行业和领域,企业在所处行业中产品与市场的地位是否占有优势。为了清楚地表达企业的"共同经营主线",产品与市场的范围常常需要分行业来描述。分行业是指大行业内具有相同特征的产品、市场、使命和技术的小行业,如汽车行业中的工具车分行业,家电行业中的电视机分行业,等等。

(二)竞争优势

它说明了企业竞争机会之所在:企业凭借某一产品与市场组合的特殊属性可以给企业带来强有力的竞争地位。美国战略学家迈克尔·波特(Michael E. Porter)认为,企业获得竞争优势主要有三种战略:差异化战略、低成本战略和集中一点战略。图3-1列出了企业竞争优势模型。

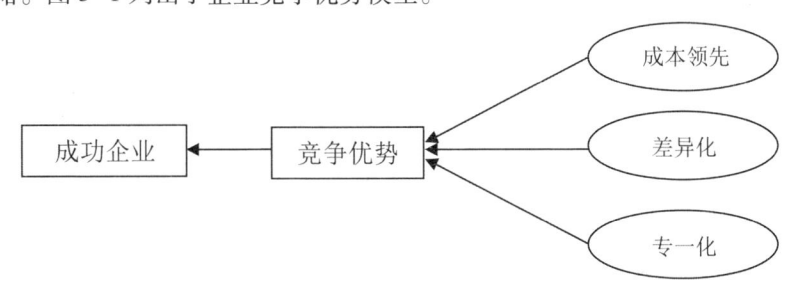

图3-1 企业竞争优势模型

小知识:市场竞争有术,经营战略有策:若人缺,我则补,满足需求,增加销售;若人有,我则好,以优取胜,精益求精;若人好,我则多,市场热门,大量投放;若人多,我则廉,薄利多销,吸引顾客;若人廉,我则转,伺机转让,开拓新路。

(三)增长向量

它说明企业经营运行的方向,即企业从现有产品与市场组合向未来产品与市场组合移动的方向,故也称成长方向。常用于表示企业成长方向的增长向量有市场渗透、市场开发、产品开发和多种经营等。可见,增长向量不仅指出企业在一个行业里的方向,而且指出企业计划跨越行业界线的方向,是对以产品与市场范围来描述"共同经营主线"的一种补充。

（四）协同作用

协同作用是指企业从资源配置和经营范围的决策中所能寻求到的各种共同努力的效果，也就是"1+1>2"的效果。协同作用是可以直接看到的，如农场将不便运输的农产品剩余物用于饲养家畜，再将家畜生产的有机肥用于农作物的生产，这样农场同时经营农作物生产和家畜饲养两个业务。这比将两个业务分开所产生的效果要更好一些，这就是协同作用。

【小思考3-2】小微企业的专精特新发展的战略谋划

1. 专业化。小微企业专业化发展，要提高生产工艺、产品和服务、市场专业化水平，成为产业链中某个环节的强者。培育为大企业和龙头企业配套的生产关键零部件、元器件的骨干型小微企业。鼓励小微企业为大企业配套，加强小微企业分工协作，培育一批"配套专家"。

2. 精细化。小微企业精细化发展，建立精细高效的管理制度和流程，开展精细管理，生产精良的产品，提供精致服务。用高、精、尖产品和服务赢得市场。小微企业走差异化成长道路，赢得市场竞争优势。

3. 特色化。小微企业特色化发展，大力发展地方特色产业，从满足不同层次、不同消费群体的需求出发，在"特"字上做文章，做到人无我有、人有我特，形成自己的特色产品、特色服务等。

4. 新颖化。小微企业新颖化发展，通过技术创新、工艺创新、功能创新，实现产品和服务创新，以"新"取胜，提高核心竞争力。

第三节 公司战略管理的层次

一、战略管理的层次

企业战略是表明企业如何达到目标、完成使命的综合计划。而企业的目标和使命是多层次的，它包括企业的总体目标、企业内各个事业部层次的目标以及各职能层次的目标，各层次目标形成一个完整的目标体系。因此，企业战略不仅要说明企业总体目标以及实现这些目标所用的方法，而且要说明企业内每一层次、每一类业务以及每一部分的目标及其实现方法。一般来说，典型的企业战略分三个层次：由企业最高管理层制定的公司战略、由事业部制定的经营战略、由职能部门制定的职能战略,如图3-2所示。

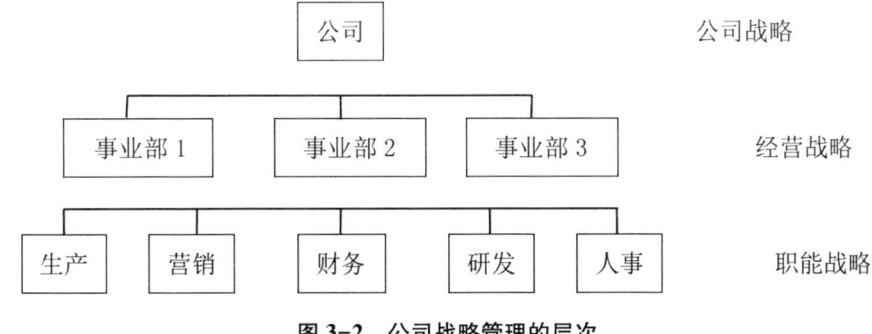

```
                    公司                         公司战略
         ┌───────────┼───────────┐
      事业部1      事业部2      事业部3           经营战略
   ┌────┬────┼────┬────┐
  生产  营销  财务  研发  人事                    职能战略
```

图3-2 公司战略管理的层次

公司战略又称总体战略,是企业战略中最高层次的战略,是企业最高管理层指导和控制企业的一切行为的最高行动纲领。公司战略的对象是企业整体,公司战略决策通常要求有远见、有创造性,并且是全局性的。通俗来说,公司战略主要描述企业在增长、多种业务和产品种类的管理等方面的态度。公司战略还需要根据企业的目标合理配置企业经营所必需的资源,使各项经营业务相互支持、相互协调。

经营战略又称事业部战略,因为它通常发生在事业部和产品层次上。具体来说,经营战略是在企业总体战略的指导下,由某一个战略经营单位(事业部)制订的战略计划,是公司战略框架之下的子战略,为企业的整体目标服务。事实上,经营战略把公司战略中规定的方向和意图具体化,成为更为明确的针对各项经营事业的目标和策略。它重点强调企业产品或服务在某个产业或事业部所处的特定细分市场中竞争地位的提高。当然,经营战略既包括竞争战略,也包括合作战略。

职能战略通常发生在生产、营销和研发等职能领域。职能战略主要是以公司战略和事业部战略为根据确定各职能领域中的近期经营目标和经营战略,一般包括生产战略、营销战略、研究和开发战略、财务战略和人力资源战略。职能战略的主要作用是使职能部门的管理人员可以更加清楚地认识到本职能部门在实施企业总体战略与经营战略中的责任和要求。各个职能部门主要是通过最大化资源产出率来实现公司和事业部的目标和战略。具体来说,职能战略面临的决策课题是生产和营销系统的效率、用户服务的质量和范围、特定产品的市场占有率、生产设备的专业化程度、研发工作的重点、库存水平的高低、人力资源开发和管理等决策。

二、公司层战略的类型

（一）稳定发展战略

顾名思义，稳定发展战略不是不发展、不增长，而是稳定地、非快速地发展。

特征：第一，公司（企业）满足它过去的效益，继续寻求与过去相同或相似的战略目标。第二，期望取得的成就每年按大体相同的百分比来增长，如每年增长10%。第三，公司继续以基本相同的产品或服务来满足它的顾客。

公司之所以采用稳定发展战略是有多种原因的，其中原因：第一，管理层可能不希望承担较大幅度地改变现行战略所带来的风险。因为当改革需要新的技能时，它会对使用以前所学技能的人员形成威胁。第二，战略的改变需要资源配置的改变。已经建立起来的公司要改变资源配置模式是很困难的，通常需要很长时间。

优点：保持战略的连续性、稳定性，减少风险性。在稳定增长和稳定的环境中是企业的上策。一般都集中于单一经营或服务。

缺点：由于公司只求稳定的发展，可能会丧失外部环境提供的一些可以快速发展的机会。如果竞争对手利用这些机会加速发展的话，企业将处于非常不利的竞争地位。

（二）发展（增长）战略

发展战略是一种使企业在现有的战略水平上向更高一级目标发展的战略。"百尺竿头，更进一步。"它以发展作为自己的核心导向，引导企业不断开发新产品、开拓新市场、采用新的管理方式和生产方式，扩大企业的产销规模，增强其竞争实力。

特点：第一，公司总是获得高于行业平均水平的利润率。第二，企业多要用非价格竞争的手段与竞争者抗衡。第三，它的基础是"价值创新"，试图通过创新和创造以前未存在的新的需求来使外界适应它们自己。

例如，采取集中生产单一产品或服务的最典型的企业是美国的麦当劳公司。1948年，迪克·麦当劳和莫里斯·麦当劳兄弟俩合伙开了一个叫麦当劳的餐馆，主要出售汉堡包、炸薯条和饮料及冰激凌。当时兄弟俩并无太大的雄心，对在其他地方开设类似的餐馆无多大兴趣。但在1954年，瑞·克罗克建议在全国范围内设立餐馆，麦当劳兄弟俩采纳了克罗克的建议，随即成立了麦当劳公司。时至今日，麦当劳公司的主要产品仍是汉堡包，辅以炸薯条和饮料或冰激凌。

多年来，它也增加了早餐食品、炸排骨、炸鸡块和其他的快餐食品。然而，它的发展是通过区域扩张、维持高质量和优质服务以及洁净的名望等手段实现的。目前，麦当劳公司占有美国餐饮市场的7%、国内快餐市场的18%和快餐汉堡包市场45%的份额，它的国际部是美国十大餐馆公司之一。

1. 密集增长战略

密集增长战略是指企业在原有生产范围内，充分利用在产品和市场方面的潜力来求得成长的战略。其表现形式：

（1）市场渗透。企业生产的老产品在原市场上进一步渗透，扩大销量。这是一种稳扎稳打、步步为营的战略。具体途径有三种：①努力使现有顾客多购买企业现有产品。②努力设法通过定价、产品差别化和各种促销手段，从竞争对手那里"抢"出更多的顾客。③设法使从未用过本企业产品的顾客购买本企业的现有产品。

（2）市场开发。它指企业用老产品去开发新市场，以拉大老产品的销售量。市场开发战略的实施措施为：①将老产品打入其他地区市场。②在新市场寻找潜在顾客。③开辟新的销售渠道。例如，葡萄酒不通过中间商直达最终用户。再如，杜邦公司生产的尼龙产品最初是做降落伞的原料，后来又做妇女丝袜的原料，再后来又做男女衬衣的主要原料。每一种新用途的发现，都使该产品进入新的生命周期，为公司带来了源源不断的利润。

（3）产品开发。它指向现有市场提供新产品或发展改进现有产品来增加企业在老市场的销售量。

关键：第一，在捕捉市场机会和进行产品设计时，应注重市场导向，而不是强力推行某个技术人员所喜欢的构思。第二，要从战略高度强化开发以核心能力为基础的核心产品，并以此构建企业长期发展的技术基础。第三，在产品开发过程中要充分借鉴顾客、供应商和营销人员的意见。

2. 一体化增长战略

一体化增长战略是研究企业如何确定其经营范围，主要解决与企业当前活动有关的竞争性、上下游生产活动的问题。其典型形式有以下四种。

（1）后向一体化。

其目的是确保产品或劳务所需的全部或部分原材料的供应，加强对所需原材料的质量控制。例如，自行车厂原来要专门生产自行车轮胎，保证自行车的轮胎供应。又如，草原兴发的模式有市场舞龙头、龙头带基地、公司加农户。再如，玉溪卷烟厂在这方面走了一条良性循环的道路。1985年该厂用50万元扶植当地农民试种优质烟叶2500亩（166.7万平方米），一年后产量增加，上等烟叶达30%，优质烟叶有了保证。1986年几乎用了全部积蓄从英国引进生产线，生产能力扩大到原来的4倍，大规模生产高档香烟。此后不断追加原料基地建设投入，然后不断扩大规模。到1995年对农业的投入达到17亿，保证了粮、烟的旱涝保收，生产设备不断更新，年生产能力达到200万~250万箱，成为亚洲最大的卷烟厂。

（2）前向一体化。

将企业的价值链进一步向最终产品方向延伸。目的是促进和控制产品的需求，搞好产品营销。例如，纺织印染厂，原来只是将坯布印染成各种颜色的花布供应服装厂。现在纺织印染厂与服装加工厂联合，即该厂不仅搞印染，而且还制成服装出售，促进了产品营销。

（3）水平一体化（横向一体化）。

水平一体化是指与处于相同行业、生产同类产品或工艺相近的企业实现联合，实质是资本在同一产业和部门内集中，目的是扩大规模、降低产品成本、巩固市场地位。

例如，长虹集团坚持"高起点、高技术、高质量、大规模、低成本"的方针，对产品不断地更新，对企业不断地进行改造。什么产品都有一个核心技术，彩电的核心技术是机芯。掌握彩电的设计，必须掌握机芯。1991年推出大屏幕彩电时，长虹采取了和日本东芝联合的发展方针，派人去东芝共同设计了高水平的机芯，装在29、25英寸彩电上，深受消费者欢迎。

一体化增长战略的优点是：第一，有利于生产要素的优化和重组。可以集中优势提高企业的市场竞争力、市场占有率。第二，有利于实现企业生产的专业化。可以集中精力创名牌。第三，有利于实现规模经济，加速科技进步。可以集中企业所有经营资源，扩大生产能力，达到合理规模。

一体化增长战略的缺点是：单一经营市场风险大，"易"吊死在一棵树上。市场需求旺盛时，企业景气；市场疲软时，企业萧条。

3. 企业多元化战略

（1）企业多元化战略概念和分类依据。

1）企业多元化战略概念：企业多元化战略是指企业在原主导产业范围以外的领域从事生产经营活动。它是与专业化经营战略相对的一种企业发展战略。

2）分类依据。

①单一经营战略：企业生产的单一产品销售额占销售总额的95%以上。

②主导经营战略：企业生产的主导产品销售额占销售总额的70%~95%。

③多元化经营战略：企业某一主导产品销售额占销售总额的70%以下。

（2）企业多元化战略类型主要有：

1）同心多角化战略。亦称集中多角化或同心多样化。

指公司增加与企业现有产品或服务相类似的新产品或服务。考虑实施集中多角化战略时，新增加的产品或服务必须位于企业现有的专门技能和技术经验、产品系列、分销渠道或顾客基础之内。当一个企业所处的行业正处于上升阶段时，集中多角化对于强化它自己具有的知识和经验的领域地位是十分有用而可行的。

2）纵向一体化战略。

是一种向前后两个方向扩展企业现有经营业务的增长战略。前向一体化是指组织的业务向消费它的产品或服务的行业扩展，而后向一体化是指企业向为他目前的产品提供作为原料的产品或行业扩展。

3）复合多元化战略。

是一种增加与企业目前的产品或服务显著不同的新产品的增长战略。这一战略似乎很受企业青睐，实行这一战略的企业的名单很像美国著名企业的排行榜。企业采用复合多角化的外部原因主要是：

①企业原有的产品市场需求增长处于长期停滞甚至下降趋势。

②所出产业集中程度高，企业间相互依赖性强，竞争激烈。

③环境因素的多变性和不确定性迫使企业更加注重长期收益的稳定性。内部原因主要是企业存在较强的资源与能力。

企业多元化对一些行业来说是一种必然的选择。从拓展市场的角度看，可以为增长提供新的载体；从把握机会的角度看，可以保证经营有足够的灵活性；从规避风险的角度看，可以保证企业总体赢利的稳定；从资源利用的角度看，可以使企业的优势资源得到共享，在资源利用上起到放大作用。但是想要在企业多元化的过程中真正成功，还是必须具备一些前提：确保你已有的产业基础扎实；新旧产业要做到不冲突。新产业要能够进得去；要能够在新的产业领域站得住、打得赢。

企业多元化不是一种逃避现有问题的方法，而是在做好核心产品有较强实力的前提下的一种升华。

（3）多角化增长战略是"馅饼"还是"陷阱"。

所谓"馅饼"带来一定的利益：协同效应（管理营销、生产技术）；分散经营风险；市场内部化，降低交易成本。

多角化增长战略与分散风险之间不存在直接的因果关系。认为"多角化战略一定可以分散风险"是不正确的。问题的关键在于：如何从事和从事什么样的多角化战略。多角化的陷阱如下：

资源配置过于分散。

运作费用过大。

产业选择误导。

人才难以支持。

时机选择难以把握。

第四节　多元化经营陷阱与风险防范

企业多元化主要指向不同的行业市场提供产品或服务。多元化发展战略也是一种常见的企业成长战略，总体来讲它是有非常明显的拓展企业经营边界、谋求广阔发展空间、增强企业竞争优势、规避企业风险的优越性。企业采取多元化经营战略的根本动因有两点：一是为了规避经营风险，努力使企业生产经营活动稳定，增强抗风险的能力，而采取犹如"将鸡蛋放入多个篮子"的一种风险组合；二是拓展企业成长发展空间，根据对各个行业潜在收益、市场需求潜力、未来发展前景的分析判断，选择满意的行业进入经营，追求更快的发展、更高的收益，希望由产品、业务项目间在价值活动方面的关联性形成协同效应。然而，任何事物都是一分为二的，其实多元化成长战略是一把"双刃剑"，不能简单地说它是"馅饼"还是"陷阱"。多元化经营战略要选择恰当的时机和适当的行业，结合目前企业的实际。本节就企业多元化成长战略的常见病状、陷阱及其风险防范进行探究。

一、企业多元化成长战略的常见病状分析

中国企业多元化失败的原因或"常见病"大致有以下症状。

（一）"早熟症"

"早熟症"即过早地进入多元化经营，也就是说，多元化经营时机不当，在未具基本条件的情况下进入目标行业。我国许多企业集团都把不相关多元经营当作自己的基本战略，不仅追求"科、工、技、金、房"一体化而且还讲"产、供、销、农、工、商"一条龙发展，甚至涉足几十个不同行业，精力财力分散，欲速则不达。根据西方经验，企业集团的发展过程是：集中发展核心产品企业

→发展相关多元化经营→不相关多元化。从采用集中战略向多元化战略转变是有条件的，否则就会患"早熟症"。

（二）"急躁症"

"急躁症"主要表现在对目标行业了解得不多，企业内部缺少应有的准备和积累，从而急于进入目标行业。采用集中发展战略的企业要改用多元化发展战略，必须考虑的条件：①这个企业所在的行业是否已经没有增长潜力了；②这个企业是否在所在的行业占据了相当稳固和非常有利的地位；③新进入的行业是否能带动原来的主业或受到原来主业的带动，存在着协同效应；④是否积累了足够的人才、资金技术实力，这一点至关重要。

（三）"自恋症"

"自恋症"主要表现在过度自信。"别人行，我也行。""白手起家我都能创业成功，还有什么事我干不好呢？"再加前后左右的朋友同事见机行事，互相奉承。"我们要干不成，别人谁能干成？"隔行如隔山，忽视新行业、新市场的特殊性，到头来什么都想干的企业往往什么事也干不成。

（四）"失眠症"

"失眠症"主要表现在不了解和借鉴其他企业的成功经验和失败教训。不在事前从事可行性研究，看不清自己的优势和劣势。"什么赚钱就干什么"，这山望见那山高，折腾来折腾去元气大伤，熬红双眼操碎心，久而久之，失眠健忘，想入非非，举棋不定。

（五）"近视症"

中国许多企业的成长经历证明：用一种幼稚的方法完成创业期的资本原始积累并不难，最难能可贵的是可持续发展、长盛不衰。珠海"巨人"的坍塌、郑州"亚细亚"的沉浮、沈阳"飞龙"的反思，都说明单凭胆量和运气去运作企业，迟早要栽跟斗的。这些企业失误的症结在于"三盲"：一是盲目。战略目标不清晰，好高骛远，超越实际，盲动主义。二是盲从。一听说什么赚钱就一哄而上，又一哄而散，赶时尚，追潮流。三是盲打。心中没数，不讲战略，多面出击，急于求成。归根结底这些"三盲"企业在战略决策上患上了严重的"近视症"，甚至盲目多元化，把许多企业集团拖下了水。

二、企业多元化成长战略的陷阱与风险

多元化发展战略要求企业同时涉足多个产业领域，实施多种产品、业务项目的组合经营，导致企业经营资源分散使用、经营管理难度加大，可能使其追

求的目标落空。因为多元化经营是一项涉及技术、市场、管理和其他经济、非经济问题的内容相当复杂的企业成长战略，在其避免单一产品、业务经营的风险和获得更大、更快发展的同时，自身的风险程度也是相当高的。如果不顾条件盲目多元化，将会使企业面临更大的风险，甚至将生机变成危机。企业实施多元化成长战略所面临的风险如下。

（一）分散的资源配置方式

这是企业实施多元化成长战略所面临的最大失误或陷阱。由于企业资源有限甚至严重不足，每个意欲发展的领域都难以得到充足资源的持续支持，从而难以形成规模经济和竞争优势，持久的竞争优势更无从谈起；更有甚者，一旦陷入"资源危机"，其众多经营项目所需要的投入难以为继，供血不足，后果不堪设想，原规避经营风险的策略"东方不亮西方亮，黑了南方有北方"反而变成"东西南北全不亮"——一片漆黑。企业陷入多元化陷阱，欲生不成，欲死不行，两难选择，对非相关多元化战略尤其要谨慎选择。

（二）运作费用过大

多元化成长战略的不恰当实施，可能使企业经营运作费用加大。一方面，跨行业进入新领域，业务不熟习，从投入资源开始经营到产生效益，要经历一个艰难漫长甚至是曲折的过程。在这个过程中因陌生、不懂而导致效率低、浪费多、费用高，最终影响经济效益。另一方面，企业在原领域内的信誉、品牌顾客认知度等不可能太快转移到新的领域里。没有多少人会相信一个企业能做好一种产品就一定能做好所有的产品或业务。这都将导致多元化成长战略外部经济的协调效应丧失。

（三）行业选择误导，产业选择失误

主要是受某个行业高预期收益的诱惑，也受原行业经营业绩的成功所导致的过分自信的影响，从而忽略对一个产业前景、经营者必备条件及本企业的"核心能力"竞争优势之所在的分析，导致企业选择失当，甚至一着不慎，满盘皆输。

（四）人才难以支持

企业是人的企业，人是企业的灵魂。经营之要重在得贤、任贤。由于跨行业不相关多元化，隔行如隔山，不能尽其专长发挥优势，新的产业没有人才的支撑，基础工作十分薄弱，犹如空中楼阁，难以为继。

（五）时机选择难以把握。

经营时机是一种特殊的资源，具有价值性。它如同资金、技术、劳动也是一种重要的资源。然而时机的价值性及资源性都不是客观性的东西,而是带有主观性和依赖性。同一时机由于经营者的需求认识理解程度不同所产生的效益也不同。时机是一种宝贵的无形资源,只有通过开发和利用才能变为直接财富。因此,对经营者来说,时机就是市场,就是潜在财富,实施多元化有时需要恰当地把握时机,关键是看企业在战略选择时能否看出来、抓得住、用得上。

三、企业多元化成长战略的风险防范

多元化战略是企业的一种重要的成长战略,对企业的发展和营造竞争优势都有积极的作用。同时对多元化成长战略的常见症也做了分析,目的是防止步入误区、掉入陷阱。以下建议对企业多元化成长战略实施中防止掉入陷阱和防范风险都是有益的。

第一,明确认识,纠正偏差。多元化成长战略与分散风险之间不存在直接的因果关系。认为"多元化战略一定可分散风险"是不正确的,问题的关键在于:如何从事和从事什么样的多元化战略。新行业的选择要特别注意行业之间的关联性和协同效应。

第二,要有足够的资源和经济实力。实施多元化成长战略的企业必须具备充足的资源和实力,有能力支持新产业领域,培植新的经济增长点,并能对付进入初期激烈的竞争压力。

事实上每一个市场机会中都包含着风险,这些机会的价值很大程度上取决于一个企业驾驭风险、把握机会的能力,而这种能力又与战略性资源的积累水平有关。企业在甄别市场机会时,必须考虑它们与战略资源的匹配性,与长期发展方向的一致性,而不应该做无限制的选择。许多企业的经验已证明,那些表面看来最有吸引力的机会,也恰恰包含着最大的竞争风险。因此,只有在积累自身能力的基础上,企业才能把机会转化为效益。

第三,要防止"多动症"。实施多元化成长战略,不可"贪多""爱多",企业在一定时期内不可同时涉足过多的产业或产品。"爱多 VCD 我们一直在努力!"由于"爱得太多","末代标王"终于皇冠坠地。反观国内一些企业从事的多元化经营,似乎更多的企业只看重市场机会,大家争先恐后地向高盈利行业投资,而很少考虑自己有没有条件。生产彩电的搞电脑、空调,搞空调的又去开发摩托车、冰箱,结果往往导致副业没有搞好,主业陷入危机。这很值得企业深思,引以为戒。

第四,要分清主次缓急,抓住重点。企业实施多元化成长战略时,要注意资源的使用在一定时期内相对集中,有重点,注重已从事经营项目竞争实力和

竞争优势的培育，力求"做一事成一事"。同时，要注意重点支柱业务项目的培育，在一定时期内要明确选择一项业务或产品作为主业，在各方面给予重点支持。

第五，要重视企业核心能力的培育和人才的培养。企业核心能力具有独特性和辐射性，企业应不断孕育自己的核心能力，并不断向其他领域辐射，这是企业核心竞争能力之关键，也是企业长盛不衰之根本所在。与此同时，应不断加强对人才的培养和使用，舍不得在人才方面下本钱就像只种田不施肥一样，久而久之，企业核心能力和竞争优势也会随之消失。由于技术进步，市场多元化，生产经营的国际化，企业所面临的外部环境日益严峻，保持竞争中的组织优势，保持组织中人力资源优势，是企业在市场竞争中立于不败之地的关键。

【小思考3-3】多元化经营六问

(1) 基础稳。在当前市场上，比对手做得更好的是什么？
(2) 进得去。为在新市场取得成功，必须具备什么优势？
(3) 站得住。进入新业务能否迅速超越其中现有竞争者？
(4) 无冲突。多元化是否会破坏公司现有整体战略优势？
(5) 能取胜。在新业务领域公司是否有可能成为优胜者？
(6) 有发展。多元化是否能为公司进一步发展打下基础？

【小思考3-4】多元化经营六戒

(1) 盲目跟随。片面仿效行业领先企业的战略，忽视了行业中同类产品市场可能已趋于饱和、很难再进入的现实，盲目跟风，一哄而上，结果造成重复建设和资源的浪费。

(2) 墨守成规。由于成功地开发了一个新产品，暂时取得了市场竞争的主动权，就期待再次交好运，倾向于按同样的思路去开发另一个成功的新产品，结果往往以失败而告终。在开拓新业务时，已被经验证明是成功的战略，如果不再创新，并不一定达到相同的效果。墨守成规、守株待兔是不可取的。

(3) 军备竞赛。为了增加企业的市场份额，置可能引发的价格战于不顾，针锋相对与另一个企业展开白热化的市场争夺战，结果或许能够为企业带来销售收入的增长，但却可能由于广告、促销、研究开发、制造成本等方面费用的更大增长，使企业的盈利水平下降，造成两败俱伤，得不偿失。

(4) 多方出击。在企业面临许多发展机会时，往往会自觉不自觉地希望抓住所有的机会,以实现广种薄收的目的。结果常常因企业资源、管理、人才等方面的制约,很难达到多头出击的目的,最终会被过长的"战线"所累,不但新业务没有开展起来,甚至连"大本营"也会告急。

(5)孤注一掷。当企业在某一战略方案上投入大量资金后,企业高层管理者往往难以接受战略不成功的现实,总是希望出现"奇迹"。所以,由于战略思路上的惯性,致使他们不肯中途撤退。这种孤注一掷的做法可能导致越陷越深。

(6)本末倒置。在市场开拓与产品促销上盲目投入,甚至不惜代价大搞"造名攻势",而不是在解决产品质量、性能等根本方面下功夫。这种本末倒置的战略取向,好似水中月、空中楼,没有坚实的根基,迟早难逃企业坍塌之厄运。

第五节 新时代企业避、借、联战略

一、企业"避""借""联"战略

企业势单力薄,靠自己单枪匹马的奋战和与强大对手的硬拼是不足取的,而应该凭借自身的优势,取长补短。在营销上,巧妙地采取"避""借""联"的战略模式。

(一)"避"

"避"是企业在弱小阶段要避免和大型企业的正面冲突,即避免生产和大型企业拳头产品相同的产品,避开大型企业的强势市场大本营,避开大型企业传统的分销渠道,避开使用大型企业惯使的促销绝招。否则,采用和大型企业相同的营销战略,不仅会因为相互撞车而自取灭亡,还会由于老是生活在"巨人"的阴影下而总是难以得到发展。

(二)"借"

"借"是企业应充分利用大型企业的资源来发展自己。大型企业有良好的商誉和响当当的品牌,企业可以借之;大型企业有宽广快速的营销网络,企业可以借之;大型企业有充裕的资金和先进的管理技术,企业也可以借之……只要企业具有整合资源的良好能力,一切都能为它所用。

(三)"联"

"联"是企业之间的联合与支援。在没有外援的情况下,企业自己相互抱聚成团,由小而大,由大而强,会大大增强抵抗风险的能力。

二、企业的营销战略模式

(一)"缝隙营销"模式

中小企业势单力薄,竞争能力弱,难以和大企业进行正面的直接竞争和抗衡,否则无异于"鸡蛋碰石头"。企业在势力壮大之前,最好避实就虚,"夹着尾巴做人",即首先找到那些大企业没有发现,或大企业不想干但并非没有前途和利润的细分市场作为自己的目标市场。这样,可以避开大企业的巨大威胁,等自己势力增强、时机成熟之后,再和大型企业一争高低。山西南风集团的奇强洗衣粉的定位战略便是首先选择上海奥妙、美国宝洁和英国联合利华等大企业忽视的农村市场,采取"农村包围城市"的战略而发展成全国第一的。

(二)"卫星营销"模式

中小企业要善于借助大企业的优势来发展自己。许多大型企业都具有产品品牌优势和市场地位优势,它们是市场上光芒四射的"恒星"。而这些企业并不是万能的,它们的发展需要很多的配套工程,如非核心的相关零部件、某些服务等都需外部提供。企业在势力比较弱小时可以为它们服务来争取发展的机会,首先充当它们的配角,即做围绕大企业这些"恒星"旋转的"卫星"。例如,温州虹桥镇的企业之所以获得迅速发展,是因为它们首先以32家上等级、上规模的全国股份制大企业为"龙头",采取"委托加工、协议加工参股合资"的方法,和大企业建立了稳定的加工配套服务关系,拉动了虹桥镇350家小企业联动发展,使虹桥镇成为浙江耀眼的明珠。

所以,企业为大工业配套发展,既是专业化分工协作的要求,又是提高自己竞争力的现实途径。

(三)"寄生营销"模式

中小企业同样可以进行国际营销,但在构建国际分销渠道上和大型企业不同。大型企业可以自己在国外建立强大的代理商分销网络甚至建立分公司系统,完全能够控制和拥有自己的产品流通渠道。而中小企业由于自身无论是在资金、技术方面,还是在人力资源和管理经验等方面都存在某种程度的不足,所以,中小企业的产品销售,"借船出海"不失为一个可行的战略。"借船出海"战略之一是"猪驮式"出口,即中小企业通过为大型企业的出口产品生产相关的配套产品达到出口的目的。在这里,大型企业是"负重者",而中小企业是"搭乘者"。对大型企业来讲,出口产品有了企业的附加产品,在国际市场上竞争能力更强;对中小企业来讲,在大型企业出口产品的同时,自己的产品也随之出口到国外。"借船出海"战略之二是代工生产,即为某些跨国大公司定牌生产,然后借助跨国大公司的强大销售网络进入国际市场。"借船出海"战略之三是与外商合作,借用外商的资金、技术、渠道和管理进行国际营销。

(四)"虚拟营销"模式

对于中小企业来讲,和大企业不同的是企业资源相对缺乏。所以,企业要把有限的资源用在刀刃上。而虚拟经营则是一种克服资源缺乏的劣势的现代营销模式。"虚拟经营"是指企业在组织上突破有形的界限,只保留了其中最关键、最核心的功能,如生产、营销、设计、财务等功能,而努力将其他功能虚拟化,即企业内没有完整执行这些功能的组织,而借助企业外部提供。所以,对于某些已经掌握核心资源或具有核心竞争力的企业来讲,采用虚拟经营是一个事半功倍的极佳战略。企业可以虚拟人员,借企业外部人力资源,以弥补自己人力资源的不足;也可以虚拟功能,借企业外部力量,来改善劣势的部门;还可以虚拟工厂,企业集中资源,专攻附加值最高的设计和营销,其生产则委托人工成本较低的地区的企业代工生产。美国耐克的发展便是"虚拟营销"成功的典范。耐克是一个既无生产车间又无销售网络的企业,只拥有在全球具有核心竞争力的运动鞋设计部门和营销部门,生产和销售全部虚拟化,通过外部组织来完成。

(五)"共生营销"模式

"一根筷子一折就断,十根筷子折断就难。"单个企业虽有些弱不禁风,但是一个凝聚力强的企业命运共同体是坚不可摧的。共生营销是"以契约为纽带通过两家或更多家相互独立的企业在资源与项目上进行合作"。第一种方式是竞争企业的联合。例如,温州柳市的323家低压电器公司联合起来,先后在全国320多个大中城市、230个县级行政区设立了进行统一销售的子公司、分公司和门市部,在18个国家、地区开设直销点、销售公司53个,一张庞大而灵敏的营销网络业已形成,既避免自相残杀,又为各企业产品的销售和企业形象的树立提供了保障,以致发展成今天的德力西集团、正泰集团和新华集团等大企业。第二种方式是互补企业之间的联合。例如,温州市的陶瓷、卫浴、地板、窗帘、灯饰、橱柜、墙纸等行业的十多家知名企业走向联合,自发组成一艘统一宣传、优势互补、服务互督的家居装饰"联合舰队"。

【精粹阅读3-1】管理营销中的"奥数"及心智启迪

留心之处皆学问,管理营销有"奥数"。如果没有经营数字,管理营销将会变得怎么样？经营数字在管理营销中的妙用及心智启迪探讨如下。

一、科学管理来源于实践中的量化考察

管理源于人类的共同劳动，凡是有多人协同动作就需要管理。中国古代儒家提出的"修身、齐家、治国、平天下"的管理思想既表明了管理由近及远的层次，也说明了管理的领域范围——小到个人，大到国家，都需要管理与定量分析。学习管理学的人都知道，现代标准化的大生产管理是从泰勒开始的。泰勒管理的最大特点，就是将细节标准化，量化考察，即对人的每一个动作都进行精确的测算，在找到最大化地发挥动作的效益之后，就将这一动作作为标准确定下来，让员工按此标准执行。这种做法的客观效果就是实现效益的最大化。在这里，量化考察成为效率的基础和前提。

美国国际商业机器公司的创办人托马斯（Thomas J. Watson）曾经讲过下面这样一个故事，深入浅出地说明了量化管理的作用。

有一个男孩子第一次弄到一条长裤，穿上一试，裤子长了一些。他请奶奶帮忙把裤子剪短一点，可奶奶说，眼下的家务事太多，让他去找妈妈。而妈妈回答他，今天她已经同别人约好去玩桥牌。男孩子又去找姐姐，但是姐姐有约会，时间就要到了。这个男孩子非常失望，担心明天穿不上这条裤子，他就带着这种心情入睡了。

奶奶忙完家务事，想起了孙子的裤子，就去把裤子剪短了一点；姐姐回来后心疼弟弟，又把裤子剪短了一点；妈妈回来后同样也把裤子剪短了一点。可以想象，第二天早上大家会发现这种没有量化管理的活动所造成的恶果。

心智启迪 管理就是结合群力，达致目标。任何集体活动都需要管理。在没有管理活动协调时，集体中每个成员的行动方向并不一定相同，以至于可能互相抵触。即使目标一致，由于没有整体的配合，也达不到总体的目标。随着人类的进步和经济的发展，管理所起的作用越来越大。

当今世界，各国经济水平的高低极大程度上取决于其管理水平的高低。国外一些学者的调查统计证实了这一点，并形成许多学说。一是"三七"说。一个企业的成败"三分在技术，七分在管理"。美国前国防部长麦克纳马拉说过，美国经济的领先地位三分靠技术，七分靠管理。美国的邓恩和布兹特里斯信用分析公司在研究管理的作用方面也做了大量工作。多年来，他们对破产企业进行了大量调查。结果表明，在破产企业中，几乎有90%是由于管理不善所致。二是两个"轮子"说。一个现代化的国家是驾在两个轮子上前进的，第一个轮子是先进技术，第二个轮子是科学的管理。此学说源于美国，后传于日本。松下幸之助又给加了一根"轴",那就是人才,于是两个"轮子"说在世界上广泛流传开来。三是"三足鼎"说及"四支柱"说。"三足鼎"指技术、科学与管理。"四支柱"是指技术、科学、管理再加教育。财智时代国力的竞争是经济的竞争,经济的核心是企业,企业的核心是人才,人才的培养靠教育。

二、数学公式中的人际关系哲理

无论是在人们的日常生活中,还是在工作中,人们相互沟通思想和感情是一种重要的心理需要。增进彼此间的了解,改善相互之间的关系,减少人与人之间不必要的冲突,保证组织内部上下左右各种沟通渠道的畅通,有利于提高员工士气,增进人际关系的和谐,为事业的顺利发展创造"人和"条件。

被誉为中国式管理大师的曾仕强认为人际关系正常可以收到合力的效果。有一个公式十分有趣,先把它显示出来

$$成功 = （努力+机会）^{人际关系}$$

大家都追求成功,到底努力比较重要,还是机会比较要紧?两者都很重要

$$(1+1)^0 = 1 \quad (1+1)^1 = 2 \quad (1+1)^2 = 4 \quad (1+1)^3 = 8$$

人际关系普通,就算没有助力,也不致产生阻力,那么 $(1+1)^1 = 2$ 至少也能够得到较佳的效果。人际关系良好,获得很大的助力,于是 $(1+1)^2 = 4$ 便产生更佳的成就。若是人际关系甚佳,得到更大的助力,便可能 $(1+1)^3 = 8$,那么一旦抓住机会,可以跃登龙门了。人际关系良好,成功的机会大,称为"事半功倍"。

事实上,没有人完全依靠人际关系获得成功,除非他具有相当能力。但是,有再高超的能力,如果缺乏良好的人际关系,$(1+1)^0 = 1$ 也不能够顺利地成功,除非他痛定思痛,在人际关系上有所改善。

心智启迪 管理的核心是处理好人际关系,调动职工的积极性,结合群力,达致目标。人的成功实际上是人际关系的成功,完美的人际关系是个人成长的外在根源,环境宽松、和谐协调、关系融洽令人向往;生活安定,心情愉悦,氛围温馨,人的激情就能得到充分的发挥。试想在一个"窝里斗"的企业里工作,人际关系紧张,人心难测,无所适从,甚至让人提心吊胆,为自己担心,不是人琢磨工作,而是工作折磨人,这种环境是留不住人才的,"以人为本"也只能是"叶公好龙"而已。

企业内部亲和力的存在才会使员工具有强烈的责任心和团队精神;组织富有朝气和活力,才能营造人格有人敬、成绩有人颂、诚信有人铸、和睦有人护的良好文化氛围。企业善待员工,职工效忠企业,以和为贵,以诚相待,才能

激发员工的积极性与创造性，增强企业向心力。企业暂时的困难甚至亏损并不可怕，最可怕的是职工感情的亏损；一旦职工对企业失去了希望和热情，没有了愿景，这个企业绝对是没有希望的。有道是天时不如地利，地利不如人和，人和更离不开沟通。和谐协调就是企业的凝聚力，也是企业的核心竞争力。

三、细节管理中的经营数学

海不择细流，故能成其大；山不拒细壤，方能就其高。关于细节的不等式：$100-1 \neq 99$；$100-1 = 0$。——功亏一篑，1%的错误会导致100%的失败。

因为一个马掌钉，失去一匹骏马；因为一匹骏马，失去一位骑士；

因为一位骑士，失去一场战争；因为一场战争，失去一个国王；

因为一个国王，失去一个国家。——读了这首普鲁士的儿歌，你觉得"小事"和"大事"之间还远吗？

例如，"三精四细"是大庆油田第八采油厂经营管理理念。所谓"三精"，就是要求企业的经营者和员工做到：经营上要精明，管理上要精心，业务上要精通。"三精"中，"精明"是核心，"精心"是前提，"精通"是基础。

"精明"就是在对外业务上要把企业利益放在首位，时刻维护企业利益；在对内管理上要符合现代企业管理需要，要有精明的经营之道。

"精心"就是在管理上要把企业当作自己的家一样来精心管理，改变粗放型管理模式，树立强烈的责任意识。

"精通"就是要求全体员工在业务上不能停留在"懂""会"的层次上，要精益求精，形成一支高层次、高素质的员工队伍。

在具体的工作中，还要做到"四细"：货要细点，质要细看，账要细算，单要细签。

第一，货要细点。把好物资采购的数量关，杜绝"缺斤短两"。

第二，质要细看。把好物资的质量关，严禁"以次充好"。

第三，账要细算。加强成本控制，做到人人会算账，人人算细账。

第四，单要细签。慎重签订各种单据，尤其是对外合同，防止发生无谓的损失。

"三精四细"不仅包含了企业内部管理，也兼顾了企业日益发展的对外业务，它涵盖了企业对内管理、对外往来的各方面。在大庆模范屯油田有限责任公司实践后，2002年年底，把"三精四细"确定为这个厂的经营管理理念。

实践证明，"三精四细"经营管理理念的应用取得了良好的效果：增强了员工的业务素质和责任心,提高了各项工作的管理水平,全厂年年顺利完成上级下达的各项工作指标;油田开发科技成果丰硕,员工在各项技术大赛中屡创佳绩;提高了劳动生产率,节约了生产成本,在生产成本逐年下降的情况下,全厂每年都做到了成本有节余;提高了企业的凝聚力,为企业的生存发展拓宽了空间。"三精四细"经营管理法于2003年9月被评为中国石油天然气集团公司青年创新工作法大赛"百优"项目。

心智启迪 重视战略,不能放弃细节。每个人都把细节做好,才是对战略的最大支持。否则,细节失误,执行不力,就会导致营销战略的面目全非。细节中的魔鬼可能将把营销果实吞噬。从营销的角度看,细节的意义远远大于创意,尤其是当一个战略营销方案在全国多个区域同时展开时,执行不力,细节失控,都可能对整体形成一票否决。"三株"集团总裁吴炳新在1995年10月15日的新华年会上宣读了《争做中国第一纳税人》的报告,可这些话还没有从人们的耳畔散去,"三株"就被一场官司击倒了。一位企业家用"十天十地"来形容"三株"后期:"声势惊天动地,广告铺天盖地,分公司漫天漫地,市场昏天黑地,经理花天酒地,资金哭天喊地,经济缺天少地,职工怨天怨地,垮台同行欢天喜地,还市场蓝天绿地。"如果把企业比作一棵大树,基础是树根,管理是养分,战略是主干,品牌是果实,细节就是枝叶。放弃细节就等于打掉枝叶,没有光合作用,企业这棵大树再也无法结出品牌的果实。天下难事,必做于易;天下大事,必作于细。从大处着眼,小处着手,感悟战略,体验营销。细节制胜,不可不察。

四、品牌质量中的管理"奥数"

进入20世纪90年代以后,全球的市场竞争日益激烈,这在客观上要求企业必须提高产品质量和管理效率。在这样的背景下,摩托罗拉公司在1993年率先提出六西格玛管理模式,并在企业中推行。自从采取六西格玛管理后,公司平均每年提高生产率12.3%,因质量缺陷造成的损失减少了84%,摩托罗拉公司因此取得了巨大的成功,成为世界著名跨国公司,并于1998年获得美国鲍德里奇国家质量管理奖。1995年,美国通用电气公司(GE)也引入了六西格玛管理模式,由此产生的效益每年呈加速度递增:每年节省的成本为1997年3亿美元、1998年7.5亿美元、1999年15亿美元;利润率从1995年的13.6%提升到1998年的16.7%。六西格玛管理模式从此声名大振。GE的总裁韦尔奇因此说:"六西格玛是GE公司历史上最重要、最有价值、最盈利的事业。我们的目标是成为一个六西格玛公司,这将意味着公司的产品、服务、交易零缺陷。"

六西格玛管理方法为摩托罗拉首创。随着流程质量的优化，残次品、制造时间和产品成本都随之降低，公司每年获得了 8 亿~9 亿美元的回报。1993 年，摩托罗拉大部分部门都达到六西格玛水平。短时间内，六西格玛的管理方式便风行其他行业，通用电气、索尼、本田、佳能、日立、宝丽来等世界级的大公司纷纷采纳六西格玛，用于改善产品质量，降低成本，从而提高利润率。

再如，茅台人始终坚持把酒的品质放在第一位的原则。茅台酒的生产流程与自然界的四季变化相吻合，采取端午采曲，重阳投料，高温制曲，高温堆积，高温流酒，七次蒸馏，八次发酵，九次蒸煮，历时整 1 年，然后再经过 3 年贮存，精心勾兑后才能包装出厂。经过这套科学、独特、完整的工艺，茅台酒从制酒到出厂至少要 5 年时间。而其他的白酒厂用 1 年或几个月的时间就能出厂，所以茅台酒能够做到绝对保证质量。为确保产品品质，早在数年前，茅台酒厂全方位将 ISO 9002 国际标准贯彻于质量体系中，通过了长城质量保证中心的审核认定，一家极具"中国味"的企业由此成功实现与国际惯例对接。

心智启迪 在品牌运营过程中，要求企业在打造品牌过程中必须讲求"认真"二字，要"眼睛盯着市场，功夫下在现场"，为消费者生产和提供优质的产品和服务。品质是一个品牌成功的首要保证，也是精品质量的生命线。品质就是市场，品质就是利润，品质就是信誉。一个真正的品牌不是靠政府的评比而来，也不是靠铺天盖地的广告制造出来，而是以自己的优秀质量在消费者的心目中逐步树立起来的。

心智启迪 精益求精，追求最好，做到极致，是精细化管理的重要思想。六西格玛超凡思维，挑战极限，充分体现了这一管理思想。六西格玛是统计学上误差分析的概念，被借用来标示质量水平。六西格玛表示一百万次机会中，有三四个缺陷，或 99.9996% 的完善水平。六西格玛是企业运营流程的创新，它指导企业做任何事少犯错误，小到填写订单，大到飞机制造、航班飞行安全，在质量问题刚刚显示征兆的时候就予以消灭，从根本上防止缺陷和错误的发生。

五、市场营销的"奥数"智慧

小天鹅集团的经营数学。小天鹅集团在实践中形成了自己的经营数学，凝聚成小天鹅的营销理念。小天鹅用自己的经营理念指导营销，一步步走向成功。

（一）0+0+1=100

该公式的含义是："0"缺陷，"0"库存，用户第"1"。只有做到"0"缺陷，用户才能满意；只有用户满意，企业的销量才会增长。只有做到"0"库存，企业的成本才能降低；只有成本降低，企业才能取得价格优势，才能有效战胜竞争对手。只有同时做到了"0"缺陷和"0"库存，企业才能赢得一个圆满的结果，用公式表示就是"0+0+1=100"。

（二）1/3+1/3+1/3=1

该公式的含义是：营销由三个连续的阶段构成，各占1/3。具体而言：第一步，企业的产品进入流通领域，收回了货款，实现了资金回笼，这只不过实现了营销的1/3；第二步，帮助商店促销，实现产品从商店到用户的流通，只有商店赚了钱，商店才愿意销售企业的产品；第三步，尽力让用户满意，使用户买时放心，用时开心。这三个不间断的1/3做好了，才等于圆满完成了1个营销过程。

（三）1∶25∶8∶1

该公式的含义是：如果1个消费者购买了某种产品，这种行为可能影响25个消费者；如果用得好，就会使8个人产生购买的欲望，其中1个人就会产生购买行动。反之，如果1个消费者用得不好，就会打消25位消费者的购买欲望。小天鹅认为，一点瑕疵对工厂来说只是1/100或者1/1000，但对消费者来说就是100%。因此，工厂应努力争取产品"0"缺陷，服务"0"投诉，让消费者100%满意。

（四）1、2、3、4、5承诺

该数字的含义是：1双鞋——上门服务自带一双专用鞋。2句话——进门一句话，"我是小天鹅服务员×××"；服务后一句话，"今后有问题，我们随时听候您的召唤"。3块布——一块垫机布、一块擦机布、一块擦手布。4不准——不准顶撞用户、不准吃喝用户、不拿用户礼品、不乱收费。5年保修——整机免费保修五年。

再如，荣事达于1997年"3·15"之际隆重推出了"红地毯"服务。"热情、温情、深情、真情"是"红地毯"服务的形象定位。服务规范细分为服务语言规范、服务行为规范和服务技术规范三方面。服务行为规范概括为"三大纪律，八项注意"。"三大纪律"是：第一，不与用户顶撞；第二，不受用户吃请；第三，不收用户礼品。"八项注意"是：第一，遵守约定时间，上门准时；第二，携带"歉意信"，登门致歉；第三，套上进门鞋，进门服务；第四，铺开"红地毯"，开始维修；第五，修后擦拭机器，保持清洁干净；第六，当面进行试用，检查维修效果；第七，讲解故障原因，介绍使用知识；第八，服务态度热情，举止文明。

心智启迪 营销是企业运营的龙头，营销作为企业职能战略的重要组成部分，要通过其战略谋划构建自己营销的核心竞争力。马克思说"商品价值的实现是惊险的跳跃"，而营销是实现跳跃的关键。它是商品流通的前奏曲，最先吹奏起流通的号角；它是商品流通的桥梁，也是商品流通的必由之路；营销是助跳器，它决定着商品跳跃成绩的高低优劣；营销是导航船，只有经过它的疏通引导，商海中的商品滚滚洪流才得以畅通无阻。任何成功的商品交换必然以成功的营销为前提，否则商品交换便不能顺利完成；只有通过营销越过荒野，才能到达市场希望之乡。

多一点付出，多一点回报。真心为客户着想，真正把用户视为"上帝"，客户也会关照自己的"子民"。顾客和企业，共惠解难题，用户是上帝，信赖成朋友。顾客的忠诚度、满意度、美誉度是企业营销的安身立命之本。

【诗语点睛】
市场如海有风浪
载舟覆舟水茫茫
产品是船凭质量
品牌如帆能远航
大海航行靠舵手
战略掌舵明方向
营销好风巧借力
直挂云帆过大江

第四章

新时代企业家的市场竞争战略

【导入案例 4-1】娃哈哈创业之路——创始人宗庆后辉煌的今天

杭州娃哈哈集团有限公司是中国规模最大的饮料生产企业,并跻身全国大型工业企业 100 强。它是全球第 5 大饮料生产商,位于可口可乐、百事可乐、吉百利、柯特这 4 家跨国公司之后。以儿童保健品起家的娃哈哈集团 2005 年饮料产量为 462 万吨;2006 年,公司实现营业收入 187 亿元。娃哈哈在资产规模、产量、销售收入、利润、利税等指标上已连续 9 年位居中国饮料行业首位,成为目前中国最大、效益最好、最具发展潜力的食品饮料企业。

第一次创业

1987 年,当 42 岁的宗庆后拉着"黄鱼车"奔走在杭州的街头推销冰棒的时候,他怎么也不会想到,10 多年之后,由他一手缔造的娃哈哈集团会成为中国最大的饮料企业。2002 年娃哈哈集团销售收入 88 亿元,净利润达到 12 亿元。

谈及自己的创业经验,宗庆后的回答很简单:"创业靠的就是感觉,我可能感觉比较准确吧。"从冰棒到娃哈哈,在"唯出身论"的年代,宗庆后"旧官僚后代"的出身让他尝尽了人生的艰辛。16 岁那年,宗庆后便被"安排"到浙江舟山填海滩,一待就是 15 年。

1979 年,宗庆后顶替母亲回到了杭州做了一所小学的校工。1987 年,他和两位退休教师组成了一个校办企业经销部,主要给附近的学校送文具、棒冰等。在送货的过程中,宗庆后了解到很多孩子食欲缺乏、营养不良,是家长们最头痛的问题。

"当时我感觉做儿童营养液应该有很大的市场。"填海时形成的坚毅性格让宗庆后决定抓住这个机遇搏一把,此时的他已经 47 岁,早错过了创业的最佳年龄。面对众多朋友善意的劝说,宗庆后显得异常固执:"你能理解一位 47 岁的中年人面对他一生中最后一次机遇的心情吗?"1988 年,宗庆后率领这家校办企业借款14万元，组织专家和科研人员开发出了第一个专供儿童饮用的营养品——娃哈哈儿童营养液。

随着"喝了娃哈哈，吃饭就是香"的广告传遍神州，娃哈哈儿童营养液迅速走红。到第四年销售收入达到4亿元、净利润7000多万元，完成了娃哈哈的初步原始积累。

1991年，娃哈哈儿童营养液销量飞涨，市场呈供不应求之势。

但即便如此，宗庆后依然保持了一种强烈的危机感："当时我感觉如果娃哈哈不扩大生产规模，将可能丢失市场机遇。但如果按照传统的发展思路，立项、征地、搞基建，在当时少说也得两三年时间，很可能会陷入厂房造好而产品却没有销路的困境。"宗庆后将扩张的目标瞄向了同处杭州的国营老厂杭州罐头食品厂。当时的杭州罐头食品厂有2200多名职工，严重资不抵债；而此时的娃哈哈仅有140名员工和几百平方米的生产场地。

摆在宗庆后面前有三条路：一是联营，二是租赁，三是有偿兼并。显然前两条路是稳当的，而有偿兼并要冒相当大的风险。但宗庆后最终决定拿出8000万元巨款，走第三条路。

娃哈哈"小鱼吃大鱼"的举措在全国引起了轰动，最初包括老娃哈哈厂的职工，都对这一举措持反对态度。宗庆后最终力排众议，"娃哈哈"迅速盘活了杭州罐头厂的存量资产，利用其厂房和员工扩大生产，三个月后扭亏为盈，第二年销售收入、利税就增长了1倍多。

1991年的兼并，为娃哈哈后来的发展奠定了基础，也让宗庆后尝到了并购的"乐趣"。之后，娃哈哈走上了一条通过并购来进行异地扩张之路。在全国26个省市建有100余家合资控股、参股公司，在全国除台湾外的所有省、自治区、直辖市均建立了销售分支机构，拥有员工近2万名，总资产达121亿元。

第二次创业

1993年5月，鉴于国际品牌加紧在大陆市场设摊抢点的严峻形势，娃哈哈公司审时度势，适时提出了以"产品上档次，生产上规模，管理上水平"为主要内容的"二次创业"战略口号，企业从此迈入了"二次创业"时期。

娃哈哈的"二次创业"前后历时十年，此间企业成功实施了"引进外资""西进北上"及推出"中国人自己的可乐——非常可乐"等重要发展战略，完成了"从大到强"的历史性跃进。

1996年，正是娃哈哈二次创业的时候，娃哈哈与法国达能公司、香港百富勤公司共同出资建立了5家公司，生产以"娃哈哈"为商标的包括纯净水、八宝粥等在内的产品。当时，娃哈哈持股49%，达能与百富勤合占51%。亚洲金融危机之后，香港百富勤将股权卖给达能，使达能跃升到51%的控股地位。

让宗庆后没想到的是，合同中一项看似不经意的条款，却让娃哈哈在日后陷入被动。双方在合同上签署有这样一条："中方将来可以使用（娃哈哈）商标在其他产品的生产和销售上，而这些产品项目已提交给娃哈哈与其合营企业的董事会进行考虑……""这一条款简单说，就是娃哈哈要使用自己的商标生产和销售产品，需要经过达能同意或者与其合资。"宗庆后说。因此，这10年来，娃哈哈相继又与达能建立了39家合资公司，占目前娃哈哈集团公司下属公司总数的39%。

娃哈哈在"二次创业"进程中，企业规模迅速扩大，人员大量增加，外地分公司数量急剧增多，物流资金流信息流日益汹涌。在这种情况下，对于企业秩序的控制、各个环节严格按照指令执行，就显得非常必要。娃哈哈认为，令行禁止的思想基础是每个员工对企业的高度忠诚，"忠诚"是娃哈哈公司的组织基石。

为了鼓舞广大干部员工的工作干劲，也为了广泛而有效地调动大家的工作积极性，在"二次创业"期间，娃哈哈公司开展了大量的文化活动，如春节团拜会、集体婚礼、春风行动、庆功宴、出国旅游、三峡游等。通过这些活动，公司对全体员工的亲情得以很好体现，形成了浓浓的"互助、互爱，一家亲氛围"。

"二次创业"时期的十多年，娃哈哈规模扩张最快，经济增长最快，品牌影响扩大最快。在饮料行业里，娃哈哈拥有一条完整的产品线，包括饮用水、碳酸饮料、儿童乳品、果汁饮料、茶饮料以及功能饮料6个大类的几十种产品。在每一个类别里，娃哈哈都要面对一些实力强劲的对手。但在宗庆后的眼里，真正是对手的没有几个。

2002年，娃哈哈进军童装业，上马瓜子线，研制方便面……开始对产品结构进行大调整。2003年，童装获得了2亿元的销售收入，瓜子项目创下了近8500万元的产值。虽然宗庆后抱有最大希望的童装并没有想象中的理想，但宗庆后还是非常乐观："我们做了一年多，就进入了国内童装业的前10强。说明这个市场还很小，希望我们的介入能够做大这行。"

2003年，娃哈哈公司实现营业收入102亿元，达到了空前的历史高度，实现了企业提出了多年的"销售冲百亿"的奋斗目标。这一目标的实现，意味着娃哈哈"二次创业"时期的结束和"三次创业"时期的开始。

第三次创业

娃哈哈迈出"三次创业"步伐的背景主要有以下三方面：一是知识已经成为推动经济发展的重要力量，创新成为这个时期企业工作的主旋律；二是国内企业界又有一批大企业相继出现了这样那样的问题，娃哈哈也不容忽视；三是在企业内部虽然技术装备、厂房设施、人才队伍素质、科研条件等各方面都已大大改善，到了一个新阶段，但企业创造力却与之并不相匹配。

与前两次创业不同的是，娃哈哈"三次创业"是以企业文化为统帅的，或者说是以企业文化理念的明确为旗帜的。在2004年5月召开的娃哈哈公司四届一次职工代表大会上，宗庆后总经理提出了一系列娃哈哈文化理念，这些文化理念经过随后广泛深入的讨论，得到了公司上下的一致认同，这标志着娃哈哈"家"文化已经从企业初创期的起源、"二次创业"时期的全面发展在迈向"三次创业"的进程中趋于完善。

2006年年初，法国达能公司欲强行以40亿元人民币的低价并购杭州娃哈哈集团有限公司总资产达56亿元、2006年利润达10.4亿元的其他非合资公司51%的股权。宗庆后为此忧心忡忡，因为收购一旦实现，中方将丧失对娃哈哈的绝对控股权。

目前，双方都已经诉诸了法律手段，都对对方进行了起诉。娃哈哈虽然得到了经销商、员工甚至同行的支持，但是在法理上的弱势，使得宗庆后和娃哈哈陷入了困境。"由于当时对商标、品牌的意义认识不清，使得娃哈哈的发展陷入了达能精心设下的圈套。"宗庆后提及当年签署的一份合同追悔莫及："由于本人的无知与失职，给娃哈哈的品牌发展带来了麻烦与障碍，现在再不亡羊补牢进行补救，将会有罪于企业和国家！"当然，这一切，达能集团并不承认。

在这起商业事件中，民族情结起了很大的作用，保卫民族品牌，成了关注的焦点。中国的市场经济开始于改革开放之后，中国企业的发展也不过二三十年，与国外少则几十年、多则上百年的企业相比，中国的企业还有很多需要学习的地方。成长往往是要付出代价的。中国加入WTO之后，市场不断开放，外资不断进入。对于国内企业来说，如何在与外资的合作与竞争中成长才是关键。只是担心"狼来了"，没有应对的方式，最终还是逃脱不了成为狼的猎物的命运。

娃哈哈和达能的纠纷，仍然处在不断升级中，双方都没有一个很好的解决办法。这起纠纷最终是以宗庆后和娃哈哈要为曾经的不成熟、对商业的不熟悉付出代价结束，还是以民族品牌保卫战的胜利而结束，现在还无从知晓。但是，我们希望这次纠纷可以给其他的中国企业一些警示，尽快在残酷的商业竞争中成长成熟。

在中国，经受得住20年市场冲刷而不败的企业家不多，始终处在市场风口浪尖而屹立不倒者更是凤毛麟角。大器晚成，年过六十依然游刃有余地掌握着中国最大饮料企业航向的宗庆后就是这样一位。

宗庆后的创业成功取决于三点：

第一，全能的圣人型领导。宗庆后是一个有着独特的人格魅力的企业家：敢于创新，勇于承担风险，有鲜明的个性，有坚定不移的意志，独揽大权，一呼百应，在企业拥有绝对的权威，依靠个人身先士卒的感召能力来树立个人威信。62岁的宗庆后总是马不停蹄地在全国各地来回奔波，并且他不需要秘书和助手。如果在早晨七点半他没有出现在杭州市郊娃哈哈总部宽大的办公室内，那他很可能会在某个地区市场的第一线露面。一年里有近200天的时间他就这样在全国各地巡视，然后针对每个市场的情况做出最新的部署和指示。回顾娃哈哈的成长历史，在它成长的每一步里都能看到宗庆后的独特的经营思维和创新精神，都留下了"宗氏"烙印。

第二，领先一小步。市场变幻无穷，冷酷无情，在市场占有一席之地不容易，特别要把"娃哈哈"这种竞争性很强的产品迅速地推向全国市场，更不容易。宗庆后每开发一个市场，必亲自坐镇，集中"兵力"，集中资金，集中时间，调动当地的广播、报纸、电台、电视，全方位推出娃哈哈，实行"地毯式"轰炸，一下子把其他同类产品"炸"哑了。然后"娃哈哈"大举挺进，风靡市场，商贾同行常被宗庆后这种集团式攻势压得透不过气来。宗庆后则往往又会峰回路转，独出奇兵。1989年全国糖烟酒订货会在成都举行，万商云集，广告大战狼烟叠起，烽火连天，宗庆后引而不发，同行认为这一下"镇"住了宗庆后。谁料，至会议高潮时，成都街头忽地冒出一支由金发碧眼的外国留学生组成的宣传队伍，高举娃哈哈横幅，一路分发宣传品。"洋人给娃哈哈做广告"，顿时惊动成都市民，其他众多广告为之黯然失色。将欲取之，必先予之。宗庆后在广告战上不顾血本大投入：1994年，企业广告费高达7000万元，带来的回报是"攻城略地"，娃哈哈席卷中华大地。

第三，独特的经营思维。宗庆后创造出来一套适应中国市场的独特的经营战略思维。虽然宗庆后说自己"没有长远战略"，但是他在企业经营管理中却处处体现了他对战略的思考，这种战略思考保证了娃哈哈18年来没有犯过大的战略性错误。如他提出的"八大经营思想"：坚持主业，小步快跑；规模取胜；高度集中的管理模式；产品策略上的长蛇阵；营销联销体；销地产模式；引水养鱼（跟外资合作）；侧翼进攻。因此，娃哈哈的成功在某种程度上是宗庆后个人的成功，也是宗庆后正确的经营思想和战略思维的成功。

第一节　企业基本竞争战略

一、企业态势竞争战略

企业态势竞争战略是企业依据竞争中的实力或处境，而对企业生存、发展的竞争状态所做的谋划。

【小思考4-1】古代兵法典型举要

老子：以柔克刚，以弱胜强的柔道术。

孙子："不战而屈人之兵，胜者胜也"，不战而胜的"伐交""伐谋"的全胜思想。

孙膑：雷动风举，后发而先至，离合背向，靠轻疾制胜的"贵势"思想。

吴起："不劳而攻举，审敌虚实而趋其危"的诡诈奇谋。

苏秦：联合六国共同讨伐秦国的"合纵"思想。

张仪："远交近攻"的连横主张。

（一）进攻战略

进攻模式是企业立足于攻击状态而进行的竞争模式。该模式追求的目标是：提高市场占有率，提高竞争位次，扩大市场范围。其模式主要包括以下几种。

1. 争斗取胜

它是通过优势超越对手从而战胜对手的模式，其内容如下。

（1）正面进攻。这种模式以打击对手的长处或优势为目标，如对低成本企业也采取低成本模式，对低价格企业也采取低价格模式，对产品差异化企业也采取差异化模式。这种模式危险性大，搞不好等于飞蛾扑火。所以，一般对下位企业的进攻可采取这种模式，而且企业必须集中优势经营资源，迅速行动，尽量避免持久战。

（2）侧翼进攻。这种模式以打击对手的劣势为目标，选择对手的薄弱环节或存在失误的地方作为进攻对象。这种模式风险较小，适合向上位企业挑战。

（3）游击进攻。这种模式在不同的地区发动小规模的竞争，一方面了解对手的虚实，另一方面使对手疲于应付，本企业可乘虚而入。这种模式比较灵活，有"投石问路"、避免冒失进攻风险的优点。主要适用于与上位企业和同位企业的竞争。

（4）迂回进攻。这种模式不以打击对手现有市场为目标，而是立足于培养新顾客或生产代用品与对手竞争。这种方式属于长远竞争，风险较小，适宜和上位企业与同位企业的竞争。例如，百事可乐与可口可乐的竞争。

（5）包围进攻。这种模式是既采取正面进攻，又采取侧翼进攻的方式。这种方式只适用于上位企业对下位企业的进攻，这种进攻往往以挤垮对手为目标，集中资源给对手以毁灭性的打击。

2. 不战而胜

（1）吞并战略。这种模式是将对手吞并，同化对手的模式。主要是通过兼并手段吞并对手，从而使对手失去竞争资格。

（2）协调战略。这种模式是减少对手的敌对行为，甚至令其配合本企业行动的模式。其手段主要有横向联合、收购和合资控股，使对手受控于本企业，从而使之减少竞争行为或失去竞争能力。

（3）分栖战略。这种模式是一种依靠市场细分与竞争对手分栖共存，互不侵犯的模式。其主要手段有二：一是目标市场的选择具有分栖共存性，一般是小企业找大企业不愿光顾的市场空隙；二是与对手利用各方的优势、劣势，协商"画地为牢""和平"共处，割据市场不同区域。

进攻模式投资水平高，适用于实力强、竞争能力强的企业。进攻战略配合总体战略的扩张战略效果更好。

（二）防御战略

它是企业立足于防御状态而进行的竞争谋划。该模式追求的目标是避开市场地位竞争，在获利能力方面能有所提高。其模式主要有以下四种。

1. 同盟战略

改善与竞争对手的关系，稳定市场，稳定竞争形势。有可能结成同盟的，应尽力结成同盟。

2. 寄生战略

加入某些企业集团，寻求稳定的协作关系，随该企业集团的发展而发展。

3. 以攻为守战略

这是一种积极防御模式，通过适当的进攻以牵制对手的力量，从而达到防御的目的。

4. 跟随战略

并不主动挑战，被动跟随市场竞争，尽力降低竞争成本。

无论哪一种战略都是为了避免因争夺市场地位而掀起的消耗战，最大限度地依靠现有市场、资源、技能，获得更多的收益。防御战略投资水平低，适用于负债率高、实力一般的企业。

（三）退却战略

它是企业立足于摆脱困境，保存实力而进行的竞争谋划。该模式追求的目标：紧缩战线，舍卒保帅，提高局部实力，设法生存。其模式主要包括以下两种。

1. 重点集中战略

缩小市场范围，调整产品结构，节约资金，保证重点品种、重点市场的资金使用。加强这些品种和市场的营销实力，从而提高企业局部生存和发展能力。

2. 转危为安战略

企业在竞争中受到沉重打击，难以生存发展，虽然整体管理水平、技术水平较好，但资金严重不足，负债率高。应当主动寻求被兼并、收购、合资经营，使企业走出困境。

该战略适用于生存困难，但管理和技术均有好的基础的企业。该模式主要配合总体模式的收缩模式运用。

第二节　企业集中化战略

企业集中化战略指企业或事业部的经营活动集中于某一特定的目标市场，开展其战略经营活动。伤其十指，不如断其一指，要集中优势兵力打歼灭战。

名人名言：把所有的鸡蛋都装进一个篮子里然后看好这个篮子——马克·吐温。

一、集中化战略的类型

（一）产品线集中化

企业集中化适于产品开发和工艺装备成本偏高的行业。例如，天津微型汽车制造厂面对进口轿车与合资企业生产轿车的竞争，将经营重心放在微型汽车上，凝聚成强大的战斗力。该厂生产"大发"微型客车和"夏利"微型轿车，专门适用于城市狭小街道行驶，颇受出租汽车司机青睐。近年来，其销售额和利润大幅度增长。

（二）顾客集中化

将经营重心放在不同需求的顾客群上，是顾客集中化模式的主要特点。有的厂家以市场中高收入顾客为重点，产品集中供应注重最佳质量而不计较价格高低的顾客。例如，手表业中的劳力士，时装业中的皮尔卡丹，体育用品业中的阿迪达斯、耐克、王子等产品，都是以高质高价为基础，对准高收入、高消费的顾客群。还有的厂家将产品集中在特定顾客群。例如，"金利来"领带和衬衣将重点消费对象对准有地位的男士公民，强调该产品是"男人的世界"。再如，适用于黑人消费者的护发品。

（三）地区集中化

划分细分市场，可以以地区为标准。如果一种产品能够按照特定地区的需要实行重点集中，就能获得竞争优势。例如，原天津自行车二厂生产加重自行车。该产品集中对准农村市场，从设计、耐用性、质量、价格各方面都以农村特点为依据，在农村市场十分畅销，被农民称为"不吃草的小毛驴"。此外，在经营地区有限的情况下，建立地区重点集中模式，也易于取得成本优势。例如，砖瓦、水泥砂石灰，由于运输成本很高，将经营范围集中在一定地区之内是十分有利的。

（四）低占有率集中化

市场占有率低的事业部，通常被公司总部视为"瘦狗"或"金牛"类业务单元。对这些事业部，往往采取放弃或彻底整顿的模式，以便提高其市场占有率。

格兰仕公司成功地从服装业转移到微波炉行业后，采取了以规模化为重点的集中模式发展单一的微波炉产品，即把所有的"鸡蛋"都装在微波炉里。对此，格兰仕副总裁俞尧昌说："就格兰仕的实力而言，什么都干，则什么都可能完蛋，所以我们集中优势兵力于一点。"1997年该公司产量近2000万台，市场占有率高达47.6%，而后格兰仕成为中国微波炉第一品牌。

二、集中化战略的优势

集中化战略便于集中使用整个企业的力量和资源，更好地服务于某一特定的目标。

将目标集中于特定的部分市场，企业可以更好地调查研究与产品有关的技术、市场、顾客以及竞争对手等各方面的情况，做到"知彼"。

目标集中、明确，经济效果易于评价，模式管理过程也容易控制，从而带来管理上的简便。

三、集中化战略的风险

由于企业全部力量和资源都投入一种产品或服务或一个特定的市场，当顾客偏好发生变化、技术出现创新或有新的替代品出现时，就会导致这部分市场对产品或服务需求下降，企业就会受到很大的冲击。

竞争者打入了企业选定的目标市场，并且采取了优于企业的更集中化的模式。

产品销量可能变小，产品要求不断更新，造成生产费用的增加，使得采取集中化模式的企业成本优势削弱。

第三节　企业差异化战略

差异化是指在一定的行业范围内，企业向顾客提供的产品或服务与其他竞争者相比独具特色、别具一格，使企业建立起独特的竞争优势。

差异化应该是顾客感受到的、对其有实际价值的产品或服务的独特性，而不是企业自我标榜的独特性。为保证差异化的有效性，企业必须注意到以下两个方面。

第一，充分了解自己拥有的资源和能力，能否创造出独特的产品或服务。

第二，必须深入细致地了解顾客的需求和偏好，及时去满足它们。企业所能提供的独特性产品、服务与顾客需求的吻合，是取得差异化优势的基础和前提。

一、差异化战略的优势

建立起顾客对企业的忠诚。随着顾客对企业产品或服务的认识和依赖，顾客对产品或服务的价格变化敏感程度大大降低。这样，差异化模式就可以为企业在同行业竞争形成一个隔离带，避免竞争对手的侵害。

形成强有力的产业进入障碍。由于差异化提高了顾客对企业的忠诚度，如果行业新加入者要参与竞争，就必须扭转顾客对原有产品或服务的信赖和克服原有产品的独特性的影响，这就增加了新加入者进入该行业的难度。

增强了企业对供应商讨价还价的能力。这主要是由于差异化模式提高了企业的边际收益。

削弱购买商讨价还价的能力。企业通过差异化模式，使得购买商缺乏与之可比较的产品选择，降低了购买商对价格的敏感度。

差异化模式使企业建立起顾客的忠诚，因此这使得替代品无法在性能上与之竞争。

二、差异化的风险

企业的成本可能很高。因为它要增加设计和研究费用。

用户所需的产品差异的因素下降。当用户变得越来越老练时，对产品的特征和差别体会不明显时，就可能发生忽略差异的情况。

模仿缩小了感觉得到的差异。特别是当产品发展到成熟期时，拥有技术实力的厂家很容易通过逼真的模仿，减少产品之间的差异。

过度差异化。差异化虽然可以给企业带来一定的竞争优势，但这并不意味着差异化程度越大越好，因为过度的差异化容易使得企业产品的价格相对竞争对手的产品来说太高，或者差异化属性超出了消费者的需求。

三、实现差异化的途径

（一）思维差异

主意诚可贵，思维价更高。意识能量是财富的种子，财富是意识能量的果实。

（二）功能差异

产品在功能方面与众不同，可以形成竞争优势。例如，目前市场竞争中最亮丽的风景线是电冰箱大战。海尔、容声、美菱、新飞等品牌占据了国内市场的绝对份额。各个企业都采取了差异化模式：海尔强调的是模糊控制、节能静音、变温变频和自动杀菌等功能。容声则长于热转化、双开门等。美菱在保持电脑模糊、节能环保等优势的同时，立足于保鲜。而新飞则侧重于用"无氟"去吸引消费者。

（三）质量差异

质量是产品的生命，"零缺陷"的产品质量无疑是消费者所追求的，但是产品质量又是具体而实在的，在许多情况下，需要以质量的差异来满足顾客群的需求差异。例如，我国台湾的一个贸易拓展团把2万把雨伞销往美国。这批雨伞的质量并不高，用几次就报废了，但在市场上却很畅销。一般2~3美元一把，正投美国消费者所好,于是这种雨伞占领了美国市场的60%。

（四）品牌差异

品牌的基本功能是辨识卖者的产品或劳务,以便同竞争者或竞争者的产品相区别。品牌是一种知识产权,更是企业宝贵的无形资产。如天山雪莲——神秘的"百草之王"雪莲灵芝补酒。由绿旗公司总裁王琴声策划,又创意"雪山来客""雪山情思""天山冰酒"。其酒瓶造型独特,极具收藏价值;投放市场,十分抢手。再如"红豆""脑白金""汇仁肾宝""伟哥"等。

第四节 虚拟企业创业竞争优势的构建

现代信息业的发展,给企业管理工作带来许多新理念。"可以租借,何必拥有"的观念,克服了以往"小而全,大而全"的思想,从而大大降低了生产成本。虚拟企业从产品运作的整个过程中选取一些企业,以动态的方式临时组合一个虚拟的团队。以彼之长,补己之短,实现优势互补和资源的高效利用。企业为了抓住机遇,利用现代网络技术将不同企业的技术优势整合在一起,组成一个没有围墙;超越空间约束的、互惠互利的协同作战的临时联合网络组织。其实质是突破企业的有形界限,延伸和整合各企业的优势功能,创造超常的竞争优势。下面就虚拟企业的内涵、特征、竞争优势及其构建途径逐一探讨。

一、虚拟企业的内涵及特征

自从美国学者普瑞斯（Kenneth Preiss）、戈德曼（Steven Goldman）和内格尔（Roger N. Nagel）1991年提出虚拟组织概念以来,虚拟组织已成为企业界和学术界共同关注的热点问题。人们普遍认为虚拟组织是目前最符合新经济时代的一种形式。它是若干独立的企业为了快速响应市场变化,将工厂技术相连接,共享技术与市场,共同承担成本的临时的企业联合体。其主要特征有以下六点。

（一）虚拟性

组织边界模糊。组成虚拟组织的企业只是一种虚聚,只是通过IT技术把各个企业一系列的合同、协议联系在一起,构成网络上的联合体,并不需要形成法律意义上完整的经济实体,不具有独立的法人资格,而且打破了传统企业间的明确的组织界限,形成了一种"你中有我,我中有你"的网络。

（二）灵活性

虚拟组织本身是市场多变的产物,其灵活性源于组成联盟的企业的灵活性和其连接的虚拟性。它可以随时利用成员企业的成熟技术、成熟市场、快速的开发能力等资源，虚拟组织正是以这种动态结构灵活的方式适应市场快速的变化，具有很强的适应市场能力的柔性和敏捷性，各方优势资源的集中更能催生出极强的竞争优势。

（三）伸缩性

虚拟组织可以根据目标和环境的变化进行组合，动态地调整组织结构。这种变化的剧烈程度和经常性都要强于传统的企业组织。更重要的是它可以实现低成本的结构调整、重组和解散。

（四）临时性

虚拟组织随着市场机遇的开始而诞生，随着市场机遇的结束而解体，它存在周期较短，因而有临时性的特点。

（五）成员的独立性

组成虚拟组织的成员之间并不存在从属关系，它们本身都是独立的企业，联结它们的纽带是共同的目标和利益。

（六）信息的密集性

由于虚拟组织是一种跨企业、跨行业、跨地区的企业组合方式，成员之间的信息交流频率高，密度大；并且由于其虚拟性，成员企业之间存在大量协调工作，沟通联系增强，进一步加剧了信息的密集性。

二、虚拟企业的竞争优势及典范应用

从国内外比较成功的虚拟企业的发展和运作来看，它有以下竞争优势。

（一）降低成本，实现规模效益

过去一般的工业企业从毛坯到最终产品，各类工艺一应俱全，这种状况降低了生产效率，加大了生产成本。采用虚拟企业模式，企业可以系统地选择一些有互补性的企业进行合作生产，让这些外部企业生产一部分零配件或中间产品，而本企业只负责关键性生产环节。这样做，一方面可以使一部分合作方充分利用对方资源，避免重复投资，减少了不必要的浪费；另一方面可以避免本企业因某些生产环节的技术力量不足而影响整个产品的质量。

（二）提高效率，精简组织结构

在传统的组织结构中，管理层次重叠，令出多门，甚至互相扯皮，办事推诿。企业高层决策需要经过若干中心环节，使得获取决策信息的成本很高，而工作效率很低。组建虚拟企业正是利用企业组织构架虚拟的思想，以保持自身优势为核心，将其技术和职能虚拟于企业的外部，通过相互合作使企业省去了部分组织环节，达到了组织机构的精干高效，有利于提高管理效率。

（三）整合经营，优化配置资源

资源在企业之间的配置是不均衡的，通过组建虚拟企业，围绕共同目标，发挥各自优势，以补各自劣势，会产生 1+1>2 的协同效应，使有限资源投向效益好的产品和行为，有利于提高资源利用率，也保证经营的营利性和稳定性。

（四）委托生产，"借鸡生蛋"

OEM 方式是英文"Original Equipment Manufacture"的缩写，意指委托生产。就是说，企业集中力量开发产品，开拓市场，而中间制造，只要其他企业的产品质量有保证，综合成本比自己低，企业就应当委托生产。这是一步"不生产，但要赚钱"的妙棋。把重点放在产品开发、市场开拓上，不把生产过程列为竞争的主要内容。抓两头，放中间，形成"哑铃"式，而大部分企业的生产经营方式为"橄榄"式。

（五）抓住机遇，畅通供销渠道

虚拟组织除了 OEM 方式之外，还有战略联盟、品牌联盟、特许连锁、虚拟销售等方式，通过这些方式实现经营功能、经营业绩的扩张与供销渠道的畅通。虚拟企业采取合作生产营销式，如果企业某些供应渠道堵塞，就可以及时通过合作伙伴的供应渠道获得生产所需的原料，不至于因供应渠道出现问题而失去市场机会。同样，组建虚拟企业也有助于各方共享销售网，当一方销售渠道受阻时，可以及时利用其他合作伙伴的有效销售渠道。总之，现在已经有越来越多的公司采用虚拟管理方式。

【案例 4-2】皮尔·卡丹和耐克没有工厂

皮尔·卡丹为中国人熟知是 20 多年的事情，但皮尔·卡丹在全球的辉煌已经持续了约 60 个年头。皮尔·卡丹的经营方式与传统的经营方式大相径庭：他几乎没有属于自己的制衣工厂，他只将自己的设计方案或新式样衣提供给相中的企业，由他们负责制作；成品经皮尔·卡丹检验认可后，打上"皮尔·卡丹"品牌销往各地。

另一个相似的例子是举世闻名的"耐克"运动鞋，耐克公司既无厂房也无工人。公司的雇员大致分为两部分，一部分负责收集情报、研究和设计新款运动鞋；另一部分则以广告、销售为己任。至于耐克鞋的制作，则是在全球各地 50 家指定工厂里完成的。耐克通过一种精心发展的向外国派驻"耐克专家"的形式来监控其外国供应商,而甚至将其经销计划中的广告也委托给一家外国公司来做,该公司以其创造性的优势将耐克的品牌认可度推到了极致。耐克就是依靠这种虚拟经营以复利20%的速度在增长。

第五节　企业家基于核心竞争力的创新发展对策

一、核心能力的内涵特征与识别

1990年,著名管理学家普拉哈拉德(Prahalad)和哈默尔(Hamel)在权威杂志《哈佛商业评论》上发表的《企业的核心竞争力》(*The Core Competence of Corporation*)一文,首次提出了"核心竞争力"(core competence)这一概念。这是对企业竞争优势本源研究的又一个里程碑。就核心竞争力这个概念本身而言,它在探求竞争优势本源的问题时,具有一种先天的优势,它给本源一个形象的解释。学者黄群慧也认为,核心能力在试图回答什么是决定企业生存和发展的最重要因素,或者说企业持久竞争优势的源泉是什么问题时,赋予这个"最根本因素"或"源泉"一个非常易于流传的专用名词——核心能力。在《企业的核心竞争力》一文中,普拉哈拉德和哈默尔认为核心竞争力就是"企业内部的积累性学习,尤其涉及如何协调多种生产技能和整合多种技术流的问题"。实际上,普拉哈拉德和哈默尔并没有十分清晰地定义核心竞争力,而只是给出一个描述性概念。虽然有众多学者在此后进行了大量的研究工作,试图进一步清晰、明确核心竞争力的内涵,但竞争力、资源、能力的定义仍然含混不清,关于核心竞争力的研究,还没有形成一套完整的理论框架,甚至于直到现在,还没有形成一个普遍接受的企业核心竞争力的概念。国内外不同的学者从不同的角度对核心能力进行了研究,我们对国内外学者的研究进行了大量的分析,从中将研究的不同观点进行了归纳、整理,总结了国内外学者们关于核心竞争力的主要观点——核心能力是组织中积累性的学识,特别是协调不同的生产技能和有机组合多种学识流派的学问。核心能力有以下七个特征。

(一) 价值性

核心竞争力是富有战略价值的,它能为企业创造更高的价值,它能为企业降低成本,它能为顾客提供独特的价值和利益,最终使企业获得超过同行业平均水平的超值利润。

（二）独特性

企业核心竞争力是企业在发展过程中长期培育和积淀而成的。企业不同，它的核心竞争力形成途径不同。企业核心竞争力为本企业所独具，而且不易被其他企业模仿和替代。"它必须是独一无二的，并能提供持续的竞争优势"。

（三）延展性

核心竞争力的延展性使企业获得核心专长及其他能力，它对企业的一系列能力或竞争力都有促进作用，它为企业打开多种产品市场提供支持。企业核心竞争力犹如一个"能量源"，通过其发散作用，将能量不断扩展到终端产品上，从而为消费者源源不断地提供创新产品。

（四）动态性

企业的核心竞争力虽然内生于企业自身，但它是在企业长期的竞争发展过程中逐渐形成的，与一定时期的产业动态、企业的资源及企业的其他能力等变量高度相关。随着彼此相关的变化，核心竞争力内部元素动态发展，导致核心竞争力动态演变，这也是一个客观必然。

（五）整合性

核心竞争力是多个技能、技术和管理能力的有机整合。单个技能、技术的强大都不足以构成企业的核心竞争力，而必须由企业的其他能力相互配合才能形成。企业核心竞争力强调企业中的整体协调和配合。这种整合性通过产品或服务集中表现为相对于竞争对手的优越性和为消费者带来的满意度。

（六）异质性

一个企业拥有的核心竞争力应是独一无二的，即其他企业所不具备的，至少是暂时不具备的。不同的企业，核心竞争力也不同，它是特定企业的特定组织结构、特定企业文化和特定企业员工等综合作用的结果，是企业在长期经营管理过程中逐渐形成的，是企业个性化的产物。

（七）长期培育性

企业核心竞争力不是一个企业在短期内能形成的，而是企业在长期的经营管理实践中逐渐形成并培养出来的。核心竞争力具有的独特性、动态性的特征，也都与其长期培育性有直接的关系，而不仅仅局限于某一产品或服务。核心竞争力对企业一系列产品或服务的竞争力都有促进作用，企业可通过其在新领域的积极运用，不断创造出新的利润增长点。

如何识别核心竞争力？目前理论上还没有定论。普拉哈拉德和哈默尔认为核心竞争力的识别需要通过三个检验：第一，"核心竞争力应该提供通向多种多样市场的潜在通道";第二,"核心竞争力应该对最终产品可感知(received)的顾客利益做出巨大的贡献";第三,"核心竞争力是难以模仿的"。三年后,普拉哈拉德在1993年发表的另一篇文章(*The role of core competencies in the corporation*)中,又提出三个检验:"第一,它是竞争差别的重要资源吗?第二,它超越了单一业务吗?第三,竞争者很难模仿它吗?"综合大部分专家、学者的观点,普遍认为核心竞争力的识别应当考虑以下两方面:

首先,核心竞争力能够保持长期的竞争优势。核心竞争力可使企业拥有进入各种市场的潜力,是差别化竞争优势的源泉。卡西欧公司在显示技术方面的核心竞争力使得其可以参与计算机、微型电视、掌中电视、监视仪等方面的经营;佳能公司利用其在光学镜片、成像技术和微重量控制技术方面的核心竞争力,使其成功地进入复印机、激光打印机、照相机、成像扫描仪、传真机等20多个市场领域。可见,随着产业、技术的演化,核心竞争力可以生长出许多奇妙的最终产品,创造出众多意料不到的新市场,它是企业竞争优势的根源。

其次,核心竞争力应具有独特性,不易被竞争对手模仿。核心竞争力既包括公开的技术、企业文化、营销等,又包括不公开的秘密技术和组织能力,如图4-1所示。竞争对手可能会掌握组成核心竞争力的一些技术或者学习到部分企业文化等,但要完全模仿或者替代核心竞争力是很难的。可口可乐饮料的组成成分已经不是秘密,然而可口可乐糖浆的配方却一直是可口可乐公司的核心机密。如果一个企业开发的有形、无形资源及其组织能力容易被竞争对手模仿或替代,则说明该企业原本就没有核心竞争力。

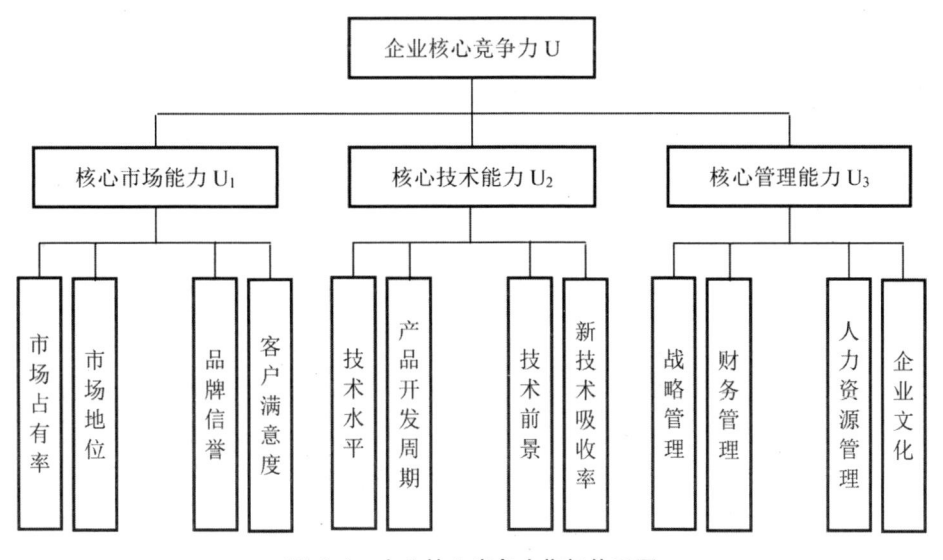

图4-1 企业核心竞争力指标体系图

二、企业自主创新中存在的主要问题

（一）动力机制不完善，企业不想创新

国家知识产权局资料表明：我国拥有自主知识产权核心技术的企业仅为3‰，99%的企业没有申请专利，60%的企业没有自己的商标。创新的投入产出方式导致企业创新动力不足，原因是多方面的。第一，创新的投入产出特点导致企业创新动力不足。由于创新需要大量投入，而投入又不能很快得到相应回报，创新必然影响企业的即期利润。第二，企业既定生存发展模式选择也制约了创新的内在动力形成。创新能力很强的民营企业很少。第三，市场不完善使自主创新存在较高机会成本，弱化企业自主创新的内在动力。

（二）风险分担机制不健全，知识产权保护不力，企业不敢创新

发展高新技术产业面临很大的技术风险、市场风险和技术流失风险，民营企业缺乏创新管理的基本经验，无力应对创新的巨大风险，普遍存在"创新恐惧症"。而且，民营企业平均寿命不长，也致使创新动机不强烈。有人甚至认为："不创新慢慢等死，一旦创新就快快找死。"

（三）创新人才缺乏，研发能力有限，企业不会创新

民营企业自主创新，仅靠自身的力量太过薄弱，而企业间及产学研的经常性合作机制尚未建立或完善，民营企业创新能力不能通过在"干中学"的学习机制和产学研合作机制得到提升。产品换代升级慢，更新周期很长。

（四）金融体制不配套，融资困难，企业不能创新

民营企业创新的两个最重要环节就是技术研发和科研成果的产业化。这两个环节都需要资金的高投入，大多数民营企业在创新中都遭遇融资瓶颈。

三、企业家通过自主创新提升企业核心竞争力的途径

（一）科学地制定通过自主创新培育核心竞争力的战略规划与长效机制

核心竞争力是支撑企业长久竞争优势的战略性能力，它的培育必须依赖企业长远的战略发展规划，建立有效的长效管理机制。管理是企业核心能力的保证，中小企业必须加快现代企业制度的建立。同时，加强中小企业的管理制度创新，改革一切与市场经济相悖的管理机制，提高企业的管理水平和效益。首先，要彻底改革科技投资体制。政府应拓宽融资渠道、建立风险投资体系，大力引导民间资本投向企业技术创新。完善金融市场，促进科技—产业—资本—市场的联动，发展风险投资机制。其次，推动企业创新体系和运行机制建设，

培育核心竞争能力。支持和推动企业与国际知名跨国企业进行多种形式的技术创新合作，鼓励企业走出去，到世界前沿建立自己的研发中心。再次，加强产业共性技术开发，提高引进和运用世界一流技术的效率。企业要围绕核心技术引进，加快消化吸收的速度，关键要提高自主研发水平，不断改造现有工艺装备，提高产品档次，实现产品、技术的升级换代。最后，努力提高科技资源的整合能力。加强产学研结合，鼓励和促进企业之间，企业与科研院所、高等院校之间人员、信息、知识和技术方面的交流，推动高等院校科技资源与产业结合和先进适用技术向企业转移，加快以企业为主体的技术创新体系建设，企业要确定"不求所有，但求所用"的人才资源配置的新理念。要在创新人才机制方面迈出实质性步伐，尽快建立有利于技术创新的分配制度和用人机制，增加人力资本投资。

（二）技术创新是提升中小企业核心竞争力的关键

技术创新是形成和提升企业核心竞争能力的关键要素。离开技术创新，企业核心竞争能力就成为无源之水、无本之木。技术创新是一个过程，它包括从技术上新的产品、工艺或系统的创造，到设计、生产、第一次使用以及扩散等一系列活动。在这个过程中，不仅能够产生独特的企业技术能力，创造出具有成本优势的好产品、好服务，也能提高设计人员、生产人员、维护人员、营销人员的各种学习能力，形成独特的他人难以模仿的无形资产。这些"产出品"是企业核心竞争能力所不可或缺的重要组成部分，更是企业持久竞争优势的源泉。正如斯蒂格里茨所认为的那样，某一组织内部知识及其成员分享或隐藏的能力，决定着一个公司或一个产业或一个国家的竞争能力，植根于公司职员中的那些隐含知识基础已成为一个公司竞争优势的基石。

（三）积极实施品牌战略

由于不同企业产品之间的有形差异正在逐步缩小，而品牌以其难以替代的独占性、个性化以及良好的可继承性和延伸性，成为企业在市场竞争中的有力武器。把品牌看成是一种宝贵的战略资本，把培育自己的品牌作为构筑和提升核心竞争力的重要手段。集中打造"区域品牌"。品牌是企业核心竞争力的体现。在现代工业化背景下进行的品牌竞争已成为市场竞争的高级形式，以品牌扩大市场竞争力、社会影响力和增加产品附加值，是支持企业长期可持续发展的重要经营战略。根据调查，85%以上的企业深感价格竞争压力。低价无序竞争的优势随着国门开放、法制的健全，将逐渐趋于劣势；民营企业在传统行业里的集中优势和比较优势，只有通过形成一批"区域品牌"才能形成国际竞争力。民营企业要充分认识到品牌经营的重要性，并结合本区域特色实施品牌发展战略,倾力进行品牌的创立、维护和发展,立足于以生产经营自有品牌为主,以优势产品为龙头,形成规模优势,将规模与品牌互动,扩大市场占有率。

（四）加强信息化建设

企业信息化对中小企业核心竞争力的促进作用表现为以下几个方面:有利于企业组织运行,有利于客户关系和供应链管理,有利于生产制造管理,有利于企业的技术创新,等等。通过加强企业信息化建设,提高中小企业对市场的快速反应能力。经济发展到今天,以互联网为主导的信息技术的加速发展,使得企业面临更加复杂的环境。企业作为信息化的主体地位,应努力唤起信息化的意识,在企业发展战略、内部运营机制上,采用当代先进信息技术手段,如网络技术、企业资源计划、电子商务等,加快信息化步伐,提高信息化成效,从而加快培育和发展自身的核心竞争力。通过企业信息化建设培育企业核心竞争力,开展企业信息化建设的根本目的在于:用高新技术改造传统产业和在高新技术产业化过程中不断提高企业的核心竞争力、开发创新能力、经营管理能力。

（五）塑造优秀的企业文化,以诚信至上作为企业的核心价值观

中小企业要提高核心竞争力,必须在企业文化的核心——企业理念与核心价值观上下功夫。高科技可以学,制度可以制定,但企业全体员工内在地追求一种企业文化、企业伦理层面上的东西却是很难移植、很难模仿的。加强企业文化建设,为企业核心竞争力的形成提供精神支持。企业文化的核心是精神文化,它包括企业精神、企业经营哲学与经营理念、企业价值观等。企业文化不同于企业制度创新、技术创新和管理创新对企业核心竞争力形成的作用,它渗透于企业总的创新活动,为企业核心竞争力的形成提供精神支持,并且只有当企业文化,特别是企业精神文化顺应社会发展,融入人们的社会生活,体现时代精神且又具有鲜明的企业特点时,才能明显地促进企业核心竞争力的形成。

企业文化是企业生存和发展的灵魂。独特的企业文化为挖掘企业核心竞争力建立了必要的内部环境和基础。因此,企业只有在建立起自己的企业文化之后,贯彻了自己的经营管理理念和价值观念,才能有效地培育和加强企业的核心竞争力。著名经济学家于光远认为:"国家强盛在于经济,经济繁荣在于企业,企业兴旺在于经营管理,而经营管理在于企业文化。"企业文化最终造就企业的兴旺。所以说,优秀的企业文化是现代企业的精神支柱,也是企业核心能力的重要表现。

全面塑造企业文化。优秀的企业之所以优秀,是因为独特的企业文化把它们与其他企业区分开来。核心竞争力与企业文化唇齿相依,不可分割;没有文化的竞争力不是核心竞争力,不和企业文化相联系的竞争力不具备创新性和成

长性,是没有前途的。浙江的民营企业之所以有很大的发展,是因为浙江企业主都有"白天当老板,晚上睡地板"的"两板精神",有越过"千山万水"、经过"千难万险"、想过"千方百计"、吃过"千辛万苦"、说尽"千言万语"的"实干精神"。

(六) 通过产业集群提升企业核心竞争力

核心竞争力不仅是企业竞争优势的源泉,而且是企业参与市场竞争的一个主要驱动力。对于游离的单个中小企业而言,其拥有的资源十分有限,限制了核心竞争力的构造和提升。但众多的企业集结成群后,中小企业可以利用"群体效应"增强企业核心竞争力。核心竞争力蕴藏于企业整体长期的学习和经验积累之中。体现企业有形资源和无形资源的有机结合是企业的一个学习过程。

第五章

新时代企业家经营道德与生态文化建设

【导入案例】蒙牛理念口号　演绎文化经典

用兵之道，以计为首；经营之要，理念先行。企业的经营理念就是企业的思想。企业的成功发展要以正确的经营思想为基础，企业形象的塑造也必须以正确的经营思想为指导，它是企业形象的指南。当今市场经济条件下，真正有效的高层竞争是企业形象的竞争，可达到"不战而屈人之兵"的全胜效果。

一个企业的成功往往表现在多个方面，如较高的利润率、市场占有率、投资回报率、良好的品牌、先进的技术、管理有方、经营有序等。若以这些成功的表现作为衡量标准，蒙牛无疑是一家超常规发展的成功企业。不说别的，单就其企业经营理念哲学信仰及其文化内涵，令人羡慕，值得探究。

一、蒙牛企业经营理念口号及其点评

"蒙牛文化"的最大特点就是一个"博"字：纵取今古，横征中西，萃百花蜜，摄千家魂；前人已有的，点睛之，前人没有的，创造之。

走进蒙牛厂区，你可以看到上百个标语牌。这些标语取自"上下五千年，纵横八万里"。蒙牛集团董事长、总裁牛根生曾经自豪地说，古今中外无所不取，而又互不矛盾，在潜移默化中规范着每个员工的思想和行为。凡到厂区参观的人，都试图掏出小本子记下自己感兴趣的条目。后来，蒙牛党群办公室对此进行了整理，并加以扩编，成为一本供企业内外学习交流的"绿皮书"。

听过牛根生演讲的人，都会提到两个特点——煽动性和感染力。蒙牛冰激凌销售部的海先生介绍说："每次开会他即兴喊出各种口号，把我们的信心和斗志都调动起来，有一种被充电的感觉。"

牛根生把从古今中外拿来的口号变成了标语牌，挂在蒙牛公司的办公楼、销售部、生产车间、食堂和公寓的周围。那些非常口语化、通俗化的标语就像他演讲时的手势和面部表情一样丰富多彩。

这些标语牌悬挂于公司的各个角落，在潜移默化中规范着每个员工的思想和行为。无论员工遇到什么问题，都能从这些标语牌中找到正确看待问题的方法。

厂区大门上挂着"讲奉献，但不追求清贫；讲学习，但不注重形式；讲党性，但不排除个性；讲原则，但不脱离实际；讲公司利益，但不忘记国家和员工的利益"的长幅标语。

财务部的标语是"现金为王"，销售部门的则是"老市场寸土不让，新市场寸土必争"。

在容易产生人际摩擦的地方的标语是"太阳光大，父母恩大，君子量大，小人气大"，"看别人不顺眼，首先是自己修养不够"。

在与客户打交道的地方的标语是"从最不满意的客户身上学到的东西最多"。

在车间里的是"产品等于人品，质量就是生命"。

在食堂门口是"如果你打算剩饭，请不要在这里就餐"。

蒙牛集团经营理念的核心是注重人格的塑造，这也是企业理念的主线与灵魂。特别是以人为本的经营理念，日益深入人心。以人为本的理念核心就是对人心和人性的管理。通过企业文化调动职工的积极性，使被管理者从心理和生理产生旺盛的精力、奋发的热情和自觉的行动，为实现企业的经营目标而做出不懈的努力，以至产生"未见其人，先得其心；未至其地，先有其民"的效果，这才是管理艺术的最高境界。请看几组实例：

例1："有德有才破格录用，有德无才培养使用，有才无德限制录用，无德无才坚决不用。"

点评：德，国家之基也，才之帅也。莎士比亚有句名言："无德比无知更属罪恶。"道德人格是社会整体文化的基石，经营道德是企业文化之魂。以德治企，崇道德，尚伦理，讲人格，守信誉，不仅是一种良好的职业道德修养，而且是精神文明的重要体现。

例2："人的成功是靠自己的改变，不是靠别人的改变。"

点评：哲理性很强，体现了内外因的辩证关系。人不要总是抱怨领导不懂得欣赏自己，同事、下属素质低，家人不争气，拖了自己的后腿。改变不了环境，改变自己；改变不了事实，改变态度；改变不了过去，改变现在。

例3："经验无论好坏，都是人生资本。"

点评：人生所发生的每一件小事，对我们将来都有帮助，不要只看到失败，而应珍惜失败所带来的信息。有些人羞耻感强，面子自尊最为重要，事事追求完美；人们犯错误，总是一辈子在讨好别人的目光，结果很累，改用一句歌词："早知道错误总是难免的，你又何苦一往情深。"聪明人改正错误的速度比常人快。因此，专家提醒我们要快犯错误，早犯错误，及时改正错误，这是人的资本。

例4："设备不转就是我们的难看。"

点评：武器是战争的重要因素，但决定性的因素是人，不是物。对于成功的企业来说，最有价值的因素不是物，不是制度，而是人。

例5："如果你有智慧，请你拿出智慧。如果你缺少智慧，请你流汗水。如果你缺少智慧又不愿意流汗，那么请你离开本单位。"

点评：不点自明，催人奋进，事不过三，道是有理又有情。

例6："销售是98%的了解人性，2%的产品知识。"

点评：销售大师如是说：你永远无法说服任何人购买任何东西，因为那只对你有好处。顾客要的是对他们有好处的东西，如果你理解人类的天性，你就会知道顾客想要什么，并提供给他们，这才是伟大的销售。如果顾客觉得你所销售的东西有些不对劲，这就表示他们觉得你不对劲。

二、经营理念策划重在创新

理念设计，重在创新。"管理无小事，创新是大事"，这就是蒙牛人的格言。主意诚可贵，思维价更高，企业要经营，理念必先行。只有新思维、新理念，才会有新创意、新产品，然后才能出新求利。有了新的经营理念，企业就有经营准则、价值追求。当大家齐心协力，都认准正确的方向，拥有共同的信念和意志时，还有什么是不可战胜的吗？因此，树立理念，高擎战旗，结合群力，就可达到目标。蒙牛集团在经营理念的设计过程中具有以下特点。

（一）注重多样化

企业理念的策划把突出企业的个性放在首位。蒙牛集团的经营理念根据不同部门自身的特点，展示部门在经营宗旨、经营方针和价值观上的独特风格和鲜明个性，体现本企业与其他企业、本部门与其他部门在理念上的差别。缺乏个性的理念识别设计，多企一理，这正是中国企业的通病。而蒙牛集团在理念策划上注重多样化，大约有上百条理念，注重个性化，各有特色。

（二）注意概括性

企业理念识别是企业的一面旗帜，是企业经营宗旨、经营方针、企业价值观的集中反映。因此，蒙牛公司的经营理念简洁明了，言简意赅。例如，"产品

=人品""质量=生命""只为成功找方法,不为失败找理由",这些理念更容易为广大公众所接受。

(三) 强调时代性

企业经营理念识别必须和时代的脉搏相通,能反映时代特征和时代精神。蒙牛的经营理念策划有鲜明的时代气息,贴近生活,接近顾客,如"21世纪,唯一不变的是变化""用辅导代替领导,用服务代替行销,用期许代替要求"。

(四) 充满哲理性

先进的哲学是时代精神的精华,有些经营理念哲理性强,如"学得辛苦,做得舒服;学得舒服,做得辛苦""不懂自我管理,怎能管理他人"。

三、经营理念渗透贵在有恒

企业理念策划完成,并不意味着企业理念已经确定。如果没有渗透至企业组织之中,没有成为全体员工的共同价值追求,没有被员工接收、理解、接受,那么再好的企业理念也是一个空头设计,对企业的发展毫无意义。

企业理念渗透的目的只有一个,即有效地将企业理念转化为全体员工的共同价值观和共同心态。为此,蒙牛公司采取了多种多样的渗透法。

(一) 教育法

思想领先行动,企业理念确定之后对全体员工进行宣传、教育、培训,使员工对企业理念有全面、准确的认识。例如,"管理是严肃的爱,培训是最大的福利"。牛根生将此条理念张贴在培训室的正中央,并在开训的时候讲了以下这番话:"我们对各位严格要求,是为了帮助大家养成容易成功的习惯,是爱大家。什么是最大的福利?工资?住房?医疗保险?轻松自在的工作?非也!这些更像慢性毒品,让你拥有暂时的安逸舒适,实际上是废你的武功。提供培训,是让你拥有能力和知识,具备成功者的素质。这是你的无形资产,是最大的福利。"

(二) 环境法

当你步入和林格尔县境内的蒙牛园区,无论是在绿草如茵的草坪的宣传牌上,还是在办公室、车间走廊的墙上到处都整洁大方地悬挂着风格各异的经营理念标语,这些特别口号到处洋溢着浓厚的文化气息。将企业理念视觉化,使之在企业环境中充分反映。把企业理念做成匾额、条幅或做成海报、壁画等,把抽象的理念具体化、形象化,在公司的办公室工厂、工作场所等地方展现出来,让公众在不知不觉中接受企业理念,达到直观的教育效果。

(三) 象征法

蒙牛将企业理念渗透与企业的各种活动（如庆祝仪式、表彰会、宣讲比赛、智力竞赛、大型文化活动等）相结合。通过这些活动对企业理念进行具体、生动的宣传，让公众喜闻乐见，寓教于乐，使经营理念一旦植入人的头脑，即根深蒂固，经久不息。引导个人和群体行为，通过价值观的认同最终实现企业的经营目标。

(四) 榜样法

榜样法即通过先进人物等理念化身的榜样示范，鼓舞激励启迪、教育、调动职工积极性，培育团队精神，增强企业向心力。2000年年底，蒙牛总裁牛根生同志自己出资100万元，购置了五部高级轿车，对公司内做出杰出贡献的先进个人给予隆重表彰和奖励。榜样的力量是无穷的，通过榜样示范鞭策、激励员工，达到潜移默化、润物无声的效果。

现代管理界有三句名言："智力比知识重要。素质比智力重要。人的素质不如觉悟重要。"企业经营层次可分为三个：第一是经营资产，第二是经营人才，第三是经营文化。特别是企业文化，它是提升企业核心竞争力的关键所在，是推进企业发展的一种神奇的力量。蒙牛之所以能够飞速发展，与其内涵深厚的企业文化底蕴是分不开的。蒙牛自创的内部刊物《蒙牛足迹》是广大员工之间进行信息交流、情感沟通的新天地，是灵与魂的认同的"大牧场"，反映大家共同创业的艰辛历程和心声，也是鞭策大家奋进的动力源泉。在这片园地里辛勤耕耘，洋溢着浓厚的文化气息。大家共同探讨国内外形势、人生准则、心灵感悟，使蒙牛人领略人生真谛，回顾创业艰辛，分享成功喜悦，展望美好愿景，以"蒙牛"为荣，共同托起"蒙牛"明天的太阳。

人美在心灵，鸟美在羽毛，企业美在形象。人是最大的生产力，经营企业就是"经营人心"，"抓眼球""揪耳朵"，都不如"暖人心"。未来的竞争，最后都会聚焦到"人心"之争上。企业经营理念的策划与渗透是一个由浅入深、循序渐进、突出个性、不断创新的过程。冰冻三尺，非一日之寒。树立经营理念不能"说起来重要，做起来次要，忙起来不要"。经营理念虽然不是万能的，但没有经营理念是万万不能的。特别是在经营理念的渗透过程中，不仅要有韧性、悟性、理性，更要有耐心、信心、恒心。理念策划，重在创新；理念渗透，贵在有恒；这才是企业经营理念之真谛。

文化的发展使人们远离愚昧，走近文明，使人与动物的区别越来越明显。先进的文化促进社会的发展，使人们能以越来越科学的眼光看待世界的本质，享受前所未有的美好生活。人类文化宝库中的企业文化，则是企业成长的精神支柱，对企业的发展起着至关重要的作用。企业文化是企业生存的前提、发展的动力、行为的准则、成功的核心，而经营道德则是企业文化之魂。

第一节　企业家经营道德是企业文化之魂

信息是财富，知识是力量，经济是颜面，道德是灵魂。社会主义市场经济必须以高尚的经营道德为灵魂，才能实施可持续发展创业战略。企业、国家或地区之间的竞争从形式上看似乎是经济的竞争，而实质是产品与科技的竞争，但归根结底是经营者素质和企业文化之间的竞争。企业持续竞争力的背后是企业文化在起推动作用，成功的企业必然有卓越的企业文化。没有强大的企业文化，即价值观和哲学信仰，再高明的经营创业战略也无法成功。

一、企业家诚信在经营管理中的重要作用

经营道德是在商品经济和商业经营实践中产生的，在历史上许多脍炙人口的"生意经"中都有着充分的体现。"经营信为本，买卖礼为先""诚招天下客，信通八方人""忠厚不赔本，刻薄不赚钱"等都包含着"信、礼、诚"等内容。在中国传统的经营中渗透着浓厚的文化色彩。诚信为本，顾客盈门。和谐的人际关系是企业文化之精髓。人无信则不立，店无信则不兴。真、善、美是多么令人向往的字眼！而"真"位居其首，它是道德的基石、科学的本质、真理的追求。诚信，对做人来讲是人格，对企业而言是信誉。

二、当前市场经济中的诚信危机

然而，目前经济形势喜人，经营道德与经济信用急人！企业获利无可厚非，但是如何获利不但涉及经营战略、管理技巧、内外环境，而且还涉及企业奉行的经营道德观念、行为准则等。在市场竞争中，如果企业只以自身的利益为唯一目标，唯利是图，而放弃了经营道德与商业信用，甚至搞不正当竞争，做出假冒伪劣、坑蒙拐骗、违约毁约、偷税漏税、逃避债务等失信行为，严重扰乱了经济秩序，市场经济也就成了一个先天不足的畸形儿。

经营道德、经济信用、社会信用、政府信用、国际信用这些都是环环相扣、互为因果、相互影响的。经营道德的沦丧、经济信用的丧失必然导致社会信用的下降。社会信用的下降又必然导致国际信用的危机。在对外贸易中丧失人格国格,直接影响我国对外开放和改革,甚至危及中华民族的大厦之基,其后果是不堪设想的!

三、企业家重塑诚信经营之策

共同营造诚信氛围,重塑企业文化之魂,已是摆在国人面前的一个严峻的课题。诚信的社会氛围、规范的市场经济、高尚的经营道德建设需要一个过程。心态的调整、道德的重塑、正义的回归、法制的完备才是正道。为此,特提如下对策。

第一,在全社会要树立道德意识,呼唤良知,倡导诚信。社会主义市场经济要体现物的价值与人的价值的全面发展,不能容许"物的世界增值与人的世界贬值"形成强大的反差。市场经济不仅是法治经济,而且是德治经济。孔子曰:"道之以德,齐之以刑,民免而无耻。道之以德,齐之以礼,有耻且格。"意思是:若以道德教化维护统治,要比用刑罚更能得到老百姓的拥护。道德不仅是立法的前提,还是执法的基础,更是守法的条件。可以说,法治是德治的升华,德治是法治的基础和思想前提。二者如车之两轮、鸟之双翼。

"以法彰德"与"以德辅法"相结合。以德化人,凝聚众力,事业发达,企业兴旺,社会也会长治久安。

第二,要继承和弘扬中华民族的传统美德和优秀文化。中国是一个有五千年历史的传统古国。千百年来,彰善惩恶、扶正祛邪、激浊扬清、见义勇为是我们中华民族的优良传统。"德治"在中国具有深厚的社会基础,给每个家庭和民众都留下了深深的烙印。中国的儒家学说也提出了德治者的自身道德:"身教重于言教。"孔子曰:"为政以德,譬如北辰,居其所而众星拱之。"又曰:"其身正,不令而行;其身不正,虽令不从。"同时对社交关系有许多至今仍旧闪烁着光辉的道德哲理,如"有朋自远方来,不亦乐乎?""与朋友交而不信乎?""人之相识,贵在相知,人之相知,贵在知心"……在商业、贸易、交友、治家、修身等方面儒家思想都闪烁着道德的光辉。这说明"德治"理论在中国大地上推行数千年,已建立起深厚的社会基础和强大的社会背景。我们要古为今用,博采众长,激浊扬清。传承传统文化之精华,从教育入手,个人、家庭、社区、企业、社会要树立伦理道德观念;从每个人做起,从基层做起,逐步巩固和发展壮大。

第三,要建立公平合理的利益分配机制和社会保障体制。鼓励一部分人和一部分地区先富起来,但重要的前提是通过"诚实劳动"与"合法经营"。要调整行业、职业不同形成的垄断和利益分配上的级差。不能搞"近水楼台先得月",要给公民以平等待遇。否则,人们的良知就会扭曲,理想和信念就会崩溃。心理不平衡,久而久之好人也会变坏。社会风气不良,企业就形不成良好的道德环境和文化氛围。

第四,在法制方面要实行依法治国,加强法治建设,把部分道德戒律法律化,强化约束监督机制。现在的法治建设方面关键的问题是"有法不依,执法不严,违法不究"的现象十分普遍,司法腐败是最大的腐败。这如同竞技场上的比赛一样,如果游戏规则与裁判出了问题,公平也就荡然无存,无从谈起。"市场经济就是法治经济"这句话已喊了多年,但目前我国的法治建设仍远远落后于实际需要。创诚信难,守诚信更难,因此政府及有关部门必须依法行政,规范市场,强化监督,严肃法纪,严格执法,彻底消除地方保护主义。

此外,在营造诚信社会氛围,建设企业经营道德的过程中还要充分发挥"道德法庭"的作用。加强舆论监督的力度,给不法行为曝光,让"缺德经济"如同过街老鼠——人人喊打。千夫共指,不病自死!

第五,从企业自身来讲,应内强素质,外树形象。诚信是一切社会的永恒美德,也是企业经营理念的核心。诚实守信是企业立命之本、文化之魂。目前,许多企业为构建企业持久竞争优势,在实践中加强信用制度建设。例如,北京长安商场构建的"诚信工程",倡导"铸诚信魂,兴诚信风,务诚信实,育诚信人",树立了良好的企业形象。企业作为市场经济的主体,应摆脱经营道德危机、信用失范或缺损的链条的羁绊,从我做起,从现在做起,在遵纪守法、产品质量、借贷守约、经营业绩方面加强自律。尤其企业家的品格对企业诚信文化和企业信用的建设影响极大。诸葛亮有言:"屋漏在上,止之在上;上漏不止,下不可居矣。"领导是建设企业诚信文化、塑造企业良好形象的关键因素。因此,企业家应该注重自身职业道德的修炼,身体力行,率先垂范,做品质优秀的人,干道德高尚的事。塑造诚信企业形象,必须在企业内部大力倡导和实践诚信经营的道德规范。深入开展诚信教育活动,把"明礼诚信"作为企业的基本行为准则,努力形成讲信用、重合同、守信誉、比奉献的良好职业道德风尚,让职工感受到:人格有人敬,成绩有人颂,诚信有人铸,信誉有人护。在具有良好企业形象的企业内工作,诚实守信,关系融洽,心情愉悦,氛围温馨,职工会士气高昂,在得安心,学得用心,干得舒心。企业的一切经营活动,最终都是依靠全体员工共同努力实现的,塑造诚信企业形象必须造就一支高素质的企业员工队伍。企业不但要持续提升员工诚实守信的道德素质,更要激励广大员工勤奋学习科学知识,精通专业技能,保证企业以优质的商品和卓越的服务取信于民。现代管理界有三句名言:智力比知识重要。素质比智力重要。人的素质不如人的觉悟重要。顾客和企业,共惠解难题;顾客是上帝,信赖成朋友;金奖、银奖不如顾客的夸奖,金杯、银杯不如消费者的口碑。消费者的满意度、忠诚度、美誉度是企业的生存之本。

第二节 企业文化建设与职工合理化建议

在世界各国,都把合理化建议看成是企业成功的秘诀,是增加企业效益、改善管理人员和工人关系的秘方。企业文化是企业的人格化,是企业成员思想行为的精华,它是一群人共同生活的方式,也是共同认可价值观的体现。管理大师说:"一年企业靠运气,十年企业靠经营,百年企业靠文化。"企业想要走得更远,必须有深厚企业文化作为根基和支撑。企业文化是企业生存的前提、发展的动力、行为的准则、成功的核心。没有强大的经营理念与哲学信仰,再高明的经营战略也无法落地生根。良好的企业文化会提升员工的凝聚力、归属感,从而激发个人的潜力,提升企业业绩。它只有在大部分员工认同的基础上才会有效,因此企业文化建设与创新应该贯彻全员参加的原则,使企业文化具有厚实的群众基础。只有贯彻"从群众中来,到群众中去"的群众路线,才能在职工认同企业文化的基础上转化为全体员工的思想意识和自觉行动。凝聚和激励是企业文化的重要功能,为了实现这种功能,在企业文化建设与创新中广开思路,虚心纳谏。

一、职工合理化建议在企业文化建设与创新中的意义

沟通是组织系统的生命线,管理的精髓在于沟通。有效的沟通需要有准确的信息、简明的表达方式、适当的沟通渠道,再加上明确的目标。信息经济时代的到来,企业的沟通行为日益频繁,信息传递的量也越来越大。职工合理化建议在组织沟通中有重要的作用。

(一)创意策划,集思广益

企业要经营,策划是引擎。创意是策划的灵魂,它是一个美妙的幻想,是一束智慧的火花;策划是创意的实施,它是一个完美的方案,是一道闪亮的电光。群众智慧的创意与策划是企业发展的加速器,是经济效益增长的推动力。因此,要虚心倾听职工的合理化建议,集中职工的智慧和力量。好的创意策划能力挽狂澜,扭转败局;它能出其不意,转危为安;它能奇峰突起,独领风骚;

它能快马加鞭,不断前进;集体的创意与策划能使企业的经营管理蒸蒸日上,产值利润滚滚而来,从而不断提升企业的核心竞争力。

(二) 激励斗志,鼓舞士气

在企业文化建设与创新中听取职工合理化建议,能使职工产生强烈的心理满足感,让他们确实感受到自己是企业的主人翁。职工合理化建议,也是参与管理的重要内容。职工在提供合理化建议的过程中,自身的价值得到了肯定,同时明确地看到了自己对企业所能做的贡献,这对他们进一步培养自己的咨询策划能力,树立参与意识有积极的促进作用。职工合理化建议是企业文化的重要组成部分,它渗透在企业的物质和精神的活动之中,形成一种强大的推动力。积极倾听职工合理化建议,是企业低成本获得咨询策划的好办法。许多经营决策与方案的设计,无论事先考虑得多么合理,往往会在实践的时候暴露出这样那样的缺陷。职工是企业实践工作的主体,对决策的优劣和方案的实施最有发言权;同时在劳动实践中会总结出许多生产管理与技术诀窍,管理者听取非专门人员的合理化建议,可以发现问题,开阔视野,寻找构思,采取措施。

(三) 发扬民主,凝聚人心

在企业文化建设与创新中听取职工合理化建议的做法,能充分发扬民主,营造一个"人人是企业的主人,人人关心企业的成长"的良好文化氛围。职工合理化建议会在最大程度上让员工觉得受到了企业的赏识,认清自己在企业中的地位和作用,产生"士为知己者死"的知遇之感,从而产生高度的自觉性和责任感,激发出主动工作的热情和巨大的潜能。有道是天时不如地利,地利不如人和,企业一时的困难甚至亏损不可怕,最可怕的是职工的感情亏损;一旦职工对企业失去信心和热情,这个企业是绝对没有希望的。只有领导在企业文化建设中具有高度的民主意识,员工具有积极的参与意识,才能激发员工们做出难以估量的贡献。好的企业文化是职工的心,是企业的根。"以人为本"目的是把企业职工的荣誉感、责任感、自豪感融为一体,鼓励职工气势,激励职工斗志,从心理和生理上产生旺盛的精神、奋发的热情和自觉的行动,为实现企业的经营目标而做出不懈的努力。当大家都认准一个正确方向,树立理念,高擎战旗,结合群力,不达目的决不罢休,还有什么是不可战胜的呢?

二、企业家听取职工合理化建议的方法

(一) 领导重视,确立制度

制度激励的落实到位是促使员工积极主动实践企业文化的有效手段。实施

制度激励离不开制度本身的公正、合理，也离不开制度的执行落实有公正、公平的保障。建立企业内部的信任，既是企业文化本身所提倡的一种导向，也是保障制度激励公正、公平的关键所在。

首先，领导重视，常抓不懈。领导要树立"群众是真正的英雄"的观念，要看到人民群众的力量，要相信员工的智慧，放手发动群众提合理化建议。

其次，领导要虚怀若谷，善于倾听职工的建议。海纳百川，以容为大。领导对那些敢提不同意见的人应抱着"闻过则喜""忠言逆耳利于行"的态度，有则改之，无则加勉。善于交几个敢说"不"字的朋友大有益处。有时真理往往在少数人一边。从表面上看不好使用和驾驭的人，有时甚至"牢骚满腹"，但也不乏许多真知灼见，一旦利用得当就能帮你成功。

最后，要真诚求实，心心相印。谈心要交心，交心要知心，知心要诚心。在与职工的相互交流中鼓励职工畅所欲言，积极讨论，相互启发，共同思考，大胆探索，往往能迸发出有神奇创意的思维火花。例如，"松下的意见箱"制度就收到了良好的效果。所以，企业家若有了"三人行必有我师""不耻下问"的宽大胸怀、诚实态度，尊重群众，经常向群众请教，就能使合理化建议落到实处，真正发挥作用。为了更好地进行有效沟通，企业应设立多种渠道并形成制度和体系。

第一，每周一次的早会制度。由领导向全员总结本周生产经营状况，通报企业各方面信息，阐述经营意图。

第二，每周一次的接见制度。员工有何建议和想法，都可以找上级或分管领导甚至总经理面谈。

第三，坚持访问制度。要求管理者定期或不定期地对职工家属进行访问，以解决职工的后顾之忧。还要对客户进行定期访问，保持与客户的紧密联系，紧跟用户，围绕需求，创造市场，招揽顾客，提升顾客对企业的忠诚和美誉度。

第四，设立建议信箱。鼓励员工通过建议信箱（也可用电子信箱）以书面形式提出合理化建议。

（二）专家评审，客观公正

在企业文化建设中，对职工提交的合理化建议不能草率应对，更不能置之不理，应成立专家小组对合理化建议实施的轻重缓急及时安排评审，要对合理化建议客观公正地做出评价。"公生廉，偏生暗。"只有实事求是，客观公正，出于公心，才能孚众望，得人心。对经过评审发现能给企业带来效益的建议，应迅速反应，马上行动，具体安排实施；对达不到预期理想或暂时无法实施的建议，也应迅速向提建议者做出明确的反馈，告知不能实施的缘由，并提出改进措施和方向。

（三）精心组织，规范实施

如果企业内部的利益分配机制不透明或不公平、不公正，或者存在任人唯亲的现象，往往容易造成企业与员工、员工与员工之间互相猜忌或不信任，让员工的团队意识涣散，使员工消极颓废，没有上进心，企业也就因此失去了发展的动力。

在企业文化建设中，一项建议被认定为合理有效、切实可行时，必须精心组织，规范实施。这样才能让提供建议的人感觉受到了真正的重视，而且也能让合理化建议真正发挥其作用，实现其价值。如若不然，只是评定，而不组织实施，会让提供建议者觉得是画饼充饥、走过场、搞形式，从而挫伤他们关心企业的热情，疏远决策者与普通员工，甚至心灰意冷，造成人际关系紧张。

（四）反馈信息，交流沟通

领导干部身体力行是企业文化落地的有力保障。企业文化的70%是由企业家创立的。如果说文化是企业的乐谱，起着规范企业和员工行为的作用，那么领导人就是乐队的指挥。只有一个理解乐谱并能表现出音乐内涵的指挥才能使乐队奏出和谐优美的音乐。企业家是企业文化的主旨设计者、积极倡导者、身体力行者，更是企业文化更新和转换的积极推动者。作为企业"领航员"的领导干部，重视企业文化建设、积极投入企业文化建设工作，是企业文化落地的有力保障。对合理化建议在具体实施过程中的进展和出现的问题跟踪检查，应及时反馈给提供建议的人，因为这项建议在他看来就像自己的宝贝孩子一样，总想精心呵护，这是他们对企业关心和忠诚度的表现。对实际实施的情况应及时沟通，保护职工的积极性，有利于形成齐心协力、精诚团结、认知互动、上下同欲的团队精神。职工才能在企业里待得安心，学得用心，干得舒心，心往一处想，劲儿往一处使，在其位，谋其政，尽其责，效其力，善其事。

（五）表彰奖励，及时兑现

在企业文化建设与创新中，对于切实可行、合理有效的建议必须给予表彰和奖励，坚持以物质奖励和精神奖励相结合的原则，大张旗鼓地进行褒奖，以满足提供建议者的心理需要和名誉追求。在这样的企业文化氛围中工作，员工以企为家，以家为荣，把企业当作自己小家的延伸，把工友当作自己的亲友拓展，从而增强企业的向心力与亲和力。

实践证明，当一个组织内的成员都深信其所从事的事业有广阔的前景和崇高的社会价值，并有拓展才能、提升自我、成就事业、完美人生的发展空间时，他们就会充满热情，才思敏捷，锲而不舍，积极进取，就会最大限度地发掘自己的才能，为企业的生存和发展思奇谋、想良策并绞尽脑汁，为实现自己和企业的共同目标而做出不懈的努力，并与企业同舟共济，夺取更大的胜利。

第三节　企业家与生态文化建设

在当今世界，低碳运动已经成为一场涉及人类生产方式、生活方式和价值观念的全球性革命。生态文化就是从人统治自然的文化过渡到人与自然和谐的文化。这是人的价值观念根本的转变，从人类中心主义价值取向过渡到人与自然和谐发展的价值取向。2009年12月7日，开幕的哥本哈根气候变化峰会有192个国家参加，被冠以"改变地球命运的会议"的称号，几乎吸引了全球的目光。世界各国对"温室效应"、生存环境恶化等问题日益关注。中国政府承诺延缓二氧化碳的排放，到2020年中国单位国内生产总值（GDP）二氧化碳排放比2005年下降40%~45%。随即一股强劲的"低碳"旋风开始席卷中国，以低能耗、低污染、低排放为特征的"低碳"理念迅速渗透到经济运行、城市发展和居民生活的方方面面。发展低碳经济与我国转变增长方式、调整产业结构、落实节能减排目标和实现可持续发展具有一致性。特别是强制淘汰落后产能设备，开辟了发展低碳经济的机会，使我国一些重点行业的节能减排技术取得竞争优势，甚至扮演领先者的角色。例如，我国的太阳能光伏产业产量居世界第一，我国的风能装机容量居世界第四，我国的新能源汽车技术居世界领先地位。

工业革命以来，由于石化能源的大量使用等原因，地球上的碳排放不断增加，累积到现在，出现了气候变暖、土地沙化、水源枯竭、空气污染、物种减少等严重问题。人类的高碳生产方式和生活方式导致自然生产力与人类生产力的对立消长，使地球的自然生产力出现了走向衰竭的危险。为了保护地球，也为了人类自身的永续发展，我们必须改变价值观，尽快实行低碳生产方式和生活方式。传统工业化是灰色的，低碳发展是绿色的，从高碳生产方式和生活方式转变到低碳生产方式和生活方式是一场由灰变绿的"颜色革命"。实现低碳发展，就是要把追求高碳GDP转变为追求绿色GDP，把追求短期发展转变为追求可持续发展，把追求当代人的利益最大化转变为既追求当代人利益又不损害子孙后代利益。有了绿色追求，才会有低碳发展。要转变高碳的生产方式和生活方式，首先必须转变思维方式和价值观念。只有把低碳生产和低碳生活作为新文化、新生活去追求，人们才会积极主动地追求低碳发展。生态经济是可持续发展的经济，目的是在环境资源与经济发展之间建立起良性循环机制，这种良性循环机制的主体是企业。发展生态经济,企业是关键。用低碳文化指导企业行为,就能推动企业形成清洁集约的生产方式,创造绿色产品,节约资源成本,提高综合效益。因此,企业要把低碳文化融入企业文化。这不仅可扩大企业文化的外延,而且有利于企业树立良好形象。将低碳企业文化流程化、制度化,实现从理念到行动、从抽象到具体、从口头到书面的"落地",使企业低碳理念外化于形、内化于心、固化于制,形成有生态特色的制度文化、行为文化、形象文化,实现文化融合,达到形的一致、心的一致、行的一致,真正实现在员工心中"生根"。在实践上推进企业变革和创新管理,提升企业核心竞争力。对外,低碳企业文化是公司的一面旗帜;对内,低碳企业文化又是一种企业的向心力。一个企业真正有价值、有魅力、能够流传下来的东西,并不是产品,而是它的企业文化。那么,企业家如何加强生态文化建设,进而来推动各项管理工作达到一个更高的境界呢?

一、以文化人,内化于心

低碳文化重要的特点在于用生态学的基本观点去观察现实事物、解释现实社会、处理现实问题,运用科学的态度去认识生态学的研究途径和基本观点,建立科学的生态思维理论。企业是人的企业,企业文化归根结底是"人"的文化,企业文化建设重在塑魂。将外在的世界纳入人的内心,用生态理念来教化理想人格。企业的理念不能光写在纸上,必须内化于心,被广大员工接受、认同并成为他们自身思想、工作、生活的理念,这才是真正的企业文化。同时,企业文化在"人"的文化追求上,不仅把员工看作"社会人"或"企业人",更应把人看作"全面发展的人",在其建设实践中努力追求人的全面发展,实现员工人生的最大价值。要对员工经常开展生态文化内容的培训,通过灌输与启发相结合的方式将低碳价值理念逐步渗透到员工的头脑中去,提高全体员工特别是企业管理者对生态本质以及生态责任的认识。一是把"精神人格化"。大庆石油人把大庆精神人格化,持续深入地开展"学铁人,立新功"的主题教育,强化了全体员工对企业精神的理解。二是把"理念故事化"。蒙牛集团通过非洲大草原"狮子与羚羊"的故事,生动地阐释了"物竞天择、适者生存"的竞争理念。三是把"案例规范化"。运用正反案例的"震撼效应",加深行为规范的指引力度,使之入脑入心。一个人长期处于一种观念的熏陶下,潜移默化,内心深处就会认同这种观念。因此,要充分利用各种载体、各种渠道、各种形式大力宣传低碳文化,营造一种浓厚的企业文化氛围。在这种氛围里,不求立竿见影之效,但求滴水穿石之功;久而久之,就会使员工产生自觉认同并形成习惯。开展低碳企业文化建设之初，最重要的是深入基层，深入每位员工的内心，挖掘历史的沉淀，探寻原始的积累，帮助员工辨清是非，指导员工提高认识，协助员工在原始积累的基础上沿着优秀的文化方向逐步自我超越。

二、塑造形象，外化于形

绿色经济要求企业文化与低碳文化有机结合。企业文化主要研究人与人的关系，体现的是人与人的和谐发展；生态文化是研究解决人与自然关系问题的思想观点和心理的总和，体现的是人与自然的和谐发展。企业要实现可持续发展，人与人的和谐发展和人与自然的和谐发展同样重要。因此，企业要把低碳文化融入企业文化。这不仅可扩大企业文化的外延，而且有利于企业树立良好形象。企业形象是指企业以其产品和服务、经济效益和社会效益给社会公众和企业员工留下的印象。它具体包括两方面的内容。第一，企业的客观形象，即指企业在生产经营过程中展现出来的整体面貌和基本特征。第二，公众对企业的主观形象，即人们头脑中对企业的评价和认定。每个企业在其特定的公众心目中，都有自己的形象。例如，顾客普遍认为，IBM是电脑业的蓝色巨人，松下是生产高质量电子产品的企业，百事可乐则是年轻一代的选择。

良好的企业形象意味着企业在社会公众心目中留下了长期的信誉，是吸引现在和将来顾客的重要因素，也是形成企业内部凝聚力的重要原因。因此，企业在设计自己的使命时，应把企业形象置于首位。一般来说，企业形象定位可以通过企业识别系统（CIS）来体现，即通过理念识别（MI）、视觉识别（VI）、行为识别（BI）三个部分来体现。与此同时，在塑造企业形象时，由于行业不同，影响企业形象的主要因素不同，因此还要特别注意根据企业所处行业特征来开展形象工程。例如，在食品业，良好的企业形象在于"清洁卫生、安全、有信任感"；在精密仪器业，顾客可能对"可靠性、时代感、新产品研究开发能力"等方面的形象比较关注。

企业使命描述通过对于企业长期发展目标的说明，可以为各级管理人员超越局部利益与短期观念提供努力方向，促进企业员工各层次以及各代人之间形成共享的价值观，并随着时间推移不断加强，最终为企业外部环境中的个人与组织所认同、所接纳，从而为企业带来良好的社会形象。企业形象是社会公众与公司员工对公司整体状况的看法和评价，它是公司所有的内外行为在社会中长期作用的结果，对公司内部员工和公司各项事业有着持续的影响。通过企业使命调动职工的积极性，使被管理者从心理和生理产生旺盛的精力、奋发的热情和自觉的行动，为实现企业的经营目标而做出不懈的努力，以至产生"未见其人,先得其心;未至其地,先有其民"的效果,这才是企业使命管理艺术的最高境界。企业使命也能反映企业对社会问题的关心程度和承担社会责任的勇气,具有强烈的社会号召力,能引起广泛的社会共鸣,从而极大地提升企业形象。

三、制度约束,固化于制

开风气之先,行教化于后。所谓制度化,就是要使低碳文化充分体现在企业的各项规章制度之中,使生态理念体现在企业现实运行的各个环节中,使生态文化倡导的价值理念通过制度的方式来统率企业员工的思想。生态理念一旦被全体员工认同,就会成为这个群体的规范。这个群体中的每一个成员就会自觉地把它作为自己的奋斗目标和行为准则而身体力行,并逐渐养成习惯,形成风气。风俗是一种文化,而风气是一种景象、一种习俗、一种教化、一种态度、一种操守。"一个民族,没有科学技术,一打就垮;没有精神和文化,不打自垮。"红塔集团职能部门党委工作部确立了宣贯工作的"一二三四原则":以增强执行力为核心,有利于管理水平提升和品牌战略落实,统筹三个阶段(全面普及阶段、深化推进阶段、巩固提高阶段),最终实现企业文化"内化于心,外化于行,渗透于制,固化于物"。在企业文化建设的四个维度(精神文化、行为文化、制度文化、物质文化)上取得突破,使企业文化全方位渗透和固化到企业的经营管理工作中去。因此,要确保企业文化的有效性,实现企业文化的落地生根,就必须确保企业文化与实际工作紧密结合,在每项工程的部署中充分体现文化的内涵,在每个规划的形成中充分展现文化的精神,在每个活动的开展中切实履行文化的宗旨,让每位员工切实感受到企业文化在实际工作和生活中无处不在。同时,对于企业文化履行的效果,要定期进行评估,及时纠正履行中的偏差,发现文化体系中存在的不足,为企业文化的完善提高和持续改进奠定基础。所以,要真正实现企业文化的落地生根,就必须在过程管理中注入企业文化内涵,不断强化,逐步实现由规范向习惯的转变。同时,要时刻关注企业文化的成长,有计划、有目的地注重企业文化的全面"清洗"、完善和改进,确保企业文化在持续改进中不断提升。

四、落地生根,实化于行

企业生态理念的设计或创新,并不意味着生态文化已经完成。如果没有渗透至企业组织之中,没有成为全体员工的共同价值追求,没有被员工接收、理解、接受，那么再好的生态文化也是一个空头设计，对企业的发展毫无意义。理念设计，重在创新；理念践行，贵在有恒。企业的领导层要对企业文化建设有科学的认识。在开展企业文化建设前，企业家们要达成一个共识：生态文化建设的最终目标是通过企业文化建设来提升企业的管理水平，增强企业的核心竞争力。基于以上的认识，在文化的提炼上，领导层要将企业文化与企业的经济工作联系在一起，使文化理念与经营战略等相匹配。在文化落地的过程中，领导层要在企业价值观的塑造、企业考核标准的制定、企业各种准则的落实等方面，主动去实践、去传播，督导文化的落地；要有一整套辅助企业文化落地的应用体系。企业文化要想真正成功落地，必须要有一系列应用体系加以辅助，即要强化制度建设。制定和完善符合企业理念体系的各项管理制度、操作流程、工作职责，把企业文化的核心理念融入管理的各个环节。制度必须符合核心理念的要求，否则制度就会成为文化落地的绊脚石，企业文化建设就会游离于经营管理之外。在推动文化落地时，要根据企业的核心理念对制度进行逐一修订，讨论其实用性；适合的继续沿用，不适合的要及时修正。企业还要细化行为准则。企业文化的落地是一个复杂而艰难的过程，它不仅要依靠企业的强制力，还要依靠领导的表率力、员工的自律力等力量。提高执行力，促使低碳文化落地。低碳文化建设并不是喊口号、做样子、发册子，而是要在行动上落实。企业要在组织体系的框架内，将企业愿景和价值观、战略目标关联起来，在关联的过程中不断检验、执行，最终将理念转化为企业的决策和行为。有些企业的企业文化建设之所以流于形式，一个重要原因就在于文化只存在于企业家的头脑中，只存在于口头表述中，没有得到员工的理解和认同，没有转化为企业行为和员工的日常行为。企业家应从自己的工作出发，改变观念和作风，从小事做起，从身边做起。企业家要不断提高执行力，把文化行为化，通过把文化转化为员工的行为规范，使文化成为员工行动的指南；把文化管理化，把文化落实到日常的生产经营管理当中，通过企业文化建设优化组织流程，强化部门之间的合作意识，提升组织的运营效率和效益；把文化制度化，重新梳理企业的制度体系，把企业文化融入企业的各项制度，使价值理念渗透到生产、经营、管理、服务等各个环节中去。只有这些力量形成一股合力，才能使生态文化这颗希望之种成长为参天大树，才能实现企业的持续健康发展。

【精粹阅读5-1】竹文化与企业家精神境界

看到竹子，人们自然想到它那不畏逆境、不惧艰辛、中通外直、宁折不屈的品格。这是一种取之不尽的精神财富，也正是竹子特殊的审美价值所在。竹之劲节与企业家精神颇为相似:修道弘德,取义明理,和谐治理,抱团发展。凡此种种,都在向我们展示一种企业家精神境界。

心虚骨坚

有节骨乃坚,无心品自端。"未出土时便有节,已到凌云仍虚心。"竹子心虚骨坚,竿叶俱青,竿身挺拔,长势蓬勃,生命力极强。它心虚根底固,经霜不变色,坚节不挠物,竿直志不屈,具有不畏风寒强暴的品格和坚韧挺拔、高风亮节的精神。企业家在创业前期,最重要、最痛苦的是目标选择。在分析了内外环境的基础上,高瞻远瞩,把握机会,确定方向,为成功创业引领正确的航向。实践证明,那些继往开来、走向辉煌的企业家,关键是有一个能让全体员工共同高擎的战略旗帜——企业使命。有了共同的愿景,员工才能学得用心,干得舒心,留得安心,心往一处想,劲儿往一处使。当大家都认准一个正确方向,树立信念,高擎战旗,结合群力,不达目标决不罢休,还有什么是不可战胜的呢?

企业家强烈的事业心可以影响、带动、感染其他人。事业可以凝聚人心,催人奋进。张瑞敏为什么能够从家电公司副经理的位子上到一家濒临倒闭的小厂去当厂长?因为他有一颗金不换、银不换、最珍贵的松风竹节般的事业心。创业者脚踏实地,诚实苦干,内强素质,外树形象,坚持求真务实,这是一种修养、一种品格、一种追求,更是一种境界。

适者生存

"屈屈伸伸,雪压千屋犹奋直;潇潇洒洒,风来四面又何妨?"以竹拟人,大丈夫能屈能伸,有凌云壮志,且风承四面,左右逢源,得心应手,潇洒自如。达尔文在研究生物进化的过程时,有一句话后来被管理学、经济学方面的专家引用。他说:"最后生存下来的,不是品种最优秀的种群,也不是智商最高的种群,而是那些积极应对变化的种群。"这种生物衍变的规律也适用于企业,适用于创业者。在关乎企业的生存问题上,企业的"大"与"强"是相对的,适应则是绝对的。所以,要想生存,必先适应。好的东西固然美妙,但要适合自己才好。只有理性地分析市场形势,才能看准市场需求,找到自己的生存之道。丰田公司"精益生产模式",为我们提供了一个适者生存的实例。20世纪50年代初,以美国福特汽车公司为代表的大规模生产模式横扫全球。为学习"规模经济"的真谛,全世界的企业家都朝圣般地汇集到美国的底特律,再把这种最先进的生产模式带回自己的国家。当时丰田汽车的丰田英二也来到了底特律,但与其他人不同的是,他认为"大规模生产模式"不适用于日本。后来,丰田英二与在生产制造方面富有才华的大野耐一创造了"精益生产模式"。我们今天耳熟能详的"加强供应链管理""实现零库存"等,都是源于丰田英二的"精益生产模式"。实际上,丰田汽车区别于其他汽车企业的,不是生产了什么汽车,而是生产汽车的方式。正是这种"有所改变的福特模式",使丰田汽车行销全球。

自我超越

竹子挺拔刚正、绿叶婆娑、蓬勃洒脱、高雅清幽、冬不凋落。它坦诚无私,不苟求环境,不炫耀自己,默默无闻地把绿荫奉献给大地,把财富奉献给社会。"雪压竹头低,低下欲沾泥。一轮红日起,依旧与天齐。"春风一吹,它就像一把利剑,穿过顽石,刺破土,脱去层层笋衣,披上一身绿装,直插云天。

一个企业最大的隐患,就是创新精神的消亡。一个企业,要么增值,要么在人力资源上报废。创新必须成为创业者的本能。但创新不是"天才的闪烁",而是企业家艰苦工作的结果。自我超越的企业家是不断学习、提升自我、拓展才能、成就事业的人。自我超越精神,是一个过程、一种终身修炼,这样的企业家不仅吃苦耐劳,勤奋努力,不断自我否定、自我完善,而且志向高远、以勤为径、持之以恒。在这一过程中,还必须要有敬业精神,这是企业家的天职,是荣誉的象征,更是每个职场人士成长和成功的根本。要在其位、谋其职、尽其责、效其力、善其事。要有一种自强不息的决心,要给自己一股内在的压力,兢兢业业,为国为己,把自己有限的生命投入为社会、为人民创造福祉的事业中,才是一个优秀的企业家应有的风范。暑往冬来,迎风斗寒,经霜雪而不凋,历四时而常茂,充分显示了竹子不畏困难、不惧压力的强大生命力。竹子品格体现的不正是我们企业家自强不息、不屈不挠、敢于创新的民族精神吗?竹林簇团生,志超欲登云,强劲拔节立,韧承八面风。竹子轻盈细巧,四季常青,尽管有百般柔情,但从不哗众取宠,更不盛气凌人。虚心劲节、朴实无华才是它的品格。竹不开花,清淡高雅,一尘不染。它不图华丽、不求虚名的自然天性为世人所倾倒。清代诗人郑燮这样赞美道:"一节复一节,千枝攒万叶;我自不开花,免撩蜂与蝶。"竹子刚劲清新,生机盎然,蓬勃向上。有人为"企业森林模式"叫好。我们许多企业是大树模式,一个企业家就是一棵大树,而且大树周边没有小树,甚至连小草都不长。企业家的命运就是企业的命运,大树一旦倒下,企业马上随之倒闭。而森林模式是大小树木一起成长,共同发展。其实,竹林模式更加优越,簇团而生,茁壮成长。当春风还没有融尽残冬的余寒,新笋就悄悄地在地上萌发了。一场春雨过后,竹笋破土而出,直指云天。所谓"清明一尺,谷雨一丈",便是对它的青春活力和勃勃生机的写照。大地雨后春笋,企业人才济济,许多中小企业面对国际金融寒流,抱团取暖、和衷共济、

110

根系发达、生生不息,这难道不是企业集群与团队合作精神的真实写照吗?

合作是企业家精神的精华。成就源于团队,团队成就自我,团队是企业核心竞争力能量的源泉。"皮之不存,毛将焉附?"孤雁飞咫尺,群雁翔万里。正如经济学家艾伯特·奥·赫希曼(Albert Otto Hirschman)所言:"企业家在重大决策中要实行集体行为,而非个人行为。"尽管伟大的企业家表面上常常是一个人的表演,但真正的企业家其实是擅长合作的,而且这种合作精神需要扩展到企业的每个员工。企业家既不可能也没有必要成为一个超人,但企业家应努力成为"蜘蛛人",要有非常强的"结网"的能力和意识。被誉为"用人之神"的日本松下电器公司前总裁松下幸之助认为,愿不愿与人合作是一个人具不具备管理者基本素质的问题,而善不善于与人合作则是管理者的能力水平问题。如果你想领导一个企业朝着明确的目标前进,就需要一支高效的队伍做后盾。当然,合作不能靠命令来维持。人们在完成合作的任务时,如果仅仅是因为害怕,或者出于经济上的不安全感,那么这种合作在很多地方是不会令人满意的。

同时,市场经济条件下只有与顾客普遍联系,与对手公平竞争,企业才能得到永恒的发展。成功的合作应该是双赢,在合作中应树立正确的胜负观。"欲取先与"应该是合作的一大谋略。"欲致鱼者先通水,欲栖鸟者先树木":水积而鱼聚,林茂而鸟集。企业家与他人要做"合作的利己主义者"。然而,在实行市场经济以来,企业之间竞争有余,合作不足,有的甚至搞不正当竞争。在联系与合作中总想猛咬对方一口,甚至欺诈胁迫,这是十分危险的。经营者要以信为本。青山似信誉,绿水如财源。财自道生,利缘义取,这样的竞争与合作才会有情有义,地久天长。

【诗语点睛】
以文化人高水平
营造和谐方为本
滴水穿石是柔情
绿水青山胜金银
物质层面为载体
精神核心乃为魂
制度层面是保障
生态文化得人心

第六章

新时代企业家会议组织与沟通艺术

【先导案例6-1】三星会议的3.3.7原则

韩国三星集团已成为全球赢利增长最快的企业,取代索尼成为消费类电子产品的领袖。2004年上半年三星的盈利甚至超过IBM、Intel。三星的巨大成功应追溯到20世纪90年代的会议文化改革。

1993年,三星总裁李健熙通过历时4个月的洛杉矶—法兰克福—尾崎—东京—伦敦的长征式会议,将1800多名高级职员召集到海外进行了500多个小时的漫长讨论,确立了名为"三星新经营"的战略转型计划。自那时候起,三星的会议就朝着一旦开始就不浪费时间,向目标指向性会议转变。

三星公司在召开会议时所遵守的3.3.7原则充分体现了该公司高效务实的会议文化。所谓3.3.7原则是指3种思考、3个原则及7条规定。

一、3种思考

要召开计划好的会议,而不是即兴会议。就即兴会议而言,可能参加者连理由都不知道,会浪费时间,而且由于没有切实进行准备,会议无法达到效果。因此,3种思考的内容包括:

(一)为了提高会议效率,尽可能不召开即兴会议。所以,首先思考一下会议的必要性:

- 是一定要召开的会议吗?
- 不能由自己决定吗?
- 没有更好的方式吗?

(二)如果一定要召开会议,要从多个角度进行检查:

- 不能减少参加者吗?此时也同样最大限度地精简会议。
- 不能减少会议频率、时间和资料吗?
- 不能进行更为妥帖的运作吗?

（三）一旦决定召开会议，就试着摸索一下是否有能够与其他会议合并或委托的方法：

- 不能与其他会议一起召开吗？
- 不能通过权限委托来解决吗？
- 加入其他会议中就不是好的内容吗？

二、3个原则

如果是必须召开的会议，就要更加高效率地召开。

根据上述3种思考，尽可能不召开会议或者努力精简会议。但是，不能如此对所有会议精简，因为有些会议是必须的。一旦决定召开会议，就要遵循以下3个原则，使其成为高效率的会议。

以下3个原则认识到会议的非生产性和弊端，是三星为了改进会议文化而订立的原则。

（一）确定不召开会议的工作日

各个公司自主性地确定不召开会议的工作日，但是大部分公司将周三定为不召开会议的工作日。不仅确定不召开会议的工作日，不召开会议的时间也要进行指定。

（二）将会议时间定为1小时，最多不超过1个半小时

召开会议时，将定量1小时的沙漏放置在会议室里，为严格遵守时间施加无形的压力。并且，还采取将会议时间不定在整点开始，而是从10分或15分开始、整点结束的方法。

（三）将会议记录整理在一张纸上

有时只说会议结束了，而谈论了什么、结论是什么、必须如何实施就不是很清楚。对会议内容进行整理并分发给参加者和相关人员是不错的方法，但是要把整理内容简洁地记在一张纸上。

三、7条规定

与3种思考和3个原则一道，三星还要在召开会议的时候遵循7条规定。

规定一：就召开会议而言，最重要的是严格遵守时间。要求所有人准时参加，即使参加者没有全部到场，会议也要准时开始。同时，公布会议结束时间，最大限度地减少时间浪费。

规定二：在会议材料中写明投入会议的经费，去除不必要的浪费。为了创

造建设性的、高效率的会议文化，要计算出所有会议的机会成本，事先公告参加者。

规定三：将会议参加者限制为必要的合适人选和负责人，使会议规模尽可能小。

规定四：明确会议目的，不要转移到其他主题上或者成为闲谈或讨论。是旨在做决定的会议还是共享信息的会议，会议目的要明确区分并事先通知参加者。

规定五：事先分发会议资料，在参加会议之前进行讨论，以胜利召开会议。这一点大部分企业可以通过引进公司内部互联网进行解决，在召开会议前事先通过电子邮件发送议题等。

规定六：就召开会议而言，为了防止以某个特定的人为主进行发言，要让所有参加者发言，并且相互尊重所发表的意见。让所有人发言是为了培养一个意识：参加会议就不应浪费时间。

规定七：为了尽可能地减少会议记录，仅记录决定了的事项并进行保存；与其他记录方式相比，使用电子黑板时，复制电子黑板上的内容用作会议记录。

案例思考：

1. 如何提高会议效率？
2. 三星会议的 3.3.7 原则给我们带来的启示是什么？

第一节　会议沟通

一、会议概述

会议可以集思广益，与会者在意见的交流过程中要获得一种满足，在意见交流后，也会产生一种共同的见解、价值观念和行动指南，可以使人们了解决策的过程，而且还可以密切相互之间的关系。通过会议，可能发现人们所未曾注意到的问题并加以认真研究和解决。

（一）组织与参加会议

与参加会议相比，会议的组织工作是千头万绪的。一个会议是否可以取得成功，很大程度上取决于准备工作是否做得充分。会议的每个细节都不应该忽略。这不仅可以给召集并主持会议的企业家带来召开会议的自信，而且也可以提高会议参加者的满足感和满意度,从而轻而易举地达成团队目标。此外,会议主持者的组织能力也十分关键。西方一些国家的公司在掀起会议革命时,已经开始在公司内部实施会议召集人制度,所有会议召集人都必须经过选拔和培训,并且制定了一套严格的制度来对会议召集人的工作业绩进行绩效考评。下面介绍组织会议需要做的一系列准备工作以及会议主席的工作技巧和职能。

【小思考6-1】高效会议的标准

只在必要时才召开。

经过认真筹划。

拟定和分发了议程表。

遵守时间。

一切按部就班。

邀请了有相关经验和才能的人出席。

做出了评论和归纳。

记录所有决定和建议。

(二) 明确会议的目的

会议的目的一般包括以下方面:

1. 开展有效的沟通。会议是一种多项交流,可以集思广益,实现有效沟通是召开会议的一个主要目的。

2. 传达资讯。通过会议可以向员工通报一些决定及新决策,也就是说向员工传达来自上级或其他部门的相关资讯。

3. 监督员工、协调矛盾。许多公司或部门的常规会议的主要目的是监督、检查员工对工作任务的执行情况,了解员工的工作进度;同时,借助会议这种集合的、面对面的形式,来有效协调上下级以及员工之间的矛盾。

4. 达成协议与解决问题。通过会议讨论,最终实现协议的产生和问题的解决。

5. 资源共享。利用开会汇集资源,以期相互帮助,共同进步。

6. 开发创意。开发创意会议的目的突出反映在广告公司、媒体公司中。通过举行会议,形成新的构思,并且论证新构思,使其具有可行性。

7. 激励士气。年初或年底的会议通常具有这一目的。这种会议是为了使公司上下团结一心,朝着一个方向共同努力。

8. 巩固主管地位。经理或主管为了体现自身的存在价值，更为了巩固自己的地位，经常会召开一些上下协调会议，以此来强化自己的地位。

三、确定是否需要开会

首先必须明确开会的成本是比较高的，具体包括：

1. 显性成本。例如，场地租用费用、与会人员的餐饮费、差旅费等。这些费用是可以在账面上显示，直接计算为会议成本的。

2. 隐性成本。这些成本虽然在账面上不会显示，或者即使显示，也不会直接以会议成本的方式显示，但是在确定会议成本时也必须考虑在内。一方面是与会人员的工资。每个与会人员每开会一小时的费用大约是：工资总额×（1+25%）/220×8。考虑到在会议上耗费的时间与管理者的等级层次成正比，这项成本在企业中将是一项较大的开支。另一方面是机会成本。这些员工如果不来参加会议，可以去做其他有收益的工作，但却因为参加会议而失去了机会。例如，销售人员可以通过销售为公司创收，高级管理人员能够策划可在未来创收（或节约资金）的新产品或新设计。这项成本虽然难以准确计算，但是在进行会议的财务分析时也必须考虑到。

综上所述，会议的成本是相当高的，因此在确定是否开会时应该非常慎重。定出会议的费用后，值得考虑的是，在基本上不影响效果的前提下，是否有其他的更加廉价的替代方式以达到会议目的。对会议的必要性进行评估，只有当大量的信息需要在短时间内扩散到较大范围，并且需要多方协商时，才有必要召开会议。如果确实如此，确定没有更好的替代方式，会议的收益大于成本，则可以开始进行会议结构的策划。

四、确定会议议程

（一）确定会议时间、地点

确定了会议的目的和必要性后，要制定会议的议程。而制定会议议程之前，首先必须确定会议时间和地点。

在确定会议时间时应注意根据情况选择合适的时间段。一般而言，按照一天8小时工作制，安排会议的时间规范大致如下：

1. 上午8—9点之间，正是员工从家到公司，准备开始一天工作的时候。这个时候的员工，心绪尚且混乱，还需一段时间才能进入工作状态。因此，试图在这一时间段举行会议，试图让员工回应会议提议或进行业务分析，从人的生理和心理角度来看,是不现实的。

2. 上午9—10点之间,员工已经开始进入工作状态。在这个时间段最适合进行一对一的会谈,同样也是进行业务会谈的最佳时机。

3. 上午10—12点或下午1—3点之间,最适合调动员工集思广益。大家利用头脑风暴,不断想出新点子、新方法。

4. 下午3—5点之间,最好不要安排会议。员工在这个时段开始进入一天当中的倦怠期,人人希望马上回家,在这个时段举行会议往往会事倍功半。

确定会议地点,一般要遵循交通方便的原则。可能的话,应是距离与会者工作或居住场所较近的地方,以保障与会者可以方便及时地到场。会场应该能够适应会议的级别和与会者的身份,不能太简陋;当然也不必太奢华,应符合经济适用原则。为了防止会议被频繁打断,无法正常进行,地点应尽量设置在一个封闭的会议室内,而且最好围着圆桌进行。

(二) 制定会议议程

"议程"一词来源于拉丁文,意为"必须做的事",一般也就把会议议程定义为"在会议上所要讨论的问题以及讨论的先后顺序"。会议的议程应由组织者精心考虑。议程涉及的问题不应该太多,否则开会时间过长,会使与会者感到疲倦。如果确实需讨论得较多,可以分成若干个会议召开。议程表上的内容不能写得太简单,让会议参与者不知道将要干什么;应将要讨论的部分重点标出来,并且有条理,让与会者事前有所准备。在安排所讨论问题顺序时,应遵守以下原则:

1. 由重要到不重要——会议开始时即讨论重要议题,以免不重要议题延误时间影响到后面的重要议题。

2. 由不尖锐到尖锐——将尖锐议题挪后,让与会人员建立默契和信任感,再接触尖锐议题,使气氛不尴尬。

3. 由容易到困难——让大家渐渐融入会议进行的节奏,不要开始就接触到未熟悉的议题造成挫折感。

会议议程示例

博大音像制品公司2004年3季度销售总结会议

日期:xx年x月x日,星期x

时间:下午2:30—3:45

地点:B大厦第二会议室

会议目的：总结第三季度销售情况，并确定下季度计划议程

1. 上次会议记录中提出的问题（2：30—2：55）
2. xx 经理做 3 季度销售情况总结报告
3. 讨论、分析这一季度存在的问题（2：55—3：15）
4. xx 经理宣读下季度销售计划及重点（3：15—3：30）
5. 全体讨论（3：30—3：45）

附：

1. 第三季度销售情况总结；
2. 第四季度销售计划。

议程应该在会议前发放给与会者，提前多长时间，具体视与会者需要准备多少时间而定。

四、确定与会者

理想的会议规模应该有 10 位参加者。一方面可保证会议中有不同的意见，另一方面也可避免由于人数太多使一些不善言谈的人难以加入讨论。当然，由于会议目的不同，会议规模会有所不同。

第二节　企业家的会议组织

在企业家的工作过程中，会议可以说是一项最经常的工作。一项调查表明：大多数商务人士有 1/3 的时间是用于开会，有 1/3 的时间是用于旅途奔波。有感于繁重不堪的会议邀请，万科的总裁王石曾经说过一句很形象的话，他说："我如果不是在开会，就是在去往下一个会议的路上。"

虽然大家都很了解会议所带来的资源、人力、物力的巨大耗费，但人们也不得不承认，会议是一种很有效的沟通手段，因为面对面的交流可以传递更多的信息，尤其是很多需要各部门协作的工作，就更是需要会议的纽带来协助运作。

一、成功地开始会议

会议主持组织能力的高低使得会议的效果有天壤之别。如果会议主席不能够胜任主持会议的工作，则很容易使会议陷入无序或遇到困难，会议将会出现

一些不成功的场面。

和其他的很多场合一样，准备工作是避免表现紧张的关键。如果你知道自己将会说些什么来作为开场白，你就会放松下来。更重要的是，你可以给整个会议带来一个富有组织的、卓有成效的开始。

（一）准时开会

对于每一位职业的商务人士而言，最头疼、最深恶痛绝的事情莫过于对方不准时、不守时。在高速运转的信息社会，时间意味着抢占的商机，时间意味着金钱和财富，时间意味着一切。我们说"浪费别人的时间就等于谋财害命"也是毫不夸张的。对于会议而言就更是如此，因为不准时召开会议浪费的是所有与会者的时间，这不仅会加剧与会者的焦躁抵触情绪，也会令与会者怀疑组织者的工作效率和领导能力。

（二）向每个人表示欢迎

用洪亮的声音对每个人表示热烈的欢迎。如果你面对的是一队新的成员，让他们向大家做自我介绍。如果他们彼此已经见过面了，也要确保把客人和初来乍到的成员介绍给大家。

（三）制定或者重温会议的基本规则

会议的基本规则是会议中行为的基本准则，你可以使用"不允许跑题""聆听每一个人的发言"以及"每人的发言时间不能超过5分钟"这样的规定。如果准则是由与会者共同制定的而不是由主持人强加给与会者的，效果要更好一些。你可以向与会者询问"我们都同意这些规定吗？"，要得到每一个人的肯定答复，而不要想当然地把沉默当成是没有异议。

（四）分配记录员和计时员的职责

如果可能的话，让大家志愿来担任这些职责而不要由主持人指定。计时员负责记录时间并保证讨论持续进行，记录员则负责做会议记录。对于一些例行会议而言，不妨由所有人轮流承担这些职责。

二、会议主席的五项基本职能

讨论：会议主席角色

情形一：某公司的年终市场销售分析会议正在进行，公司总经理担任会议的主席。在会议进行过程中，公司负责市场工作的副总经理提出，公司明年的市场营销重点应从"以巩固国内市场为主"转向"以开拓国际市场为主"。他希望他的设想能在这次会议上得到大家的支持和通过。但在会议进行过程中，负责市场营销的部门经理、副经理对这个设想提出了反对意见,他们认为国内的市场潜力还很大,而企业的资金实力不够,如果让其全面开发,还不如采用"各个击破"的方略,先在国内市场取得绝对优势地位。结果双方争论得不可开交。

如果你是会议主席,面临与会代表这种相争不下的局面,你准备如何解决?如果最终需要你就这次分析会议做总结,你又如何对"市场营销的重点"问题做总结?

情形二:某高校科学馆会议厅内正在召开"中国21世纪的管理教学发展趋向"的研讨会。会议进行期间,就MBA教育的发展方向问题,不同的与会者提出了不同的看法。有的认为MBA教学应该以"案例教学"为主;有的认为应以理论修养的培养为主;也有的主张像美国哈佛商学院那样采用大量的案例教学,甚至可以取消传统的教师讲解的形式……这些不同观点在讨论过程中,争论得比较激烈。

眼看讨论时间将近尾声,但与会代表为了充分表达自己的主张,很难"刹车"。

如果现在你是这次研讨会的主席,面对这种不同主张分立的局面,你如何应付这种局面?你又如何就研讨的问题做总结?

上述情形就是我们在会议中经常遇到的两种典型现象。会议主席面临这两种情况时,所采取的对策是不一样的,因为这两种类型的会议在性质上有很大的差别。但是,作为会议主席,在上述两种情况下都需要承担基本的五个职能。只是由于会议目的、性质的不同,会议主席实际所扮演的角色以及所承担的职责会有所差别。会议主席应该承担的五项职责如下。

(一) 会议控制

会议控制的方式和组织取决于召开会议的目的。会议控制工作应当着眼于建立行为标准,以这些标准衡量会议结果,并在必要时进行调整。我们常用的问题大致可以分为两类:开放式的问题和封闭式的问题。开放式的问题需要我们花费更多的时间和精力来思考回答,而封闭式的问题则只需一两句话就可以回答了。比如,"小王,你对这个问题怎么看?"就是开放式的问题,而"小王,你同意这种观点吗?"就是封闭式的问题。

一个优秀的会议企业家总是经常提出他们简短的意见以指引会议讨论的进程,比如,"让我们试试""这是一个好的思路,让我们继续下去"。事实上,如果我们仔细观察,就会发现优秀的会议主持人最常用的引导方式是提问题。针对目前所讨论的问题引导性地提问,能使与会者的思路迅速集中到一起,提高工作的效率。企业家的责任是必须确保做到这一点，因为他们个人必须对小组的最终表现负责。作为会议主持人，应当遵守以下五个基本原则：第一，决定讨论主题；第二，明确讨论范围；第三，确保人们围绕主题依次发言；第四，尽可能做到公正，尽全力避免与会者的争论；第五，确保其他成员了解会议进展情况。

（二）会议引导

作为会议主持人，无论别人怎样试图限制自己的作用，自己必须能够发起会议，并且确保以良好的秩序进行与主题相关的问题讨论。为此，主持人需要明确以下四个基本步骤：

1. 识别主题与问题。对会议主题清楚地加以说明，如有必要，会议间隔后要重复强调。

2. 交换和开发建议。在取得解决问题的建议之前，收集和解释依据。

3. 评价不同方案。列出可选方案，预测每个方案的可能结果（时间、成本、资源、政治因素）。

4. 选择行动计划（5W1H）。为达到预期效果，决定"谁""何事""何地""何时""为什么""怎样做"，并确保每个人都明确自己的责任。

（三）促进讨论

会议是一个集思广益的过程，会议主席应当经常以提出恰当问题的方式激励与会者。提问不仅有助于激励会议成员，也是控制讨论的手段。也可以用于打断滔滔不绝的人，以征询更多未发言者的意见。

【小思考6-2】如何对待会议中的"闷葫芦"

小李刚刚调到一个新的项目组任项目经理，当他刚刚接手这个团队时，就遇到这样的问题：开会讨论时，每次小李滔滔不绝之后并没有起到抛砖引玉的效果。因为团队中间的"闷葫芦"太多。所谓"闷葫芦"就是那种无论遇到什么情况、什么事情都一言不发的人。给人的感觉是让他开口比铁树开花还难。这些"闷葫芦"在执行3S会议管理战略：沉默（silent）——领导问我意见时，我就是不说话；微笑（smile）——当有人注意时，我就微笑；睡觉（sleep）——当没人注意时，我就睡觉。

在这种情况下，要开展工作很难，因为很多事情是需要集思广益的，很多创新的火花是在思想碰撞下产生的。如何让这样一些沉默寡言的人开口说话，是当前小李觉得有困难的一个问题。

经过一段时间的琢磨,小李发现其实还是有办法让一个不说话的人开口。他总结出以下几点:

①赞扬加提问。每个人在听到赞扬的时候,一般都有心花怒放的感觉,哪怕他再害羞。小李首先让不愿说话的同事知道,小李会欣赏并感激他的讲话,并认为他的观点将非常有价值。小李甚至曾经暗示他只有那些有过专业背景的人才能回答小李的问题,然后再让他详细陈述观点。

②直接提问。小李认为那些少言寡语的人,即那些只说"是"或"不是"的人会觉得说话越少越自在。小李想应该利用这点而不是抵制这一特点。小李首先弄清自己究竟想要知道什么,然后直截了当地提出只需回答"是"或"不是"的问题,或者提出只需回答一两句话的简短而切中要害的问题。

③引发议论。只要有合适的鱼饵,再不容易上钩的鱼也会上钩。为了使不愿意说话的同事打破沉默,小李还经常用容易引发议论的陈述或问题做鱼饵。例如,有时候小李围绕想了解的主题,对现有的一些共识提出疑问,或直接对一些观点(尤其是不愿意说话的同事的观点)提出反对意见。当自鸣得意的观点受到挑战,或有机会拆穿一个广为流传的谬误时,很少有人会无动于衷。

④不要打断。一旦小李想方设法让不愿意开口说话的人开了口,小李要做的就是把自己的嘴闭上。如果在他们说话的时候插嘴,陈述自己的观点,那么就会使他们有借口停止说话。而此时,再想让他们开口将会非常困难。即使小李想到一个重要的问题,或有什么高见,也要等到不愿说话的同事说完之后再说出自己的见解。

⑤适当反馈。要想让不愿意说话者继续讲话,还需要告诉他们,他们说的非常有趣、非常有价值,纵使他们算不上世界上最好的说话者,小李还是非常希望他们能继续说下去。这里要强调一点,不能用语言来鼓励他们,这只会让他们分心。小李想最好是运用身体语言,通过看得见的信号对他们做出积极反馈。同意时点点头,赞许时微微一笑。有意识地盯着说话人的眼睛,就好像他在说一件小李从未听过的、有意思的事情。①

(四)处理不同意见

由于与会者的观点不一致,可能在讨论过程中会因为意见不一致而产生争论。这种争论很容易导致群体沟通中人际关系和情绪等问题的出现,从而会影响、转移群体的注意力,使会议无法达到预期效果。此时,会议主席需要做一些协调工作以"维持群体",这些工作包括:

---

① 资料来源:胡巍主编.管理沟通案例101 [M].济南:山东人民出版社,2005.

1. 对争论双方或各方的观点加以澄清；
2. 分析造成分歧的因素；
3. 研究争论双方或各方的观点，了解协调的可能性；
4. 将争论的问题作为会议的主题之一，展开全面的讨论，以便把会议引向深入；
5. 若分歧难以弥合，那就暂时放下，按会议议程进入下一项。

（五）做出决策

1. 权威决策

权威决策出现于最高掌权者具有决策权和否决权，单方面做出决定时。适宜使用的场合包括当组织授权团队领导人做最终决策并全权负责时。不宜使用的情况包括当团队领导人希望团队成员接纳并支持某项决策时。例如，特别行动小组向部分领导提交报告并等待最后决策；经理决定工作日程表，然后通知该小组。这种决策方式的优点表现在决策迅速高效、在急需行动的情况下最实用、在权力界限明显的地方最有效。不足之处表现在：虽然可迅速做出决策，但实际支持和执行建议也不易；当复杂性增高时，权威决策的质量会由于考虑面不宽而受到影响。

2. 少数服从多数决策

少数服从多数决策出现于多数成员同意提案时，它以民主原则为基础。当时间有限，而决策结果不会对反对者造成消极影响时可以使用这种方法决策。不过投票容易导致输赢之争，输方将难以尽职和投入。例如，团队成员投票接受一项新的工作程序，团队成员投票选举团队领导，等等都是少数服从多数的决策实例。这种决策方法的优点表现在：允许多数人对问题发表自己的意见，保证大多数人获胜，决议可通过简单唱票的方式相对迅速和高效地做出。不足之处是：在小集团内，投票将促成人们分派，这种竞争会影响一项决议的质量和执行。

3. 共识决策

共识决策产生于所有成员都不同程度地支持某项提议，每一团队成员均有否决权。共识决策提供一种反映所有成员想法的全面解决办法，能够提高成员实施决策的积极性，体现平等之风。但是如果决策时间有限或团队成员不具备决策的足够技巧，决策就难以形成。这种决策方法的优点表现在：保证所有问题和思想得到公开辩论，每个团队成员有机会发表意见；复杂的决议会经过深思熟虑，从而产生高质量决议。不足之处是：达成一致需要相对长的时间，并具挑战性；而且需要大量的沟通、耐心的聆听并理解他人观点；为确保所有团队成员有机会发表意见和分享其见解，必须进行有效的推动。

4. 无异议决策

无异议决策产生于所有成员对某项决策完全赞同时。当提案非常重要，要求所有成员达成完全一致时，团队应做出无异议决策。但是无论团队具备什么样的经验，无异议决策都很难达成。只有当一项决策的结果对每个成员都至关重要时才有可能做出无异议决策。这种决策的优点是：可以确保团队每个人都认为所达成的决议是最佳的，并公开支持它；意见不合及冲突是最低的。缺点表现在：因为没有哪两个人的思想完全合拍，达成无异议决策也许会花费很长的时间，无异议决策常常难以做出。

三、会议收尾

无论是什么类型的会议，在会议结束的时候重新回顾一下目标、取得的成果和已经达成的共识，以及需要执行的行动都是很必要的。

第一，总结主要的决定和行动方案以及会议的其他主要结果。

第二，回顾会议的议程，表明已经完成的事项以及仍然有待完成的事项；说明下次会议的可能议程。

第三，给每一位与会者一点时间说最后一句话。

第四，就下次会议的日期、时间和地点问题达成一致意见。

第五，对会议进行评估，在一种积极的气氛中结束会议。你可以对每一位与会者的表现表示祝贺，表达你的赞赏，然后大声地说"谢谢各位"来结束会议。

【自我测试】

你在会议沟通活动中是否具有以下行为要点？

你的会议沟通表现	是√	否×
1. 总是在会议开始前3天就已经安排好了会议的日程并将该议程通知到每位与会者		
2. 当与会者询问议程安排时总是回答"还没定呢，等通知吧"		
3. 对于会议将要进行的每项议程都胸有成竹		
4. 会议开始前半小时还在为是否进行某几个议题而犹豫不决		
5. 提前将每一项会议任务安排给相关的工作人员去落实，并在会议开始前加以确认		

续表

你的会议沟通表现	是√	否×
6. 临到会议开始前才发现还有一些会议设备没有安排好		
7. 预先拟订邀请与会的人员名单,并在开会前两天确认关键人士是否会出席会议		
8. 自己也记不清邀请了哪些人出席会议,会议开始前才发现忘了邀请主管领导参加会议		
9. 会议时间安排恰当,能够完成所有的议题		
10. 会议总是被一些跑题、多话者干扰,难以顺利进行		
11. 会议室布置恰当,令与会者感觉舒适又便于沟通		
12. 会议室拥挤不堪,令与会者感觉不快,大家都盼望着早点结束会议		

以上12个问题,可能是你的会议沟通活动中常见的表现,你如果选择了题号是单数的行为表现,请给自己加上一分;你如果选择了题号是双数的行为表现,请给自己减去一分。最后看看自己的总分吧!

3—6分:你的会议沟通技巧是值得称道的。

0—3分:你的会议沟通技巧也还不错,但需要进一步改进。

低于0分:你的会议沟通技巧真不怎么样,赶快努力吧!

第三节 企业家的会见沟通

一、企业家会见沟通

(一) 会见的意义

会见是为了达到预定的目的而有组织、有计划开展的交换信息的活动。会见,简单地说就是"人与人面对面的相会"。管理人员每天大部分时间都会与各种各样的人接触,而接触的目的多半是为了与有关的人员会见、交谈。通过会见,人们可以获取各种有用的信息,以满足各种不同的需求。

1. 为了选择适当人员完成特定的工作；
2. 为了提供、获取或者交流信息；
3. 为了监控、评价或者纠正工作表现；
4. 为了咨询、商讨并解决问题。

可以说，会见是日常管理工作中最普通、发生频率最高的活动，也是管理沟通中最常用的工具。但是，优秀的会见者并不是与生俱来的。事实上，如何才能实施有效的会见，用最短的时间达到预期的目标是长期困扰着管理者的一个难题。人们常常抱怨被淹没在无休止的会见之中，却依然一无所获，毫无进展。

（二）会见的全过程

1. 准备阶段

会见前的准备通常包括如下细节：

（1）明确会见欲达到的目的；
（2）明确需要收集信息的类型；
（3）选择拥有这些信息的受试者并了解其个性习惯等资料；
（4）选择在会见中将提出的问题以及解决问题的方法；
（5）确定一个合适的会见场合。

2. 实施阶段

（1）营造氛围

受试者进入会见场所以后，会见者首先就应该有意识地努力为有效会见创造良好的沟通氛围。由于所处地位的被动性以及可能出现的尴尬局面，对大多数受试者而言，总不免有些紧张。因此，会见者有必要在会见双方之间建立融洽和谐的关系，营造令人放松的良好气氛，这将有助于受试者放松紧张的神经，使信息流顺利通畅地互换，提高会见成功的概率。为此，会见者可不必急于进入正题（除非会见目的本身需要向受试者传递压力），而用几分钟时间进行有关社会生活的谈话。一声主动亲切的问候或对共同关心的问题简短的讨论等，都是可选的方案。会见者应尽早地建立这种关系，它能够为你获取需要的信息铺平道路，即使在初始阶段一切都进行得相当顺利，也应该为维持良好的氛围而花费必要的精力，因为紧张的气氛随时可能会影响到会见的效果。

（2）交代目的

在必要的松弛之后，会见者应该简短清晰地向受试者说明会见的目的、步骤、进度安排，以及会见者的期望等。对会见者而言，切不可因为这只是举手之劳或自认为会见目的显而易见而将其忽视或者省略，除非由于某些特殊的会见目的而有意不向受试者透露这些信息。否则，会见目的没有明示或单凭会见者的主观臆断，常常会造成受试者对会见本身摸不着头脑，从而使会见的效果大打折扣。

（3）提问阶段

提问控制完成了前续工作，会见便可进入核心部分——提问阶段。提问是会见中获取信息的最主要手段，这一步骤成功与否直接决定了会见的成效，它最能体现会见者的会见技巧与运用水平。

①适时提问，朴实清晰

从应聘面试的具体过程来看，主要是主考官发问与应聘者应答的过程，但应聘者除了注意应答礼节和技巧外，有时为了及时了解有关情况，还应学会适时提问或询问，这样通过面试可使主考官和应聘者双方都能达到预期的目的；通过这种交流，也可调整面试交谈的气氛。因此，应聘者应仔细观察、了解对方，一般当面试基本结束的时候，巧妙地向对方提出你所关心但尚不甚清楚的问题，但问题提得要得体，不唐突、不莽撞，从而获得你所需要的信息。同时，由于你十分重视主考官的谈话，也能激起主考官的兴趣，有利于主考官向你提供更多的信息。

回答问题之前，首先在脑海中将自己的思绪梳理一下。对自己要讲的话稍加思索，想好了什么是可以说的，什么是不可以说的，还没有想清楚的就不说，或少说，切勿信口开河、夸夸其谈、文不对题、言不及义，这样会给人一种无内涵的感觉。其次，语言要朴实文雅。这是一种美德，也是知识渊博的自然流露。有些人喜欢装腔作势，故意卖弄，往往弄巧成拙。应答中只要用词准确，表达清晰流畅就可以了。

②专注有礼，巧妙沟通

在我们的日常生活和社会交往中，不仅需要交谈应答，还要学会聆听别人的说话。聆听是一门艺术，也是交往中尊重他人的表现，是形成良好人际关系的需要。外国有句谚语："用十秒钟的时间讲，用十分钟的时间听。"有关社会学家多年研究表明，在人们日常的语言交流活动中，听的时间约占54%，说的时间约占30%，读的时间约占10%，写的时间约占6%，这说明聆听在人们的交往中居于最重要的地位。对求职者来说，聆听在面试中也非常重要。面试中主要是回答主考官的提问，因此留意主考官介绍的情况和提出的问题，一定要听清后再作答，切不可凭空推断。

从交谈的礼节来说，应聘者在面试中的应答要讲究礼仪。当主考官发问时，应聘者应动动脑筋，搞清对方发问的目的，要求尽力做到有礼有节，说话可以慢，但不能乱，不可随意答复或敷衍了事。同时还应表现出注意倾听的样子，目光应该关注对方，必要时要点头应和，切不可注意力分散、左顾右盼，更不能打哈欠、看手表、抖动双腿等，这些都是十分失礼的表现。

我们强调聆听要聚精会神，但并不是完全被动地、静止地听，而是要不时地通过表情、手势、点头、必要的附和等向对方表示你在认真地倾听。如果巧妙地插入一两句话，效果则更好，如"原来如此""你说得对""是的""没错儿"等。这样便使对方感到你对他的谈话很感兴趣，因而有利于接下去的面试在和谐、融洽、友好的气氛中展开。

一个出色的聆听者，具有一种强大的感染力，他能使说话人感到自己说话的重要性和权威性。在主考官向面试者提问或介绍情况时，面试者应该目光注视对方以表示专注聆听，还可以通过目光的交流、赞许认同的点头，表示在认真地倾听他的讲话，从而赢得主考官的好感，以便让主考官提供更多的信息。

③捕捉信息，有所判断

听比说快，听者在聆听的空隙里，应思考、分析、回味、捉摸主考官的话，从中得到有用的信息。聆听是收集信息、处理信息、反馈信息的过程。一般来说，谈话是在传递信息，听到人谈话是收集信息，一个优秀的聆听者应当善于通过主考官的谈话捕捉信息。

在日常的人际交往中，不少人口是心非，他们往往把真实意图隐藏起来。在应聘面试过程中，与主考官的交谈也一样。所以，面试者在倾听时就需要仔细、认真地品味对方在话语中的言外之意、弦外之音。微妙之处见真情，细细咀嚼品味，以便正确判断他的真正意图。

④巧妙地提出问题

应聘者不仅要认真倾听，还要学会适时提问的技巧。提问时切记：不要问一些太注重个人利益的问题。凭借着你所提的问题，让对方知道你在面试中是在很仔细地倾听他的谈话。如果对自己没有弄清或没有把握的问题，可及时提问："这么认为，对吗？"以此可以确认自己是否真正弄明白了对方提出的问题。在面试即将结束时，一般考官通常会主动提出："你有什么问题想问吗？"这不是一般客气话，大多数招聘者希望应试者提出问题，更多地发表一下自己的见解，同时考官可借此进一步了解应聘者的水平。当遇到这样的问题，最不好的回答是："我没有问题了。"你应该抓住时机，弄清自己还未弄清的问题，显示出你对新工作的重视与关心。

奉承来自嘴唇，而赞美发自内心。如果你在事前已对考官的情况做过调查,那么面试中你将处于十分有利的地位,有策略地引导谈话向他爱听、能增强他自豪感的地方讲。你可以间接提及近期商业出版物或报纸上有关他或他任职公司的新闻报道,你也可以描述有关评价他在某专业会议或其他场合扮演重要角色的文字。不需要任何预先的研究材料,你可以称赞他的职务对公司的重要性和他是多么精明及在行,或者你可以赞扬他的秘书或接待员给予你的友好和礼貌。你可以挑些好话说,如墙壁的名言字画、办公室或接待室优美的装潢等。有一点要注意的是,所有这些都要避免过于明显的奉承,尽量做得高明些。

第四节 企业家沟通的方式

一、指示与汇报

（一）指示

指示是上级指导下级工作,传达上级决策经常采用的一种下行沟通方式,它可以使一个项目启动、更改或终止。指示一般是通过正式渠道进行沟通的,具有权威性、强制性等特点。指示可以具体分为书面指示和口头指示、一般指示和具体指示、正式指示和非正式指示等。

（二）汇报

汇报则多是下级向上反映情况、提出设想、汇报思想时经常采用的一种沟通方式。汇报也可分为书面汇报与口头汇报、专题汇报与一般性汇报、正规汇报与随意汇报。

1. 汇报要有技巧

调整心理状态,创造融洽气氛。向上司汇报工作要先营造有利于汇报的氛围。汇报之前,可先就一些轻松的话题做简单的交谈。这不但是必要的礼节,而且汇报者可借此机会稳定情绪,理清汇报的大致脉络,打好腹稿。这些看似寻常,却很有用处。

以线带面,从抽象到具体。汇报工作要讲究一定的逻辑层次,不可"眉毛胡子一把抓"、讲到哪儿算到哪儿。一般来说,汇报要抓住一条线,即本单位工作的整体思路和中心工作。展开一个面,即分头叙述相关工作的做法措施、关键环节、遇到的问题、处置结果、收到的成效等内容。

突出中心,抛出"王牌"。泛泛而谈,毫无重点的汇报显得很肤浅。通常,汇报者可把自己主管的或较为熟悉的、情况掌握全面的某项工作作为突破口，抓住工作过程和典型事例加以分析、总结和提高。汇报中的这张"王牌"最能反映本单位的工作特色。

弥补缺憾，力求完美。下属向领导汇报工作时，往往会出现一些失误，比如对一些情况把握不准或漏掉部分内容、归纳总结不够贴切等。对于失误，可采取给领导提供一些背景资料、组织参观活动、利用其他接触机会与领导交流等方法对汇报进行补充和修正，使其更加周密和圆满。

向上司汇报自己的工作要把握好分寸。作为下属，要不要经常找上司谈谈，汇报自己的工作呢？这也常常是人们在工作中难以把握的一件事。如果经常找领导或上司聊聊，固然可以使其了解自己的工作情况，了解自己的能力，熟悉自己的情况，加深对自己的印象。但是，找多了，有时也常常会惹领导烦心，以至于被讨厌。而且，也容易给同事们一个爱拍上司马屁，或喜欢走上层路线的坏印象。因此，这里有一个"度"的问题。也就是说，找多了不好，但完全不与上司接触，也并不是明智之举。应当适度，不过分，那么这个"度"在哪儿呢？

首先，这个"度"在于你的工作状况和进程。当自己的工作已经取得了初步的成绩，达到了一定的阶段，并有了新的开始，这时向上司汇报自己前一阶段的工作和下一步的打算是十分必要的，从而使上司能够了解你的工作成绩和将来的发展，并给予必要的指导和帮助。

其次，这个"度"也在于你的工作性质。如果你的工作性质本身决定了你必须经常找上司联系，汇报工作，那么你切不可因其他顾虑而不去汇报，否则只会让上司觉得你不称职。如果你的工作性质与上司不是直接联系的，那么就没必要经常找上司汇报，否则容易招致同事们的猜测怀疑，以及领导本人的一些想法。

最后，这个"度"还在于你与上司的私交如何。如果你们之间私交很深，那么不妨把这个"度"放宽一些。如果仅仅是泛泛之交，则不要太随便。实际上，让上司过于了解自己也并非一件好事。接触多了，固然可以知道你的长处和优点，但同时更清楚你的缺点和不足。所以，保持适当的距离，往往可以达到一种意想不到的效果。真正明智的领导和上司完全可以而且能够及时、客观地了解其下属的种种情况。对这样的上司，与其说依靠汇报去加强他对你的了解，还不如更好地工作，用你的成绩去赢得上司的赏识。汇报只是一种形式，更重要的是你所汇报的内容如何，是不是真正让上司感兴趣，是不是真正有意义，这才是关键。

2. 汇报工作要选择时机

聪明的下属不仅善于向领导汇报工作，而且还会把握恰当的时机。某机关有位科长工作很认真又能干，但是处长却对他牢骚满腹，原因是这位科长常常向处长提出下属或自己的计划，而时机总是不凑巧，如处长准备外出时、处长心情不好时或处长正忙时。就常识而言，这些时候应尽力避免向上司提出烦琐、麻烦的问题。但这位科长不知是运气不好，还是其他什么原因，他总是在这种时候和处长谈工作，最后处长终于忍不住了，沉下脸对他说："非要现在说吗？你没看到我现在正忙吗？"自此以后，这位科长要向处长谈工作时，总会先确定一下处长是否有空。在进处长办公室时，还会问一句："您现在是否有空？"说完，他就说："有……"这个时候处长忍不住说："有什么事？快说，我还有事，别这么啰唆。"如此，这位科长真有点不知所措了。要成为上司的好助手，应该耳聪目明，手脚灵活，能够关心自己周围和整体的事情。尤其要用心观察周围的动态，正确地掌握对方的心理，然后再采取行动。如果那位科长能事先掌握处长的情况，再说"现在是否方便"，就不会弄错谈工作的时机。

3. 请示与汇报的基本态度

尊重而不吹捧。作为下属，我们一定要充分尊重领导，在各方面维护领导的权威，支持领导的工作，这也是下属的本分。首先，对领导工作上要支持、尊重和配合。其次，在生活上要关心。再次，在难题面前解围。有时领导处于矛盾的焦点上，下属要主动出面，勇于接触矛盾，承担责任，排忧解难。

请示而不依赖。一般来说，作为部门主管在自己职权范围内大胆负责、创造性工作，是值得倡导的，也是为领导所欢迎的。下属不能事事请示，遇事没有主见，大小事不做主。这样领导也许会觉得你办事不力，顶不了事。该请示汇报的必须请示汇报，但决不要依赖、等待。

主动而不越权。对工作要积极主动，敢于直言，善于提出自己的意见，不能唯唯诺诺、四平八稳。在处理同领导的关系上要克服两种错误认识：一是领导说啥是啥，叫怎么着就怎么着，好坏没有自己的责任；二是自恃高明，对领导的工作思路不研究，不落实，甚至另搞一套，阳奉阴违。当然，下属的积极主动、大胆负责是有条件的，要有利于维护领导的权威、维护团体内部的团结，但在某些工作上不能擅自超越自己的职权。

二、与下属沟通的技巧

（一）让下属知道你关心着他们

每个人都有自己的尊严，都希望得到别人的认可。而领导对下属的关心，对下属倾注感情，尤其是对下属私事方面的关怀与照顾，可以使他们的这种尊严得到满足。有许多身居高位的大人物，会记得只见过一两次面的下属的名字，在电梯上或门口遇见时，点头微笑之余，叫出下属的名字，会令下属受宠若惊，感到被重视。美国的著名总统罗斯福就善于使用这种方法。克莱斯勒汽车公司为罗斯福制造了一辆轿车，当汽车被送到白宫的时候，一位机械师也去了，并被介绍给罗斯福，这位机械师很怕羞，躲在人后没有同罗斯福谈话。罗斯福只听到他的名字一次，但在他们离开罗斯福的时候，罗斯福寻找到这位机械师，与他握手，叫他的名字，并谢谢他到华盛顿来。

经常给能干的下属以关心和肯定，可以给他们带来一种极大的荣誉感和自豪感。当他们得到这种奖赏后，会很有价值感。为了回报领导的赏识，他必定要像以前一样甚至是比以前更加勤奋地工作，这也正是奖赏的本意。领导对于下属，不仅仅是在工作上的率领和引导，要想把你的事业干好，要想下属在你需要他的时候甘心效力，在工作之外，在下属的生活方面，给予一定的关爱是极其必要的。特别是下属碰到特殊的困难，如意外事故、家庭问题、重大疾病、婚丧大事等，作为领导，你在这种时候伸出温暖的手，那真可谓雪中送炭。这时候，下属会对你产生一种刻骨铭心的感激之情。并且，他会时时刻刻想着要报效于你，时时刻刻像一名鼓足劲的运动员，只等你需要他效力的发令枪一响，他就会冲向前去。这时的"雪中送炭"比"锦上添花"更有价值。

（二）激励下属，催人奋进

在美国的历史上，有一位鞋匠的儿子后来成了美国伟大的总统，他就是林肯。在他当选为总统的那一刻，整个参议院的议员都感到尴尬。因为美国的参议员大部分都出身于名门望族，自认为是上流、优越的人，从未料到要面对的总统是一个卑微鞋匠的儿子。但是，他却从强大的竞争中脱颖而出，赢得了广大人民的信赖。这除了他卓越的才能外，与他从平民中来，走平民路线，把自己融于广大百姓之中的平民意识是分不开的。

当林肯站在演讲台上时，有人问他有多少财产。人们期待的答案当然是多少万美元、多少亩田地，然而林肯却扳着手指这样回答："我有一位妻子和一个儿子，都是无价之宝。此外，租了三间办公室，室内有一张桌子、三把椅子，墙角还有一个大书架，架上的书值得每人一读。我本人又高又瘦，脸蛋很长，不会发福。我实在没有什么依靠的，唯一可依靠的财产就是——你们。"这正是林肯取得民心最有效的法宝。这话也应该成为所有企业家调动群众力量建树自己事业的武器。这是调动员工尽心竭力为之工作的最好方法。

因为每个人都希望自己受到重视，都在乎别人对自己的态度，都希望承认他们工作以及存在的价值。"我唯一依靠的只有你们",这话便能激发人的主人翁意识,能带给员工心理上的满足和精神上的激励,使他们感受到领导对自己的关注与重视。他们也会由此更加珍爱自己,他们的工作热情会像火一样燃烧起来,他们的工作潜力便可以发挥到最大限度。

(三)宽容大度、虚怀若谷

为官者不仅要对部下予以认可,同时还要向他们显示自己的大度,尽可能原谅下属的过失。俗话说:"宰相肚里能撑船。"对于那些无关大局之事,不可同部下锱铢必较。要知道,对部下宽容大度,是制造向心效应的重要方法。199年,曹操与实力最为强大的北方军阀袁绍相拒于官渡,袁绍拥兵十万,兵精粮足,而曹操兵力只及袁绍的十分之一,又缺粮,明显处于劣势。当时很多人都以为曹操这一次必败无疑了。曹操的部将以及留守在后方根据地许都的好多大臣,都纷纷暗中给袁绍写信,准备一旦曹操失败便归顺袁绍。相拒半年以后,曹操采纳了谋士许攸的奇计,袭击袁绍的粮仓,一举扭转了战局,打败了袁绍。曹操在清理从袁绍军营中收缴来的文书材料时,发现了自己部下的那些信件。他连看也不看,命令立即全部烧掉,并说:"战事初起之时,袁绍兵精粮足,我自己都担心能不能自保,何况其他的人?"这么一来,那些动过二心的人便全部都放了心,对稳定大局起了很好的作用。这一手的确十分高明,它将已经开始离心的势力收拢回来。不过,没有一点气度的人是不会这么干的。做领导的具有这样的胸怀,下属当然愿意尽心竭力为他做任何事情。

(四)巧用暗示,切忌命令

有些领导,他时时刻刻都把自己放在"领导"这个位置上,任何事情都用命令的方式去指使下属去办。殊不知,到头来,很多的事情办得都不尽如人意。其实有一些事情是不适宜用命令去解决的,而用暗示的方法则更能达到满意的效果。当然,这里所说的巧用暗示,关键是个巧字,你要看对象、看时机、看场合,巧妙运用,而不是在任何情况下、在任何时候、对任何人都适用。

一般来说,你作为领导或上司,下属对你所说的话是会去琢磨含义的,所以只要你运用得当,必能收到意想不到的奇效。这样下属既为你办好事情,又心情舒畅。而用命令的方法让下属办事,那么下属处于一种不自愿的心态之下,不仅事情办不好,而又影响互相之间的感情。这些,领导该三思而行之。

三、与同级沟通的艺术

与不同风格的同事进行有效沟通,总体而言,和谐相处是关键。具体有以下七点。

（一）与同级沟通，遇事要协商

工作中会遇到许多需要相互协同完成的事，这时不要自作主张，而要多和同事商量，以取得他们在实施行动中的配合。例如，"这件事，你们看怎么办好？""大家看这样做行不行？"以确定今后的行动不使他人为难。遇事常与同事商量，不自傲，不自卑，相互尊重，容易达成工作中的协作。

（二）与同级沟通，要谦虚坦诚

身为同事，地位相等，谈话中切不可表现出高人一等的样子。如果不同意同事的意见，可阐述理由，正面论述，切不可语带讥讽，好为人师。像"真奇怪，你怎么会有这样无聊的想法？""你好好听着，这件事应该这样去做！"这样的话语，表达出的是对他人智能的怀疑与讥讽，会伤害他人感情，难以赢得合作。

（三）与同级沟通，要消除误解

同事间随时都可能产生矛盾，或意见相左。这时，应当面把自己的意见谈出，来谋求相互的了解和协作，不可背后散布消息，互相攻击。在当面交谈时，语调要平和，用词忌尖刻，就事论事，不翻旧账，不做人身攻击。

（四）与同级沟通，要联络感情

人与人的交谈，有时是一种礼貌性的表示，不见得有什么重要的事要商量或有什么意见要交换。这时，可以用平常而无害的话题来联络感情，如谈谈近期的气候，谈谈旅游，谈谈菜价，等等。这些话题不直接指向某人，不触及"雷区"。一般来说，礼貌性的闲聊是适宜的话题。

（五）与同级沟通，要大事化小

同事之间难免有问题，有矛盾，这时心要放宽，大度能容，大事化小，小事化了。同事之间是这样，夫妻之间也应该这样。苏格拉底为我们做了榜样。古希腊哲学家苏格拉底有一位脾气暴烈的太太。有一天，当苏格拉底正跟客人谈话时，他夫人突然跑进来，大骂苏格拉底，并将手上一盆水往苏格拉底头上一倒，把他全身都弄湿了。这时，苏格拉底笑了一笑，对客人说："我早就知道，打雷之后，接着一定会下大雨。"说得客人和他的太太都笑了起来。这样，本来很难为情的场合，经苏格拉底一幽默，也就大事化小了。

（六）与同级沟通，共事不混事

批评同事的关键不是越界去干涉他的事。比如，你不要说："老宋，你怎么又迟到，这像什么话？"你可以说："老宋，我们俩都应该准时到场，有一个人迟了，就会在别人眼中留下坏印象，这对我们俩都不利。"

批评同事的第二个障碍就是同事之间存在着竞争心理。因此，批评的时候，你的措辞要强调合作，不要含敌对竞争的语气。与其说："你如果不快点弄好统计数字，我的报告就来不及交了。"不如说："你来整理统计数字，我来撰文，我们才好把报告及时交上去。"言语间多用"我们""咱们"，强调共同的努力和成果，可减少排斥心理。

在批评同事时，还要谦虚地兼顾自己的缺点。应说"其实，我过去也常犯这样的毛病……""其实，我也不是别人说的那么好……"等，做这样的表白后，对方会感到你的批评是诚心诚意的，而不是借批评他而抬高你自己。

（七）与同级沟通，不要说闲话

在一个组织中，听见别人说闲话是常有的事，但并不是坏事。相反，所有的闲话得听一听。但你得忍耐，不加评论、不参与或不予传述。只听闲话，不说闲话，如果你善于这样做，你会受益无穷。

如果有人告诉你："这可真有意思，你知道吗？小王和老谢吵翻脸，小王可能会被厂长扣发奖金了。"此时，最恰当的反应不是说"开玩笑"，也不是讲"请你说详细点"，而是不动声色地坐在原地"嗯"一声。如果这消息很有用，你可记在心里留待以后应用；如果这消息毫无价值，你则不要把它放在心上。不论怎样，你都不应去向他人复述。

【小思考 6-3】灵活地应对会议的困境

会议依赖与会者的相互作用。开会时出现问题是不可避免的。有时问题因为人而产生，有时因为程序或逻辑而产生。在任何情形下，主持者都有责任令讨论热烈，确保与会者都参与讨论，并保持讨论的正确方向。

一、某些人试图支配讨论的局面

在会议中，常常会出现"一言堂"的局面。如果我们会议的目的是找出不同观点，那么广泛的参与是会议成功所必不可少的因素。有时，有些人可能因为富有经验或职位较高而处于支配地位。当这种情形发生时，其他人通常就会只是坐着听。这时，主持者就应该提一些直接的问题，将与会者调动起来。

如果其他办法都不能奏效，不妨尝试在中间休息时与那个人私下谈一谈，也许会有所帮助。

二、某些人想争论

这种人可能自称无所不知，或者掌握的信息是完全错误的，或者是个吹毛求疵的家伙，喜欢插话打断主持者。在任何情形下，主持者都要保持清醒的头脑。通过提问，主持者可以引出这些人愚蠢的或牵强的发言，然后不再理睬他们。通常，这种人会激怒全体，会有人讲出不欢迎他们的话，然后一片沉默。这时，主持者可再问其他与会者一些直接的问题，从而维持会场讨论气氛的平衡。

通常，这个喜欢辩论的人会意识到情况，然后不再提出问题。但如果这个人不敏感的话，主持者就必须直截了当地向他指出，他这种吹毛求疵的做法扰乱了会议的进程，浪费了宝贵的时间。然后主持者立即向另一个人提问，以便让讨论继续下去。

三、某些人和身边的人开小会

当与会者人数很多时，经常会发生这种情形。开小会往往是因为某个人想讲话，但又没有机会，或者某个谨慎的与会者在向大会提出某种想法前，想先试探别人的看法。通常，会议中有人开小会是不可避免的。不过这种小会一般比较简短。只有当小会时间持续长了才会成为一个问题。

一个办法是请这个人告诉大家他刚才所讲的内容，另一个办法就是沉默，然后看着那个破坏秩序的人。通常，这样就会恢复会议秩序。

四、习惯性的跑题者

我们可以运用FAST法来解决这个问题。这一谈话技巧可以训练一个习惯性跑题者采取一些更富有建设性的行动：

F，面对造成问题的人；

A，感谢或肯定这个人以及他/她的良好意图；

S，建议一种新的行为方式；

T，多做几次尝试，可以逐步改变或者提高你的要求。

例如，假设小王总是在开会的时候讲很多的笑话。他是个很风趣的人，但是他总是会让会议跑题。为了管住他：

F，注视他，说："小王，我有个建议……"

A，"首先，你的笑话都棒极了……"

S，"但是我仍然不清楚你那聪明的脑袋对这个问题真正是怎么看的？说真的，你是否能够告诉我们你的建议？"

T，如果他还是没有改变，或者你可以更加严厉一些："别这样了。我们已经乐过了，但是现在的要点究竟是什么呢？"

如果这些公开的干预仍然不能够见效，你可以问小王是否可以在休息的时候和他单独谈一谈。私下里告诉他：你看到了他做的那些事情，你如何评价他的这些做法，你的感受和你希望他做些什么。这样的谈话可以比公开场合中的语气更为坚定和严厉。

【自我训练】

请你根据左栏的问题，从右栏挑出相应的对策，将问题和相应的对策用直线连接起来。通过该练习学习如何更好地控制会议。

问题
①你想令讨论热烈。
②你想打断某项讨论。
③几个与会者在开小会。
④两名与会者就一个观点争执。
⑤与会者问了你一个难以
回答的问题。
⑥你想调查对一个观点
的支持程度。
⑦你想知道自己是不是个
成功的会议主持人。

对策
A. 请每个与会者总结其他人发言。
B. 问小组一个开放式的问题。
C. 询问小组的反馈意见。
D. 问小组一个具体的问题。
E. 把问题转回给小组。

F. 问与会者一个具体的问题。

G. 请某个与会者总结讨论。

答案：①—B；②—G；③—F；④—A；⑤—E；⑥—D；⑦—C。

【诗语点睛】

文山会海大难题

领导就是会议迷

会上会下一言堂

何必天天要开会

会而有议无主题

议而不决效率低

决而不行只务虚

行而不果白费力

第七章

企业家演讲沟通技巧

【先导案例7-1】创业成就未来　成功始于现在

上午好！今天我们在这里隆重举行12级创业班新生典礼仪式，请允许我作为一名教师代表对此表示热烈的祝贺！对同学们参加创业班的学习表示真诚的欢迎，并对支持、关心创业班的领导和老师们表示衷心的感谢！

知识是力量，经济是颜面，文化是灵魂，人才是关键。当今世界，信息革命风靡全球，网络社会悄然兴起，知识经济扑面而来。近年来创业教育已成为知识经济时代世界高等教育的必然发展趋势。就业是民生之本，创业是就业之源。自主创业，挑战自我，是人生的最大资本。

用兵之道，以计为首；创业之要，理念先行。信念是世界上最伟大的力量，信念是企业的生命，也是创业管理者的使命。使命领导责任，责任完成使命。如果你渴望成功，就要建立必胜的信念。大学生要有想创业、敢创业、能创业、会创业的那么一股敢创敢拼的劲头，并体现和融入个人创事业、家庭创企业和为社会创大业的实践之中。激情推动创业，创业带动就业。创业是梦想燃烧起奋进的激情，是智慧引领创造的理性。决心创业，矢志不渝，就应该勇敢地去接受创业征途上的各项挑战。目标一定，就要打拼；不达目标，绝不罢休，你就一定能实现你的梦想，你将成功地塑造崭新的人生。创业因为有梦想而伟大，因为实现梦想而更伟大！

知人者智，自知者明。播下一种行动，你将收获一种习惯；播下一种习惯，你将收获一种性格；播下一种性格，你将收获一种命运。创业出精英，寝室要文明。个人内务整洁是一种生活习惯，更是个体精神状态的外在表现。仪容整洁，朝气蓬勃，积极阳光，乐观向上，规范有序的生活状态可以感染别人，更能感染自己。腹有诗书气自华，形象良好更伟大。

我国近现代杰出的教育家张伯苓先生被尊为"孔后办学第一人""中国的富兰克林""伟人中的伟人"。他曾创造了南开中学的奇迹，他的学生遍天下，其中不乏周恩来、张学良这样改变中国历史进程的重量级人物。前总理温家宝，著名经济学家吴敬琏、茅于轼，以及一大批科学家、艺术家同样出自南开中学。步入南开中学的教学楼，立刻会发现一面大穿衣镜，镜子上端的横匾上镌刻着40字箴言："面必净，发必理，衣必整，钮必结，头容正，肩容平，胸容宽，背容直；气象：勿傲，勿暴，勿怠；颜色：宜和，宜静，宜庄。"

当年，美国哈佛大学校长伊里奥来南开参观，他不愧为教育专家，很快就发现南开中学的学生在精神状态、言谈举止、仪表风度上与其他学校明显不同，便问张伯苓原因所在。张伯苓把他带到穿衣镜前，将上面的箴言细细解释。伊里奥听后十分钦佩，回国后逢人便讲，于是这件事就在美国传开了。不久，美国洛克菲勒基金会派人来到南开，将镜上的箴言拍摄下来，刊登在美国的报纸上，对张伯苓和南开的教育方式给予高度评价。

留心之处是学问，校园事事皆育人。寝室环境对人的熏陶和影响更直接，作用力更强大。有人说：看一所高中学生的风气，看他们的厕所就可以；看一所大学学生的风气，看他们的课桌就可以。那么现在，我们看一个学校的校风学风，看它的学生寝室状态就可以。学生寝室作为学生参与校园活动的最基本单元，是个人成长的基本平台。寝室成员朝夕相伴互为影响，积极向上的集体生活可以感染人，教育人，培养人，春风化雨，润物无声。文明寝室一枝花，我要精心呵护它。雏鸟也知爱鸟巢，温馨家园洁丽雅。修身治国平天下，不扫一屋扫天下？

创业班的学生如染上不良习惯：内务杂乱，衣衫不整，两眼无神，郁郁寡欢，邋里邋遢，消极避世，情何以堪，怎能创业？

创业班学生的行为准则应该是尚德、明礼、博学、健美。

1. 尚德。尚道德，崇伦理，明世礼，守诚信，讲卫生，爱清洁，不仅是大学生应有的道德修养，而且也是学校以德育人、以文化人的主旨，同时是精神文明的主要表现。

2. 明礼。礼貌是无声的力量。生活中最重要的是有礼貌，它是最高的智慧，比一切学识都重要。人无礼则不生，事无礼则不成，国无礼则不宁。

3. 博学。大学生要博学笃志，应该以开放的心态放眼世界，纵览古今；以宽广的心态，熔铸新知。

4 健美。体格健壮，体魄完美，全面发展，止于至善。

时势造英雄，机遇盼人杰。机指时机，遇指对象，时机就看遇到了谁。只有时刻有准备的头脑才能与机遇发生共振，产生共鸣。时机碰到了没有见识的头脑，就会与之擦肩而过；时机好比流中水，只能流去不复回。中国的四个成语说明了时机的四大特性：千载难逢，指时机的稀缺性；机不可失，说明时机的客观性；时不我待，说明时机的短暂性；时不再来，说明时机的不可逆性。失落黄金有分量，错过时机无处寻。

　　同学们，学习科学地利用时间是一门艺术。如何以较少的时间学到更多的创业知识？关键在于用好今天，今日事今日毕。今天是生活，今天是行动，今天是行为，今天是创业。昨日是过期支票，明日是空头支票，只有今日才是现金支票。创业管理者在利用好"今天"的同时还要有战略眼光规划"明天"。

　　创业有道"动"起来，抢抓时机"干"起来，经营有方"转"起来，适应环境"活"下来。创业真知，贵在实践。离开实践运营，创业就成了无本之木，创富就成了无源之水。因此，创业者既要有韧性、悟性、理性，更要有学识、胆识、见识。只有创业实践才能使创业者丰富阅历，拓展才能，砥砺品格，锤炼作风，成就事业，缔造完美人生。同学们既要注重学识和理论，更要注重实践。必须把知识转化为能力，实践出真知，"纸上得来终觉浅，绝知此事要躬行"。直接经验是源，间接经验是流，只有源远才能流长。要大胆实践，先探索，后真干；先试行，后判断；先运转，后规范；对的坚持，错的纠正，丢掉的是贫穷，得到的是发展。

　　明天的路在计划，今天的路在脚下！让我们共同努力吧！

　　谢谢大家！

　　(作者2012年在浙江农林大学天目学院大学生创业班开学典礼大会上的演讲词)

第一节　演讲概述

一、演讲的概念

　　演讲，又叫演说或讲演。广义上说，凡是以多数人为对象的讲话都可叫演讲。一般来说，演讲是指就某个问题面对听众发表意见的一种口语交际活动。在特定的时空环境下，通过有声语言和相应的体态语言，公开传递信息，表达见解，阐明事理，抒发感情，以达到感召听众的目的。

　　谁都希望自己出口成章、妙语连珠，谁都希望自己在任何场合都能恰当地表达自己的观点和见解。一个人的演讲口才不仅能体现一个人的口头表达能力，更是一个人综合素质的体现。美国总统亚伯拉罕·林肯被公认为美国历史上口才最好的总统，他一生中做过无数次的演讲。1963年11月19日，他在葛底斯堡的演说以其思想的深刻、行文的严谨、语言的洗练，成为演讲史上彪炳青史的大手笔。其实，这篇演讲稿译成中文只有短短 400 字左右，却被认为是英语演讲中最富有诗意、最漂亮的文章之一。只有两分钟的演讲，却赢得了长达 10 分钟的掌声，被媒体评价为"是在合适的地点说了恰到好处的话"。

精彩的演讲离不开好的讲稿。"巧妇难为无米之炊"技巧再高的演讲者也无力将肤浅空洞的内容演绎得天花乱坠。所以，踏踏实实地写出一篇精彩讲稿，是每一个演讲者必须具备的意识。

如果你能细心地品味一下世界演讲大师们的成功演讲，就会明白除去他们演讲时的神情风采，除去演讲场面的热烈气氛，光看那些凝固成文字的讲稿，就足以让人振奋。写出一篇好的讲稿，让你的语言闪现出思想的光芒、感情的火花，你就成功了一半。什么样的讲稿才是好的讲稿呢？怎么样才能写出好的讲稿呢？明白讲稿的特点，学习精彩讲稿的成功之处，我们也能够写出优美、深刻、动人的篇章。

【案例 7-2】在欢送会上的即席"话别"

相见时难别亦难！在今天这个欢送老战友、老学友、老朋友别庆林同志的茶话会上，我先带头"话""别"，抛"玉"引"砖"（误会的笑）——引金砖！（鼓掌）

别庆林同志是属牛的。无巧不成书，他给我们的印象也是诚实的、正直的、善良的、诚恳的、老实的，是一头拉硬套的老黄牛！（热烈的掌声）

几年来，别庆林同志如牛负重：照顾病妻，抚育幼子，赡养老人，但他拉革命的车从没有松过套！在他的新闻干事岗位上，呕心沥血，辛勤笔耕，爬格子，绞脑汁，可谓烟熏火燎著文章，水酒淡茶笔生花！（掌声、欢呼声）那早谢华发的头顶，就是他辛苦耕耘的"知识天地"，那早现的皱纹、"鱼尾"，就是他遨游书海的余波。

有句行话叫："有女莫嫁记者郎，一年四季守空房。偶尔一次回家转，抱回一堆脏衣裳！"我们的别庆林同志也是这样的记者郎。

几年来，他跋山涉水，栉风沐雨，足迹遍及中州警营，屡过家门而不入。正因为如此，广大武警官兵才送了他一个名副其实、恰如其分的雅号——永不松套的老黄牛！

然而，他不光是一头老黄牛，他更是一匹千里马！他是一匹有胆、有识、有德、有才、政治敏锐、魄力超群、啸天腾地的千里马！（掌声）这是早就被他的奋斗所证明了的：那各级报刊上的铅字儿，各级电台上的声音儿，各种画报里的身影儿，不乏别庆林的名字儿！（笑声）而且，值得引以为豪的是，这匹上好的千里马最初还是本人发现的！（掌声）可眼下，"伯乐"却要跟千里马告别了，我的内心是非常留恋、非常复杂的。（会场顿时鸦雀无声）然而，我也感到欣慰。千里马已近而立之年，正是血气方刚之时，应该奔向更广阔的天地去奋蹄，去驰骋，去竞争，去建功立业，去夺取无愧于千里马称号的荣誉！（热烈的掌声）（童心田，尹立新中国商业出版社1997）

二、演讲的特点

（一）针对性

演讲是一种社会活动，它以思想、情感、事例和理论来晓喻听众，打动听众，必须要有针对性。作者提出和解决的问题必须是听众所关心的，能使听众受到教益，明辨是非，这样才能起到良好的演讲效果。例如，李燕杰是二十世纪八十年代著名的演讲家，一次他应清华大学的邀请为大学生做婚姻爱情的演讲，但他考虑到如果单纯和学生讲怎样树立正确的爱情婚姻观，可能会遭到年轻人的抵制，演讲的效果会适得其反。所以，他以自己潜心研究的红楼美学为讲述内容，用宝黛对纯洁爱情的追求为清华学生做了一次生动的爱情婚姻观教育。演讲历时九个半小时，座无虚席，受到了广大学生的欢迎。其实李燕杰就是很好地把握了演讲对象的心理，清楚他们不喜欢说教，但喜欢古典名著和名著中感人的爱情故事，以形象的爱情观叙说收到了很好的演讲效果。

（二）真实性

演讲中最打动观众的是真情——说实事，讲实话，吐真情。因此，演讲者要十分注重自己与听众之间的情感交流。但演讲中情感的表达还要注意一个"度"，演讲者应合理运用与控制情感，否则容易造成情绪失控，让听众有情感虚伪之感。例如，被誉为"铁嘴"的宁波商管公司的柳宛成2006年参加《情商学习》演讲比赛，获得了特等奖。事后她回忆自己的演讲过程，认为主要是得力于"以情制胜"。柳宛成以一个让人耳目一新的题目——"我们都是被上帝咬过的苹果"引发了观众极大的好奇心，其中一个盲人小男孩勇于战胜挫折与困难而获得成功的故事十分感人，而她又把自己的亲身经历融入演讲中，每位听众都为她所讲述的故事而动情。但她也谈到，刚开始演讲时没有很好地控制情感，让听众和评委感觉很不自然。所以，用情过度也是演讲的一大忌讳。特别是演讲刚开始，听众还没有完全进入状态，此时不合理的情感流露会让观众觉得虚伪，也会造成自己难以继续演讲，严重者会造成情绪失控的后果。

（三）论辩性

演讲的目的是表达自己的见解和观点，使听众认同演讲者所讲的道理。所以，演讲要注重主题的阐述，鲜明地亮出观点，旁征博引地论证，把自己对某一问题的观点看法阐述清楚，引起听众的共鸣。例如，帕特里克·亨利是美国革命时期杰出的演说家和政治家。《不自由，毋宁死》这篇脍炙人口的演说在美国革命文学史上占有特殊地位。其时，北美殖民地正面临历史性抉择：要么拿起武器，争取独立；要么妥协让步，甘受奴役。亨利以其敏锐的政治家眼光、饱满的爱国激情，以铁的事实驳斥了主和派的种种谬误，阐述了武装斗争的必要性和可能性。从此，"不自由，毋宁死"的道理激励了千百万北美人为自由独立而战，达到了演讲以理服人的效果。

（四）艺术性

演讲是一种极富吸引力和感召力的宣传艺术，它可以使人开阔视野，增长见识，启迪思想，焕发热情，激励斗志。演讲是思想、逻辑、感情和文采的结晶体，是言语、声音、目光、动作和姿态的综合运用，具有极强的鼓动性和艺术性。

讲出真情，讲稿必须讲出心里话，演讲必须以情感人，情感是演讲的生命线。没有人愿意坐上几个小时，就为听你那些空而又空、玄而又玄的大话。这样的大话连你自己都不能感动，又怎么能感动别人呢？

让我们先看看一位大学生写的《英雄赞》的片段吧：

在这个英雄辈出的年代，男英雄，女英雄，老英雄，少英雄，何止成千上万。前线的战士，更是顶天立地的英雄，他们住猫耳洞，受风吹雨淋，他们冒着敌人的枪林弹雨，他们高唱着"苦了我一个，幸福千万人"的歌，他们是当代的雷锋、黄继光，他们是最可爱的英雄。英雄伟大，英雄光荣，英雄是火车头，英雄是指路灯。"苦不苦，想想红军两万五；累不累，想想革命老前辈。"不管我们遇到什么风险，只要想到这些英雄，我们就能无往而不胜。

从文法上看，这段文字并没有什么不通；从思想上看，也没有什么不对，而且这位大学生也讲得十分深情，看样子并非新手。但听众却没有什么反应。原因在哪儿呢？原因就在于他没有说出生活的真实。如果他真的接触过英雄，哪怕仅仅是一位；如果他真的有过触动，哪怕仅仅是一次，他就不会写得如此空洞干瘪，毫无真情实感。

三、演讲的分类及作用

（一）演讲的分类

根据有无文字材料的凭借，我们可以将演讲分为命题演讲与即兴演讲两类。根据预定的题目事先写好讲稿，有文字材料凭借的演讲，称为命题演讲；在特定场景和主题的诱发下，或者是自发或者是他人要求，不凭借文字材料立即进行的演讲，称为即兴演讲。根据演讲的内容和目的的不同，演讲又可分为教育性演讲、鼓励性演讲、报告性演讲、说服性演讲、娱乐性演讲等。

（二）演讲的作用

演讲的作用有：赢得关注与认同，影响与鼓舞他人，获得尊重。巩固你的人际关系，以你的睿智与幽默声名远播，向他人清楚传达你的思想与信息，推广你的公司及其产品或服务，提升你的事业。具体如下：

1. 说明情况，陈述己见；
2. 说服听众，心悦诚服；
3. 激励听众，焕发激情；
4. 娱乐听众，欢乐开怀。

【案例7-3】寿如东海碧水长

尊敬的各位长辈，各位亲朋好友：

大家好！

在这欢天喜地的日子里，我们高兴地迎来了我敬爱祖母的百岁生日，我们欢聚一堂，共同欢庆祖母百岁华诞。各位本家、亲属、嘉宾、邻居、朋友前来祝寿，使祖母的百岁大寿倍增光彩。我父亲及其子孙对各位的光临，表示热烈的欢迎！

值此举家欢庆之际，谨此，我代表我们兄弟姊妹及子女，对所有光临的各位长辈和亲朋们，表示最衷心的感谢！

今天，阳光明媚、春意盎然，看到这么多亲朋好友欢聚一堂、举杯共贺，特别是看到我们的祖母能这么健康地、笑容可掬地、春风满面地出现在我们中间，真是夕阳无限好，晚霞更灿烂！这里，我由衷地向祖母道一声：奶奶，您辛苦了！儿女子孙们祝您永远健康、长寿！

我的祖母在一百个春秋寒暑中，历经清朝、民国的统治和新中国的建立，阅尽世道沧桑，尝遍人间苦辣酸甜，欣逢改革开放的盛世，安度幸福的晚年！

岁月如诗，句句悠扬，母爱如歌，余音绕梁。世上有一个人，她占据在你心里最柔软的地方，你愿用一生去爱她；世上有一种爱，它被肆意地索取、享用，却不要你任何的回报！这一种爱，叫"母爱"，更是祖母的爱！

我的祖母与普天下成千上万的母亲一样，纯朴、善良、勤劳、宽厚！以母性特有的博爱与慈祥，关注着我们的生活，关注着我们的一朝一夕，关注着我们每一个人的健康成长。

祖母给予我们的爱无以言表，她那勤劳善良的朴素品格，她那宽厚待人的处世之道，她那严爱有加的朴实家风无不潜移默化地影响着我们；祖母的谆谆教导和殷切希望，无时无刻不在鞭策和鼓励着我们。没有祖母也就没有我们的今天，祖母的爱恩重如山，我们为祖母感到骄傲和自豪！

"养儿方知父母恩"，事不经历不知难，感觉到的东西不能立刻理解它，只有理解了才能更好地感觉它。"三十而立，四十不惑。"在我们这些子女都有了一定的社会阅历，能进行理性思考的时候，我们才深深地感受到祖母给予我们的，不仅是生命的延续，还有热血心肠和铮铮铁骨；祖母给予我们的不仅是物质财富，更多的是勤奋质朴、与人为善的精神动力。而这些才是一个人立身处世的无价之宝，是取之不尽、用之不竭的精神财富和力量源泉。

我们的祖母心慈面软，与人为善。她扶贫济困，友好四邻；她尊老爱幼，重亲情，讲友情，铸和谐，使老张家的老亲故友保持来往，关系融洽，生活安定，心情愉悦，氛围温馨，代代相传！

天地之道美于和，沟通之道和为美。修身、齐家、治国平天下，用心体悟"和"文化。中华"和"文化源远流长，博大精深，为我们提供了最高真理和最高智慧，它是真善美的内在统一。至诚至真，至善至美，达己达人，和为帅也。"和"文化是中国传统文化的核心，也是当代先进文化之精髓。上升为哲理，"和"文化超越时空，福泽民众，达善社会，具有普遍的指导意义。

放之于世界，"和平与发展"是时代主题；放之于国家，构建和谐社会，政通人和是发展的根本前提；放之于民族，"和平崛起"是必由之路；放之于社区，讲睦修和，安定祥和是人心所向；放之于企业或单位，和气生财，事以人为本，人以和为贵；放之于家庭或个人，事理通达，心平气和，父慈子孝，兄友弟恭，夫妇和好，家和万事兴……国家、民族、社会、企业、家庭和个人是一体相统，互为影响的。国以和为盛，家以和为兴，人以和为贵，事以和为本。兄弟同心，其利断金！我们有理由相信，在我们兄弟姊妹的共同努力下，我们的家业一定会蒸蒸日上，兴盛繁荣！

今天，这里高朋满座，欢歌笑语，共享天伦之乐，感到了春天般的温暖。

谁言寸草心，报得三春晖？最后让我们在这里向祖母送上最真诚、最温馨的祝福：祝祖母福如东海，寿比南山，健康如意，福乐绵绵，笑口常开，益寿延年！即兴赋诗一首：盛世欢歌咏国泰，寿字高悬增洪福；玉龙劲舞构和谐，红山增辉百岁图。夕阳红云呈光彩，祖母今朝称寿母，福如东海碧水长，日月齐光得益寿。

最后，再次感谢各位长辈、亲朋好友的光临！再次祝愿祖母及长辈们晚年幸福，身体健康，长寿无疆！同时祝福在座的所有来宾事业有成，学业长进，爱情如愿，一路顺风！并祝各位来宾身心健康，欢乐常在。

为庆贺我祖母的百岁华诞，为加深彼此的亲情友情，让我们共同举杯畅饮长寿酒。

谢谢大家！干杯！

（作者2004年祖母百岁华诞祝寿词）

第二节　演讲中的思维训练

从心理学原理看，思维与语言是紧密地联系着的，语言所表达的是思维活动的结果。如果思维不敏捷、不清晰、不严密，语言的表达也就不可能流畅清楚。一个思维迟钝而又混乱的人，绝不可能口若悬河、滔滔不绝而又条理清晰地表达自己的思想。因此，口才水平的提高，很大程度上取决于表述者思维素质和能力的提高。

一、思维的基本品质

思维具有条理性、开阔性、敏捷性、灵活性和新颖性等基本品质。条理性是思维品质最基本的要求。思路清晰，才能保证语流清晰畅达。思维的开阔性，也就是思维的广度。我们不仅要全面地、辩证地看问题，而且要富于联想，善于想象。这样，在口语交际中就能纵横捭阖，左右逢源。在口语交际中，思维敏捷以及思维向言语的快速转化，是最重要的思维品质，也是一个人口语能力的重要标志之一。灵活性即思维的变通性，要求当事人根据具体情境与临场变化随机应变地做出切合情境的巧妙反应。新颖性指口语表达时有自己的观点、看法——"吃别人嚼过的馍——没味道"，老重复别人说过的话，缺乏个人的独到见解，是思维趋于定势的表现。这些品质反映在具体的训练中，可以通过逆向思维训练、纵深思维训练、多向（发散）思维训练、综合（集中）思维训练等来实现。

二、演讲中的思维训练

(一) 逆向思维

逆向思维也叫求异思维，是一种重要的思维方式。人们习惯于沿着事物发展的正方向去思考问题并寻求解决办法。逆向思维是对已成定论的事物或观点反过来思考的一种思维方式。"反其道而思之"，从问题的相反面探索，得出新观点。例如，司马光砸缸的故事，其实就是一个典型的逆向思维。按照人们一般的思维方法，是把小伙伴从水里救出来，但司马光是砸缸让水离开小伙伴。逆向思维有时是为了匡正谬误，因为某些固有的观念、惯常的看法并不符合事物的本质，反过来思考，也就能发现事物的本质。但有时，逆向思维只为补充、发挥，并不一定要全部推翻原来的观点。例如，"没有异想，哪来天开""熟不一定生巧""不看风焉能使舵"等，都是在一定的语言环境或特定的社会背景中的合理的逆向思考。所以，对于逆向思维一定要严格遵循事物的客观规律，要避免从一个极端走向另一个极端。同时，更重要的是要从这种逆向思考中推出一个新的结论。高水平的口语表述都要求表述者能从一般人认为是正确的观点、现象中发现谬误、不足之处，或能从传统上认为是错误的观点、现象中发现真理的成分。其特点表现为对传统的思维模式做逆向思考。比如，传统思维模式为由"因"至"果"，逆向思维则表现为由"新因"至"否定旧果"，或由"旧果"至"否定旧因"，鲜明地表现对传统的批判精神。

(二) 逆向思维的训练方法

1. 怀疑法

有一种敢于怀疑的精神，打破习惯，对一切事物都抱有怀疑之心是逆向思维所需要的。"学海无涯苦作舟"，是中国人传统观念中对"头悬梁、锥刺股"的学习观念和方法的确认，但现在有演讲者反过来想，学习是一个获得知识，提高自我的过程，所以也应该是一个快乐的过程。特别是通过学习的努力获得知识和能力更应该让人觉得快乐。所以，有人就提出"学海无涯乐做舟"的命题，取得了很好的演讲效果。

2. 对立互补法

对立互补法是以把握思维对象的对立统一为目标，要求人们在处理问题时既要看到事物之间的差异，也要看到事物之间因差异的存在而带来的互补性。在"合作有利于发展"的主题演讲中，往往会忽视或排斥"竞争"。从表面看，"竞争"与"合作"似乎是对立的，但事实上，在具体的发展事例中，这两者往往相辅相成，互相补充。所以，在演讲中可以充分注意两者在表现出差异性的同时所带来的互补性，以使演讲稿的写作逻辑更严密，更有说服力。

3. 悖论法

悖论法就是对一个概念、一个假设或一种学说，积极主动从正反两方面进行思考，以求找出其中的悖论之处。比如"英雄难过美人关"的命题，是社会在几千年的人类历史发展过程中形成的一种共识。但如果从反面来看，"难过美人关的英雄"，还是英雄吗？这样正反两面的思考，使得原先的命题出现了悖论。可见即使是被广泛认可的命题中也会存在矛盾之处，由此着手，必会有创新之见。

4. 反事实法

反事实法是在心理上对已经发生的事件进行否定并表征其原本可能出现而实际未出现的结果的心理活动，是人类意识的一个重要特征。"东施效颦"一直被认为是"画虎不成反类犬"的行为，但对这样一个已经发生了的事件，原先看到的只是表面现象。东施行为的本质在于她对美的欣赏和追求，而不在美的结果。由此立论也能别出心裁。

【案例7-4】黔驴技穷，何错之有？

传统认定：比喻有限的一点本领已经用完，再也没有什么能耐了。逆向思维运用：

A. 驴子去黔，并非本意，是"好事者"把它硬行弄去的。

B. 寓言中，驴子确实显得很无能——驴子本身既无与虎相斗的本领，也无与虎相斗的"野心"。试问：如果好事者不是让驴子去与老虎相斗，而是发挥其所长，让它去拉车、推磨，会落得个"技穷"而被老虎吃掉的悲惨结局吗？

C. 驴子在寓言中实为一悲剧角色，而一手导演了这场悲剧的是"好事者"而非驴子自己。驴子被迫去应付自己无法应付的局面而导致悲惨的结局，是值得同情的。

D. "尺有所短，寸有所长。""黔驴技穷"的故事，在今天仍有强烈的现实意义，尤其是那些决定他人命运、前途的掌权者，应当引以为戒。要重视人才，就应当把他们安放在最符合其个性特点的位置，最大限度地发挥并利用其专长，而不能如"好事者"那样胡乱为之，使其"丧失所长"。立论新意：黔驴技穷，应当谴责的是"好事者"而不应当嘲笑身受其害的驴子没本事。

（三）纵向思维

高水平的演讲，其思维过程还往往表现出向纵深发展的特点，即一般人认为不值一提的小事，或无须做进一步探讨的定论中，发现更深一层的被现象掩盖着的事物本质；其思维形式的特点为：从现象入手，从一般定论入手做纵深发展式的剖析。在日常训练中可以通过深入提问法来对纵向思维能力进行训练，因为在提问中思维会得到拓展和深化。只有充分问问题，才能多角度、多层次、多情境地进行思考。

【案例7-5】关于"8"的思考

A. 近年来，"8"这个数字备受青睐并引起它的身价百倍，你能举出一些事例来证明人们对"8"的狂热追捧吗？几十年以来，在电话号码、门牌号码、牌照号码的选择中，人们都竭力地回避"4"这个数字，想方设法地追求"8"，甚至有人不惜花费重金来求得"8"这个数字。

B. 你能从正反两方面分析人们对"8"的迷恋的原因吗？正面：这是对正常人性欲望的肯定，是历史进步的标志之一。改革开放以来，中国人生活日渐改善，不再认为"越穷越革命"，而是大方地追求财富，这无疑体现了历史的进步。反面：对"8"的狂热迷恋，又表明了追求者自身精神的空虚。幸运号码拍卖场面之热烈，成交金额之巨，有富翁们的攀比、炫耀的心理。在这些"先富起来了"的人身上，对于发财的狂热追求恰恰显示出他们心灵的空虚。

C. 从社会的角度分析，有哪些深层次的原因？"8"之所以如此受欢迎，与当今社会脑体倒挂和管理体制上的不合理等诸多因素有关。商界的瞬息万变，贫富差距的加大，使有些人将希望寄托于冥冥，寄托在"8"上。

D. 再进一步分析"8"的受宠与中国人的民族文化心理有何联系？"8"的受宠，结合中国人传统的文化心理，信天信地，信"8"信"发"，体现出的是对自我的不自信。命运似乎不掌握在自己手里，迷信那种冥冥之中的神秘力量，特别是这批先富起来的人，他们本应领导时代发展新的精神追求，但恰恰在他们身上体现出的是文化影响的负面性。

E. 思考分析对"8"的盲目追求的文化心理可能带来的危害。中国人追求现代文明的脚步会受到这种文化心理的羁绊。

（四）发散思维

发散思维沿着不同的角度和思路来分析问题，提出各种不同的解决方案，它是一种无确定规则、无限制、推断无定向的思维。在演讲中培养发散性思维可以通过讨论，在学生充分参与的基础上，形成思维的独特性。在平常训练中可通过如下方法培养发散性思维。

1. 比较法

思维的变通性也就是思维的灵活，它要求能针对问题（发散点）从不同角度用多种方法思考问题，能举一反三、触类旁通。这种训练方法主要依据演讲主题，不同的主体阐发对问题不同的看法。例如，《滥竽充数》这个故事，从南郭先生的角度讲，他不学无术、不懂装懂，最后落得个逃之夭夭的可悲下场，然后可以联系个人生活的实际，展开宣扬诚信的主题。也可以从齐宣王的角度出发，他好大喜功，官僚主义，给了南郭先生生存的条件，然后联系社会现实，指出问题的关键。还可以从齐湣王的角度去谈。齐湣王不因循守旧，大胆实行改革，从而利于发现人才。多角度地分析问题，形成对问题多样的看法，有利于培养发散思维。

2. 联想法

丰富的想象力能让演讲变得生动、有趣和精彩。法国19世纪的评论家让·保罗曾说过："想象能力能使一切片段的事物变为完全的整体，使缺陷世界变为完满世界；它能使一切事物都完整化，甚至也使无限的、无所不包的宇宙变得完整。"而联想则是在类似的或相关的条件刺激下，串联起有关的生活经验和思想感情，它可以丰富演讲的内容，增强情感色彩，通过严谨的构思，将材料巧妙而有机地组合起来并使之浑然一体，从而增强演讲的深度和广度。如"满意服务"的主题演讲，由服务联想到"爱"的付出，又联想"太阳"的意象，捕捉到它们都是给人温暖与帮助的本质，从而给听众以十分形象的感受。

（五）综合思维

高水平的演讲稿需要有强有力的综合论证能力，要能从看似针锋相对、完全对立的观点中看出彼此之间深层次的互补关系，能调动多个不同角度对统一命题展开讨论，并分别得出一致的结论。所以，演讲中应该有效运用多种思维方式，增强演讲的效果。江苏某商校的教师陈晓冬在参加"满意为服务"的主题演讲中获得成功。事后他总结自己成功的秘诀时认为是对多种思维方式的使用：一是通过形象思维将主题所蕴含的"爱"用客观形象的"太阳"指代。二是选材力求一分为二。以一次旅行中导游热情服务但又收取小费的事例来论述"每个人都能成为太阳"但"也有人没有成为太阳"。但在材料的选择上并没有局限于此，而是又把"我"得知导游家境困难，却因为"我"的举报而失去了工作时的内疚之情表达出来，避免了平铺直叙，以一波三折的情感变化丰富演讲稿的题材，从而体现思维的内在逻辑性。在主题阐释上，抛弃了别人常用的"用先进人物事迹"的方法，而是以电影《泰坦尼克号》作为引子，用英文课本中《泰坦尼克号》中为一位母亲让座的埃文斯小姐为例证，同时又以自己平时鼓励学生帮助他人的小事佐证，从而由人及己，很好地完善了"每个人都能成为太阳"的主题。

第三节 命题演讲

命题演讲一般会给出相对明确的演讲主题，演讲者围绕主题收集资料，有条有理地展开阐述。命题演讲一般会有较多的准备时间，所以演讲者可以充分地收集资料，合理地安排结构，在语言运用上也可以斟酌思考。应该说，命题演讲的过程开始于演讲稿的写作，演讲稿的优劣直接关系到演讲的质量，所以成功的命题演讲第一步便是演讲稿的写作。

一、演讲稿写作

演讲稿的结构一般由标题、开头、主体、结尾四部分构成。

（一）标题

演讲稿要有标题，一个好标题有两个作用：一是概括反映演讲内容，使人知道你讲的什么；二是鲜明、响亮，引起大家对演讲的兴趣。所以，成熟的演讲者在拟定标题时都十分用心。演讲稿的标题无论是在演讲稿成稿前或成稿后拟定，都必须要求与演讲的内容直接相关。标题有它的适合性，有一些适合文艺作品，譬如"雷雨""家""边城""狂欢的季节"，虽然听上去很美，但作为演讲稿的标题显然是不合适的。所以，为演讲稿设计一个简洁、诗意的标题，能够增加演讲的色彩。例如，"我们都是被上帝咬过的苹果"，不仅揭示了演讲稿的主题，而且饱含着诗意和哲学的思考，很能吸引人；"青春因奉献而绽放异彩"，紧扣演讲内容，很有震撼人的气势。演讲中切忌用大而无当的标题，比如"青春""信念""责任"等，泛泛而谈，会给人不着边际之感；但同时要注意避免为了制造非同寻常的效果而用十分怪僻的标题。

（二）开头

对于一篇好的演讲稿来讲，有一个吸引人注意力的开头是必不可少的。在演讲的开头就能给听众留下深刻的印象，能够抓住听众的心，那么演讲就已经成功一半了。开场白要巧妙。演讲稿的开头又叫开场白，它在演讲稿的结构中处于醒目的地位，具有特殊的作用。俗话说万事开头难，属于文字形式的东西开头尤其难。方东树说："诗文以起为最难，妙处全在此，精神全在此。"列夫·托尔斯泰为了构思《安娜·卡列尼娜》一书的开头，酝酿、琢磨了14年，当然这属于文艺创作。但就演讲稿的开头来说，也不是那么容易的。

演讲的开头是演讲者向听众出示的第一个也是最重要的信号，这个信号是否能够表现出优秀演讲的特征，即是否具有吸引力，对于演讲的成败往往具有决定性的意义。开头担负着两项任务：一是引起听众的兴趣和好感，创造融洽的气氛；二是确定格调引入正题。我们应尽量多下一些功夫安排好文章的开头，使开头独具特色、别开生面。当然，文有文法，文无定法。所以，演讲的开头要根据主题的需要、演讲内容、演讲环境和听众对象来采用恰当的开头，可以将上述方法结合起来用，但总的来说要简明扼要。演讲开头没有什么固定的格式，它取决于演讲的内容、环境和听众的情况。它的基本要求应该是服务主题、言简意赅、引人入胜。演讲稿的开头是多种多样的，这里只介绍常见的几种。

1. 开门见山——揭示主题

这是演讲稿比较常用的开头方法，它的好处是能让听众一开始就明白演讲者的演讲主题，符合现在生活在快节奏时代中的人们的心理。有的人演讲，开头常讲一些没有必要的客套话。叶圣陶曾评述："谁也明白，这些都是谦虚的话。可是，在说出来之前，演讲者未免少了一点思考。你说不曾预备，没有什么可说的，那么为什么要踏上演讲台呢？随后说出来的，无论是三言两语或长篇大论，又算不算'可以说的'呢？你说随便说说，没有什么意见，那么刚才的一本正经，是不是逢场作戏呢？自己都不相信的话，却要说给人家听。又算是一种什么态度呢？"其实，演讲者说这些"多余的话"，并不一定是出自本心，只不过是受了陈规旧习的影响，人云亦云，令人听来索然无味。一般政治性或学术性的讲稿都是开门见山，直接揭示主题。比如，比尔·盖茨在他的《比尔·盖茨的忠告》演讲中是这样开头的："每年都有好几百位同学给我发来电子函件，征求我对教育方面的意见。他们想知道他们应该学什么，想了解如果像我这样从大学退学是不是正确的。有少数家长还来信来电征求我对子女教育的意见，他们问我应如何引导子女走上成功之路。"

2. 巧妙提问——引发奇想

以巧妙提问开头的演讲，虽属常见，但提问得巧妙就能引人入胜。一个演讲者这样开始他的演讲："关于青年与祖国的关系，人人皆知。但是，我想提个问题，谁能用一个字来概括呢？"全场立刻静了下来。接着演讲者又说："可能有人会说'希望'……"话刚出口，坐在前面的人脱口而出："不对！'希望'是两个字……"

这是复旦大学全校演讲第一名获得者杨高潮设计的开头。这种开头不仅使听众产生兴趣，而且迫使听众同演讲者一同动脑思考问题，把注意力都集中到演讲上来。需要注意的是，提的问题不能过多，一般一个就行，关键是达到了抛砖引玉的效果就行，只有愚蠢的演讲者才在演讲开始时，提出一个又一个的问题。再如，廖济忠的《遇不怀才的时候》是这样写的："在我们青年人当中，最容易见到怀才不遇的人，最容易听到怀才不遇的话，不少人冷眼看世界，撇嘴论英雄。我不禁想问，我们真的怀才不遇吗？"

3. 说明情况——清晰明了

比如，恩格斯的《在马克思墓前的讲话》的开头："三月十四日两点三刻，当代最伟大的思想家停止思想了。让他一个人留在房里总共不过两分钟，等我们再进去的时候，便发现他在安乐椅上安静地睡着了——但已经是永远地睡着了。"这个开头对事情发生的时间、地点、人物做了必要的说明，为进一步向听众揭示主题做准备。运用这种方法开头，一定要从演讲的主题出发，不能信口开河，离题万里，使听众不知所云，还要防止笼统使用一些陈旧的套话、空话，破坏听众的胃口。

4. 名言警句——引人深思

使用名言、警句开头的好处是，名言、警句都是大家耳熟能详的，并且具有某种权威。许多人对名人都有一种崇拜感，所以引用他们的话就具有权威性和说服力。例如，左英的《生命之树常青》的开头：

伟大的诗人歌德曾有这样一句话："生命之树常青。"是的，生命是阳光带来的，应该像阳光一样，不要浪费它，让它也去照耀人。

这个开头引用了歌德的名言，对演讲的内容起到揭示主题的作用，并能引起读者的思考。但在引用名言、警句时要尽量引用原文，不要以讹传讹，更不能断章取义。

5. 故事、幽默——引人入胜

演讲者所用的故事要幽默、要吸引人而且要与演讲主题相关，立意不同凡响。有一篇演讲稿批评盲从的害处。演讲者开头先介绍他刚经历的一件事：

上班了，大家陆续来到办公室，发现最早来的一个人在仰望天花板，大家也都仰起头来。好久，没有发现什么异状，但还是引首仰颈。最初仰头的人反而产生疑问："你们都在看什么？""我们都在看你在看……"那人哑然失笑："我刚才点了滴鼻药。"

这一位演讲者非常善于讲故事和运用幽默，大家听了这样的开头，自然哄堂大笑，接着引入正文。

6. 赞美称颂——阐发共鸣

大多数人是喜欢听赞美的，因此演讲者开始演讲的时候，可以对当地人民的善良勤劳、热情助人表示赞颂，或对当地的自然风光、悠久历史、传统风貌等表示自己由衷的敬佩之意。这样，容易引发听众的自豪感，满足他们的自尊心，从而获得听众的认同，使自己接下来的演讲在愉快的气氛中进行。1984年4月30日，美国总统里根在复旦大学演讲的《世界的希望，就寄托在这种友谊上》的开头是这样的："我们访问中国才五天，所看到的名胜古迹却使我们一生难忘。这当中有从太空都能看到的巍峨壮观的万里长城，还有古城西安、秦始皇墓和出土的兵马俑大军。"

7. 与听众息息相关的话题——共同关注

演讲者能在开头的时候用涉及听众自身利益的话题，那听众一定会竖起耳朵。1954年8月7日，法国总理孟杰斯·法朗士的电视讲话，就用了这样的开头："8月上旬正是你们中间很多人休假的时候，我想如果打断你们片刻的休息时间，跟你们说几个关系重大的问题，你们是不会对我反感的，因为这些问题事实上与大家都是休戚相关的。"

又如三笑的《失落不需要眼泪》的开头："青年朋友们：我曾经和你们一样，被命运捉弄过，让暗石绊倒过，叫生活欺负过，也险些沉沦过……但，最终的我毕竟站了起来，因为我坚信：冬，压不住春的萌动；路，是用脚踏出来的！"

8. 生活体会——唤起思考

这样的开头，是借助某件日常生活小事、个人经历、亲身体会，唤起听众的注意，同时使它成为与题目有关的媒介或与演讲的主要内容衔接起来的因素。其长处是朴实、平易、个性强、观点鲜明。例如，王惠平同志的演讲词《走自己的路》：

在日常生活中，我们经常可以听到有人在唉声叹气："唉，现在是说话难，办事难，做人更难！"难吗？就现实生活来讲，确实有些难。比方说：你想在工作中干出点成绩。有人就说你是假积极，想捞取名利；假如某个领导表扬了你，有人就会说你准是拍了马屁；假如你在公共场所制止了坏人坏事，就会有人说你是多管闲事、冒傻气……同志们，当我们遇到这些问题的时候，该怎么办呢？记得陶铸同志说过："心底无私天地宽。"只要你的选择是正确的，那就应该坚持走自己的路，让别人去说吧！

9. 反弹琵琶——恍然大悟

演讲开头时，为了获得某种特殊的表达效果，在某种特定的场景中，演讲者也可以置听众正常的思维定式和理解意向于不顾，有意反其道而行之，这就是演讲的"反弹琵琶"。实践证明，恰当地运用反弹琵琶技巧，往往能够使演讲内容具有新奇性和吸引力,引发听众的强烈兴趣,从而收到独特的表达效果。

在一次戏剧创作座谈会上,一位女演员做了即兴演讲:今天我来是和大家谈情说爱的。(提法奇特,满座惊讶。接着她又解释道)我是来谈演员对剧本的感情和喜爱的。(听众恍然大悟,静听她继续演讲。)

(三) 主体

主体是一篇演讲稿的中心,所以一定要合理安排。先可以收集一定数量的事实材料,然后围绕主题取舍材料;写作时可以确定阐述的不同角度,并将材料有机地组合。写作时要注意演讲稿的条理性和节奏,做到条理清晰、结构严谨、有理有据,又不失鼓动性。

1. 层次清晰

演讲稿应该确立合理的层次,这是演讲者对事物认识过程的反映。由于演讲者要很好地把自己的观点和看法输送给听众,而混乱的层次会导致演讲者不知所云,听者云里雾里。为了使演讲在结构上环环相扣,层层深入,演讲者可以用标志性的语言来强调演讲的层次,比如适时地提问,用过渡语加强讲稿内容的内在联系。

演讲稿的主体部分可以采用层层推进的方法。例如,1963年,秘鲁民族战线的贝拉文蒂一上台,就遇到了一场政治危机——罢工。面对来自全国各地的大学生拖着沉重的脚步,在利马的大街上与前来欢迎的利马学生发起的大规模的游行,贝拉文蒂总统进行了一次精彩绝伦的演讲:"你们穿过平原,越过大山。你们忍饥受冻,历经艰辛来到这里。在表明我的立场之前,首先,作为一个热爱秘鲁的公民,我要从心底感谢聚集在这里的每一个人的忧国之情,并且奉上我的友情。在你们的热情面前,我无法替自己辩解,只是希望把所有的事实真相毫无保留地告诉你们,与你们一道来考虑解决的办法。你们今天的行动和诚意,将会载入秘鲁的史册。"贝拉文蒂的演讲首先从感谢开始,就像对亲人谈话一样,开场白言辞平和,充满着关爱,让人感觉亲切、温暖。主体部分或关切动人,或慷慨激昂,或低声细语。平和的语言将双方针锋相对的行动划归到爱国的情感中,显示出友好平等的态度。既坦陈存在的问题,又把学生和自己放在同一立场上面对问题,很好地化解了学生对他的误解。接着贝拉文蒂总统把自己所想到的问题都讲了出来。最后,以理解和积极的肯定结尾。通篇以问候开始,中间贯穿着赞扬、期待和理解,最后以评价结尾,层次清晰,赢得了学生的热烈掌声,化解了一场政治危机。

演讲的主体部分也可采用并列式的结构方法。例如,演讲稿《我成长我快乐》就从"勤奋是成长的基石,用心是成长的阶梯,快乐是成长的催化剂,爱心是成长的原动力"这四个并列的角度展开了主题的阐述,层次清晰,结构分明。

2. 张弛有致

演讲主体在结构安排上要避免平铺直叙,或高度紧张。平铺直叙会让听众厌倦,不容易产生共鸣;高度集中会让听众过于紧张,所以演讲稿要注意情感张弛有致,该激情的时候激情,该放松的时候放松。这样,听众的注意力既保持集中又不紧张。

例如:世界十大经典演讲稿之一:丘吉尔1940年6月4日丘吉尔在下院通报了敦刻尔克撤退成功,但是也提醒"战争不是靠撤退打赢的。"随后丘吉尔旋即发表了他在二战中最鼓舞人心的一段演说:这次战役尽管我们失利,但我们决不投降,决不屈服,我们将战斗到底。我们必须非常慎重,不要把这次援救说成是胜利。战争不是靠撤退赢得的。但是,在这次援救中却蕴藏着胜利,这一点应当注意到。这个胜利是空军获得的。归来的许许多多士兵未曾见到过我们空军的行动,他们看到的只是逃脱我们空军掩护性攻击的敌人轰炸机。他们低估了我们空军的成就。关于这件事,其理由就在这里。我一定要把这件事告诉你们。这是英国和德国空军实力的一次重大考验。德国空军的目的是要是我们从海滩撤退成为不可能,并且要击沉所有密集在那里数以千计的船只。除此之外,你们能想象出他们还有更大的目的吗?除此之外,从整个战争的目的来说,还有什么更大的军事重要性和军事意义呢?他们曾全力以赴,但他们终于被击退了;他们在执行他们的任务中遭到挫败。我们把陆军撤退了,他们付出的代价,四倍于他们给我们造成的损失……已经证明,我们所有的各种类型的飞机和我们所有的飞行人员比他们现在面临的敌人都要都好。当我们说在英伦三岛上空抵御来自海外的袭击将对我们更有好处时,我应当指出,我从这些事实里找到了一个可靠的论据,我们实际可行而有万无一失的办法就是根据这个论据想出来的。我对这些青年飞行员表示敬意。强大的法国陆军当时在几千辆装甲车的冲击下大部分溃退了。难道不可以说,文明事业本身将有数千飞行员的本领和忠诚来保护吗?有人对我说,希特勒先生有一个入侵英伦三岛的计划,过去也时常有人这么盘算过。当拿破仑带着他的平底船和他的大军在罗涅驻扎一年之后,有人对他说:"英国那边有厉害的杂草。"自从英国远征军归来后,这种杂草当然就更多了。我们目前在英国本土拥有的兵力比我们在这次大战中或上次大战中任何时候的兵力不知道要强大多少倍,这一事实当然对抵抗入侵本土防御问题其有利作用。但不能这样继续下去。我们不能满足于打防御战,我们对我们的盟国负有义务,我们必须再重新组织在英勇的总司令戈特勋爵指挥下发动英国远征军。这一切都在进行中，但是在这段时间，我们必须使我们本土上的防御达到这样一种高度的组织水平，即只需要极少数的人便可以有效地保障安全，同时又可发挥攻势活动最大的潜力。我们现在正进行这方面的部署。这次战役尽管我们失利，但我们决不投降，决不屈服，我们将战斗到底，我们将在法国战斗，我们将在海洋上战斗，我们将充满信心在空中战斗！我们将不惜任何代价保卫本土，我们将在海滩上战斗！在敌人登陆地点作战！在田野和街头作战！在山区作战！我们任何时候都不会投降。即使我们这个岛屿或这个岛屿的大部分被敌人占领，并陷于饥饿之中，我们有英国舰队武装和保护的海外帝国也将继续战斗。这次战役我军死伤战士达三万人，损失大炮近千门，海峡两岸的港口也都落入希特勒手中，德国将向我国或法国发动新的攻势，已成为既定的事实。法兰西和比利时境内的战争，已成为千古憾事。法军的势力被削弱，比利时的军队被歼灭，相比较而言，我军的实力较为强大。现在已经是检验英德空军实力的时候到了！撤退回国的士兵都认为，我们的空军未能发挥应有的作用，但是，要知道我们已经出动了所有的飞机，用尽了所有的飞行员，以寡敌众，绝非这一次！在今后的时间内，我们可能还会遭受更严重的损失，曾经让我们深信不疑的防线，大部分被突破，很多有价值的工矿都已经被敌人占领。从今后，我们要做好充分准备，准备承受更严重的困难。对于防御性战争，决不能认为已经定局！我们必须重建远征军，我们必须重建远征军，我们必须加强国防，必须减少国内的防卫兵力，增加海外的打击力量。在这次大战中，法兰西和不列颠将联合一起，决不屈服，决不投降！

3. 过渡自然

演讲稿的内容一气呵成，成为一个有机的整体，还必须重视过渡。由于演讲稿讲究需要收集丰富的资料，需要从不同的角度讲道理，所以容易导致结构零散。通过必要的过渡使各个内容层次的变换更为巧妙和自然，使演讲稿富于整体感。下面是美国总统林肯在南北战争时期发表的一次演讲：

87年前，我们的先辈们在这个大陆上创立了一个新国家，它孕育于自由之中，奉行一切人生来平等的原则。现在我们正从事一场伟大的内战，以考验这个国家，或者任何一个孕育于自由和奉行上述原则的国家是否能够长久存在下去。我们在这场战争中的一个伟大战场上集会，烈士们为使这个国家能够生存下去而献出了自己的生命。我们来到这里，是要把这个战场的一部分奉献给他们作为最后安息之所。我们这样做是完全应该而且是非常恰当的。但是，从更广泛的意义上来说，这块土地我们不能够奉献，不能够圣化，不能够神化。那些曾在这里战斗过的勇士们，活着的和去世的，已经把这块土地圣化了，这远不是我们微薄的力量所能增减的。我们今天在这里所说的话，全世界不大会注意，也不会长久地记住，但勇士们在这里所做过的事，全世界却永远不会忘记。毋宁说，倒是我们这些还活着的人，应该在这里把自己奉献于勇士们已经如此崇高地向前推进但尚未完成的事业。倒是我们应该在这里把自己奉献于仍然留在我们面前的伟大任务——我们要从这些光荣的死者身上汲取更多的献身精神，来完成他们已经完全彻底为之献身的事业；我们要在这里下定最大的决心，不让这些死者白白牺牲；我们要使国家在上帝福佑下得到自由的新生，要使这个民有、民治、民享的政府永世长存。

林肯这篇十分有名的葛底斯堡演说虽然篇幅短小，但是却十分注重内在结构的统一，用了口语化的连接词以使得整个演讲稿结构严密，一气呵成。

（四）结尾

结尾要简洁有力。美国作家约翰·沃尔夫说："演讲最好在听众兴趣到高潮时果断收束，未尽时戛然而止。"这是演讲稿结尾最为有效的方法，即在高潮戛然而止，往往能给听众留下深刻的印象。结尾可以用号召性、鼓动性的话收束，也可用诗文名言或幽默的话结尾。但不管怎样，都力求给听众留下深刻的印象。上面提到的贝拉文蒂的演讲稿，最后以"你们今天的行动和诚意，将会载入秘鲁的史册"结尾，干净利落又满怀激情地评价了学生的行为，显示出理解珍惜的态度。白岩松在《人格是最高的学位》的结尾以设问的方式，对自我的人生道路提出了要求，也表明了决心。语言简洁明白，情感真挚，又很好地照应了开头，点明了主题："于是，我也更加知道卡萨尔斯回答中所具有的深义。怎样才能成为一个优秀的主持人呢？心中有个声音在回答：先成为一个优秀的人，然后成为一个优秀的新闻人，再然后是自然地成为一名优秀的节目主持人。我知道，这条路很长，但我将执着地前行。"结尾要精彩，卡耐基先生曾经说过："最后的——也是最重要的……缄口之前挂在嘴边的词儿，可能使人记得最久。"整个演讲犹如画龙，而结尾部分犹如点睛，能给人以强烈的印象。

常见的结尾方式有以下六种。

1. 概括式——有助于听众加深对演讲内容的理解

用简洁明了的语言，把自己演讲的全部内容概括成几句话，这样有助于听众对演讲内容的理解。

鲁迅先生在广州知用中学《读书杂谈》的演讲也是这样结尾的："总之，我的意思是很简单的：我们自动地读书，即嗜好地读书，请教别人是大抵无用，只好先行泛览，然后抉择而入自己所爱的较专一或几门，但专读书也有弊端，所以必须和现实社会接触，使所读的书活起来。"

2. 号召式——焕发听众激情，激励听众行动

用这种方法结束演讲，能焕发出听众的激情，激励他们的行动。闻一多先生在《最后一次演讲》中就是这样结尾的："正义是杀不完的，因为真理永远存在！历史赋予昆明的任务是争取民主和平，我们昆明的青年必须完成这任务，我们不怕死，我们有牺牲的精神！我们随时像李先生一样，前脚跨出大门，后脚就不准备再跨进大门。"

3. 赞颂式——融洽关系，留下美好印象

这样的结尾，可以使演讲者与听众的关系更融洽，给听众留下亲切、美好的印象。一个学生的演讲稿结尾是这样的：

同学们，在我们这一代肩上，肩负着民族振兴的重任。我相信，每个同学都是有志青年，我们应当更加努力，立志成才，为中华民族的腾飞而拼搏，让她重新屹立在世界的东方。这样我们才能前不愧对祖先，后不愧对来者。"弃燕雀之小志，慕鸿鹄之高飞。"中华儿女，从来是不甘落后的。同学们，努力奋飞吧！

4. 名言式——丰富并深化主题，令听众心悦诚服

名言结尾，指演讲者引用名人的名言警句结束演讲，将演讲推向一个新的高潮，有力证明论题，丰富并深化演讲的主题，令听众心悦诚服。胡适的《毕业赠言》结尾，运用名言颇耐人寻味："诸位，十一万页书可以使你成为一个学者了。可是，每天看三种小报，也得浪费你一点钟的功夫，四圈麻将也得费你一点半钟的光阴。看小报呢？还是努力做一个学者呢？全靠你自己的选择！易卜生说：'你的最大责任，是把你这块材料铸造成器。'学问便是铸器的工具，抛弃了学问便是毁了你自己。再回来！你们母校眼睁睁地要看你们十年之后成什么器。"这样的结尾，情真意切，谁能不心悦诚服地接受他的见解呢？

5. 诗词式——显出高尚优美，留下余韵悠悠

诗词结尾，指演讲者恰当地引用诗词作为结束语，使听众得到更深的启发，给听众留下一种余韵。在演讲的结尾，如果能引用适当的诗词做收束，那是最理想的，它将显出高尚优美。

美国黑人民权运动著名领袖马丁·路德·金的著名演讲《我有一个梦》的结尾，也是诗词结尾的典范。

到了这一天，上帝的所有孩子都能以新的含义高唱这首歌：

我的祖国，

可爱的自由之邦，

我为您歌唱。

这是我祖先终老的地方,

这是早期移民自豪的地方,

让自由之声,响彻每一座山岗。

如果美国要成为伟大的国家,这一点必须实现。

因此,让自由之声响彻新罕布什尔州的巍峨高峰!

让自由之声响彻纽约州的崇山峻岭!

让自由之声响彻宾夕法尼亚州的阿勒格尼高峰!

让自由之声响彻科罗拉多州冰雪皑皑的洛基山!

让自由之声响彻加利福尼亚州的婀娜群峰!

不,不仅如此,让自由之声响彻佐治亚州的石山!

让自由之声响彻田纳西州的望山!

让自由之声响彻密西西比州的一座座山峰、一个个土丘!

让自由之声响彻每一个山冈!

当我们让自由之声轰响,当我们让自由之声响彻每一个大村小庄、每一个州府城镇,我们就能加速这一天的到来。那时,上帝的所有孩子——黑人和白人、犹太教徒和非犹太教徒、耶稣教徒和天主教徒,将能携手同唱那首古老的黑人灵歌:

终于自由了!

感谢全能的上帝,

我们终于自由了!

结尾运用诗歌,情绪激昂,文字优美,极富感召力。"让自由之声响彻山冈",这脍炙人口的佳句,成为激励黑人进行斗争的座右铭。运用诗词结束演讲,可以收到余音绕梁不绝于耳、言有尽而意无穷的演讲效果。

6. 高潮式——铿锵入耳,高潮迭起

1941年12月8日美国罗斯福总统发表了《一个遗臭万年的日子》的演讲,结尾这段话即是高潮式的名篇。

我现在断言,我们不仅要做出最大的努力来保卫我们自己,我们还将确保这种形式的背信弃义永远不会再危及我们。我这样说,相信是表达了国会和人民的意志。敌对行动已经存在,毋庸讳言,我国人民、我国领土和我国利益处于严重危险之中。信赖我们的武装军队——依靠我国人民的坚定决心,我们将取得必然的胜利——上帝助我!

我向国会宣布,自1941年12月7日——星期日日本进行无缘无故和卑鄙怯懦的进攻时起,合众国和日本帝国之间已经处于战争状态。

整个演讲给人以庄重、严肃、紧急的感觉。

运用高潮式结尾应注意以下两点：

第一，不要告诉听众你要结束演讲了。最好不用"我现在做个小结和归纳"之类的话，也不要用某种表情或动作来显示你的演讲即将结束。否则，听众就会开始计算时间，分散注意力，很难继续专心听你的演讲。

第二，应当让听众有一种余音绕梁、意犹未尽的感觉。

第四节　企业家演讲沟通技巧

一、培养记忆能力

讲前准备主要考验人的记忆能力。人们总是称赞那些口若悬河、滔滔不绝的演讲者，这主要是因为他们有内容可讲。演讲水平的提高是一个不断积累的过程，演讲者博览群书，吸取丰富的知识，储存了大量的材料，耳濡目染了生活的方方面面；一旦需要写演讲稿时，就可以迅速而准确地组织到演讲稿中。当演讲者登上演讲台时，则需要极强的记忆力；否则，若经常忘词，就会影响演讲效果。所以，演讲准备时可以通过大声朗读、反复地训练来加强。林肯为葛底斯堡的成功演讲所做的准备，值得我们仿效：葛底斯堡战役后，决定为死难烈士举行盛大葬礼。掩葬委员会发给总统一张普通的请帖，他们以为他是不会来的，但林肯答应了。既然总统来，那一定要讲演的，但他们已经请了著名演说家艾佛瑞特来做这件事。因此，他们又给林肯写了信，说在艾佛瑞特演说完毕之后，他们希望他"随便讲几句适当的话"。林肯平静地接受。两星期内，他在穿衣、刮脸、吃点心时想着怎样演说。演说稿改了两三次，他仍不满意。到了葬礼的前一天晚上，还在做最后的修改，然后半夜找到他的同僚高声朗诵。走进会场时，他骑在马上仍把头低到胸前默想着演说辞。正是由于林肯对讲稿的多次精读、反复修改才有了这场著名的葛底斯堡演讲。值得注意的是，熟记背诵讲稿很多时候不必拘泥于具体的字句词，记住主要的观点材料就行。也可采用一些特殊的记忆法，如词组法（每部分抽出一个富有代表性的词，组成一个句子）、时间法、空间法等。

二、加强口头表达能力

口语是运用最多，也是最便捷、最重要的一种表达方式。没有这种表达能力，演讲就会变得不可思议。演讲和口语表达能力是密不可分的，平时应该注重这方面能力的培养。演讲口才并非天生，后天的培养至关重要。林肯年轻时，为了苦练演讲，经常"徒步三十英里，到法院去听律师们的辩护，看他们如何辩论，如何做手势。他一边听那些政治演说家声若洪钟、慷慨激昂的演说，一边模仿他们。他听了那些云游四方的福音传教士生动的布道后，回来后也学他们的样子。为了练就口才，提高演讲水平，他曾对着树、树桩、成行玉米演讲过多次"。诗人闻一多先生，也是有名的演讲家。他的演讲之所以成功，也是与他年轻时刻苦练习分不开的。1919年他在清华学校学习，从不间断练习演讲，一旦有所放松，他就在日记里警告自己："近来学讲课练习又渐疏，不猛起直追恐便落人后。""演说降到中等，此大耻奇辱也。"他坚持练习演讲，在日记里，他写道："夜出外习演讲十二遍。"第二天又写道："演说果有进步，当益求精致。"北京的一月天寒地冻，可他毫无畏惧。几天后又说"夜至凉亭练演说三遍"，回宿舍又"温演说五遍"，第二天又接着"习演说"。闻一多先生正是通过勤奋的练习，才提高自己的演讲水平。所以，对一个成功的演讲者来说，口头表达能力并不都是天生的，很多都是通过后天的刻苦训练获得的。

三、了解演讲的语境

演讲者除了掌握论题外，还应充分了解演讲的语境，为演讲稿的写作和演讲的顺利进行添砖加瓦。演讲语境包括听众情况、演讲地点、演讲时间、演讲程序等。听众情况指听众的人数、年龄、性别、受教育程度、宗教信仰、工作性质以及参加演讲的原因等；演讲地点如地理位置、场地大小、内部设施等；演讲程序指演讲的安排，如是否安排有听众提问环节等。如果有可能，最好亲自去演讲地点看一看，做到心中有数。

四、正式演讲中的技巧

（一）位置选择

演讲者站立的位置应该保证所有的听众都能看到、听到。

（二）服装选择

演讲者的服装要有别于家常便服，以朴素庄重为宜。一般女性着装应体现端庄典雅，男性着装应体现庄重高贵。

（三）怯场

怯场是每位演讲者都会出现的情况，我们可以采用不同的技巧调节。一般我们可以采用心境调节法，告诉自己我能行，培养自己的自信；也可以在演讲前听听音乐，读读画报，开开玩笑，以调节自己的心境。我们也可采用心理暗示法，告诉自己听众很熟悉，成不成功都没关系，他们不会笑话你；或者告诉自己下面的听众我都不认识，所以演讲成不成功没关系；有时甚至可以把下面的听众想成某种具体的物体，或者把自己想成是现场唯一的权威；等等。我们还可以采用分散注意法，将注意力分散到其他事物上，如现场的杯子、扩音器等，想想与这些物品相关的信息；也可以采用假装勇敢法，像一位大胆而成功的演讲者那样走上演讲台；等等。

（四）中途忘词

有时由于紧张，演讲时思维会出现一时的短路，这时切不可使演讲停下，或抓耳挠腮，分散听众的注意力。而应随方就圆，想起哪儿，就在哪里接着往下说；或者有意重复前边的内容，边重复边回忆。

（五）说错话

有时紧张也会导致偶尔的口误，这时切不可道歉说"对不起，我刚才说错了"，破坏演讲的完美性和连贯性。我们可以将错误置之不理或紧接着说"这难道是对的吗？""刚才明明是错误的思想，偏偏有个别人信奉为真理"等修正刚才的口误。出现意外情况时应该保持冷静，判断现场的意外情况是否跟自己有关，比如是否与自己的内容、演讲技巧或时间等有关。如若有关，要及时进行调整。

五、演讲中的体态语训练

演讲中除了"讲"和"听"之外，还要注重"演"和"看"，如演讲者的目光、表情、手中的动作、身体的姿势等。只有充分调动了身体语言，才能使你的演讲真正成为"演讲"。所以，在视觉上也要给听众以感染力，增强演讲的效果。

（一）身体语言

演讲时的身姿应该保持自然、挺胸，身体的重心平稳，双脚略微分开，既要让观众感觉到演讲者优良的精神状态，又要避免给人僵硬之感。演讲者上下台步子轻捷从容，面对观众务必大方自然，亮相得体，上场后首先环视一下全场，接下来可以进行开场白。演讲的开场白没有固定模式，一般是向听众问好致意并作自我介绍。面前有演讲桌时，双手交叉自然放在身体的前面，或者自然下垂于身体两侧；切忌在胸前抱臂，或把手放在另外一个手臂上，也不能把手背在后面。目光平视，忌盯住一点或看天花板。演讲时一定要保持镇定，慌里慌张，或装腔作势，或手撑在演讲桌上都会影响听众的情绪。最后，演讲中要避免一些细小的动作，有时演讲者不一定会意识到。例如，摇头，抖动，摆弄领带、笔等，会将观众的注意力吸引到这些无意义的小动作，从而影响演讲效果。

（二）表情语言

演讲者应善于通过自己的面部表情，把自己的内心情感最恰当地显示出来，与听众构筑起交流思想感情的桥梁。面部表情贵在自然，自然才会真挚，做作的表情显得虚假。同时，面部表情应该随着演讲内容和演讲者的情绪发展而变化，既顺乎自然，又能够和演讲内容合拍。同时应注意：表情拘谨木讷，会影响演讲的感染力和鼓动力；而神情慌张又难以传达出演讲内容和演讲者的情感，也会影响听众的情绪；而故作姿态的感情表露会使听众感到虚假或滑稽，降低对演讲者的信任感，影响演讲效果。整个演讲过程中应面带轻松、自然的表情。脸部表情中眼睛是关键，内心世界的各种活动都能通过眼睛表现出来。视线要依据演讲内容做调整，切忌眼睛向下盯着演讲桌，看着天棚的一角或不停地看讲稿，或者只盯着观众席中的某一个人或某个地方。这些动作会影响演讲内容的表达，影响演讲者与听众间的情感交流，从而影响演讲的效果。

（三）手势语言

每个人的手势语言都不尽相同，演讲中应该根据不同的内容做出恰当的手势。但演讲中对手势语言没有特殊规定，也没有必要将两个特点各异的人训练成手势完全相同的人。手势语言由演讲者的气质、演讲的主题和演讲的内容决定，注意手势与演讲内容的一致。但演讲中切忌大幅度的动作和重复使用一种手势。另外，演讲中不能有太多的手势，以免让听众感到眼花缭乱。

【案例 7-6】名人的"动作"演讲

有的演讲者，上台后并不立即开口，而是先做一些动作，以引起听众的注意与好奇心。等听众聚精会神之际，再配以精彩的言辞。这样，一下子就能抓住听众的心。而一些名人的演讲"动作"更是出人意料，令人拍案，现撷取三则，以飨读者。

冯玉祥"搭鸟窝"。1938 年秋，冯玉祥将军到湖南益阳县城，向几万人发表演讲，鼓励他们抗日。冯玉祥将军出场时，只见他左手握着一株小树，将一个草编的鸟窝放在树枝的丫间，鸟窝里有几个鸟蛋。下边人都愣了，不知他这是要干什么。这时,冯玉祥将军开口说话了,他说:"大家知道,先有国家,然后才有小家,才有个人的生命的保障。""我们的祖国遭到了日本帝国主义的侵略,我们都要用自己的双手保卫她,那就是起来抗日。如果不抗日——"说到这里,他手一松,树倒了,窝摔了,蛋破了。在这里,冯玉祥将军用小树比作国家,用鸟窝比作家庭,用鸟蛋比作个人,用握着小树的那只手比作捍卫国家的人,以实物展示,真实生动,增强了说服力。

冯骥才"脱衣服"。1985年下半年,冯骥才应邀到美国访问。一天,旧金山中国现代文化中心邀请他去演讲。美国人参加这类活动是极其严肃认真的,必定是西装革履,穿着整整齐齐;对演讲者要求很高,必须是口若悬河、机智敏锐,而且要幽默诙谐,否则就不买你的账,甚至会纷纷退场,让你下不了台。演讲会即将开始,大厅里座无虚席,鸦雀无声。文化中心负责人葛浩文先生向听众介绍说:"冯先生不仅是作家,而且还是画家,以前还是职业运动员。"简短介绍完毕,大厅里一片寂静,只等这位来自中国的作家开讲了。这时,冯骥才心情也很紧张,这台戏不好唱啊!只见冯骥才沉默了片刻,当着大家的面,把西服上衣脱了下来,又把领带解下来,最后竟然把毛背心也脱了下来。听众都愣了,不知他葫芦里卖的是什么药。大厅里静得掉根针也听得见。略停了一会儿,冯骥才开口慢慢说道:"刚才葛先生向诸位介绍了我是职业运动员出身,这倒勾起了我的职业病。运动员临上场前都要脱衣服的,我今天要把会场当作篮球场,给诸位卖卖力气。"全场听众大笑,掌声雷动。

陶行知"喂鸡"。有一次,陶行知先生在武汉大学演讲,走上讲台,他不慌不忙地从箱子中拿出一只大公鸡,台下的听众全愣住了,不知陶先生要干什么。陶先生从容不迫地又掏出一把米放在桌上,然后按住公鸡的头,强迫它吃米,可是大公鸡只叫不吃。怎么才能让鸡吃米呢?他扳开鸡的嘴,把米硬往鸡的嘴里塞,大公鸡拼命挣扎,还是不肯吃。陶先生轻轻地松开手,把鸡放在桌子上,自己向后退了几步,大公鸡自己就吃起米来。这时陶先生开始演讲:"我认为,教育就跟喂鸡一样,先生强迫学生去学习,把知识硬灌给他,他是不情愿学的,即使学也是食而不化;过不了多久,他还是会把知识还给先生的。但是如果让他自由地学习,充分地发挥他的主观能动性,那效果将一定会好得多!"台下一时间欢声雷动,为陶先生形象的演讲开场白叫好。陶行知不愧为平民教育家,他采用了人所共知的"喂鸡"这一动作,非常形象地说明了一个很重要的道理:要发挥学生学习的主动性。

第五节 即兴演讲

一、即兴演讲的概念

即兴演讲是指在特定场景和主题的诱发下，或者是自发或者是应他人要求，立即进行的演讲，是一种不凭借文字材料进行表情达意的口语交际活动。在现实生活中，各类聚会中的欢迎、感谢、就职、哀悼、答谢、寿庆等都属于即兴演讲。即兴演讲能力已成为现代社会人才不可缺少的条件，其特点如下。

（一）即兴发挥

即兴演讲一般都是在"三没有"的情况下进行的，即没有讲稿，没有充分的时间进行思考和推敲措辞，没有修改讲话的回旋余地，因此即兴演讲往往需要演讲者临场出色发挥。演讲者必须从凭借自身的经历、才能和知识底蕴，从眼前的事、时、物、人中找出触发点，将自己短时间之内形成和正在思索着的思想和观点立即用口语表达出来，并且必须一次成功。所以，即兴演讲大多是演讲者真实思想的流露，言为心声在这里得到了真实体现。

（二）篇幅短小

演讲者要以简洁、生动、形象的语言去征服听众。这也是由即兴演讲的临场性这一基本特征所决定的。即兴演讲者事前多无准备，所以不容易长篇大论滔滔不绝。即兴演讲的场合多是现实生活中的一个场景，比如答辩、聚会、宴会等，大家需要的只是演讲者表达一下自己的心意、看法或者情感，不要求其做长篇报告。所以，即兴演讲不可能长，也不能长。

（三）使用面广

即兴演讲是指演讲者在事先无准备、事先没有拟稿的情况之下进行的演讲活动。比如，主持会议、答辩、欢迎欢送、宴会祝酒、婚丧嫁娶、答记者问等均少不了即兴演讲。

节目主持人杨澜在一次演出时，下台阶时摔了下来。但杨澜非常沉着地爬了起来，对台下的观众说："真是人有失足，马有失蹄呀。我刚才的狮子滚绣球的节目滚得还不熟练吧？看来这次演出的台阶不那么好下哩！但台上的节目会很精彩的，不信，你们瞧他们。"杨澜这段非常成功的即兴演讲，以其敏捷的反应、幽默的语言和适时的话题转移，为自己摆脱了难堪，也显示出她非凡的口才，以致她话音刚落，会场就报以热烈的掌声。演讲是一门艺术，而即兴演讲则是这门艺术中的精华，同时是衡量一个人口才的重要依据。它以其短小精悍的特点而为广大人民所喜爱，成为工作、学习、生活中的一个重要组成部分。

二、即兴演讲技巧

即兴演讲所涉及的范围十分广泛，但有时可做预测性准备，比如参加某项活动前先想一想：写什么，怎么说；有时则利用演讲前两三分钟的时间准备讲话的内容。

（一）审题

审题是即兴演讲十分重要的一环，决定着演讲内容能否围绕主题展开，以防止内容不着边际或大而空。例如，以"环境与成才"作为即兴演讲的题目，首先应该考虑"环境"这一概念在具体语境中的含义，成才的环境可分为"大环境"和"小环境"。"为了激发兴趣，吸引听众"，演讲者审题时应该将重点落在"小环境"上，否则内容容易"虚"，没有亲和力和说服力。

（二）选材

即兴演讲能否获得成功，选材是关键。一般情况下，演讲时我们一般选取自己认为最具说服力的、自己感受最深的、鲜为人知但易于理解的材料。一般可以采用"选点法"，就地取材，选好与听众易于沟通的人或事物，往往能激起听众的共鸣。例如，郭沫若的《在萧红墓前的五分钟讲话》：

年轻人之所以为年轻人，并不是单靠年纪轻。假如单靠年纪轻，我们倒看见有好些年纪轻轻的人，却已经成了老腐朽、老顽固，甚至活的木乃伊——虽然还活着，但早已死了，而且死了几千年。反过来，我们在历史上也看见有好些年纪的人，精神并不老，甚至有的人死了几千年，而一直都还像活着的年轻人一样。所以，一个人年轻不年轻，并不是专靠着生理上的年龄，而主要的还是精神上的年龄。便是"年轻精神"充分的，虽老而不死；"年轻精神"丧失的，年纪虽轻而人已死了。萧红是当时文坛上一位才华横溢的女作家，她去世时年仅31岁，非常年轻，她的创作也处于高峰期。所以，她的离去是文坛的一大损失。

郭沫若的演讲从萧红"年轻"生命的消逝着手，饱含深情地评价了她短暂一生的光辉。应该说，抓住了演讲中的一个"点"，具有情感的煽动力。具体在即兴演讲中，可以采用以下方法抓住演讲"点"。

以"物"为点。抓住某物在特定场合、特定时间下的象征意义，借题发挥。在上海市"钻石表杯"业余书评授奖大会上，有人即兴演讲如下：

今天，我参加"钻石表杯"业余书评授奖大会，我想说的一句话是：钻石代表坚韧，手表意味时间，时间显示效率。坚韧与效率的结合，这是一个人读书的成功所在，一个人的期望所在。谢谢大家。

这篇即兴演讲以物品的名称作为切入点，既抓住了产品的特点，也揭示了产品丰富的含义，很好地抓住了即兴演讲的主题和要点。

以"环境"为点。以"环境"为点就是以会场的环境或周围某种氛围为点，引出演讲，表现主题。例如，上海新闻工作者协会主席王维同志一次出席上海市企业新闻工作者协会成立大会。大会是在上海第三钢铁厂新建的宽敞俱乐部会议大厅召开的。他发表了如下的即兴演讲：

我来参加会议，没有想到有这么好的会场，这个会场不要说是上海市企业报记者协会成立大会，就是上海市记协成立大会也可以在这里召开。没有想到有这么多的企业报记者、编辑参加这个大会，它说明企业报的同仁是热爱自己的组织，支持这个组织的。没有想到，今天摆在主席台上的杜鹃花这么美丽。鲜花盛开标志着企业报记者协会也会像这杜鹃花一样兴旺、发达。

以对主办方所选择的会场及其环境的夸赞引出其对成立大会的祝贺与赞美之情，让听众感觉亲切、得体。

以"前者讲的内容"为点。要求当场从前面演讲者的演讲里，捕捉话题，加以引申、发挥，讲出新意，给人启迪，难度较大。白岩松参加"做文与做人"的主题演讲，在他前面的西藏日报记者白娟讲述了自己作为一个驻藏记者的自豪，也谈到了作为母亲因为工作不能与孩子在一起的心酸。演讲情真意切，十分感人。白岩松的开场白就以白娟的演讲为"点"："我是一个两岁孩子的父亲。我知道，在一个孩子一岁半到两岁之间，没有母亲在身边，对母亲来说是怎样的一种疼痛，我愿意把我心中所有的掌声，都献给前面的选手。"白岩松真诚美好的敬意赢得了全场热烈的掌声。开场白不仅激起观众感情的又一高潮，也为自己赢得了很高的起点。

三、即兴演讲构思

即兴演讲的构思，一般使用连缀法，即通过联想把已经选好的人、事、物联系起来，并设法将其与演讲的主题契合。

（一）并列式

将总题分解成若干个分题，排比成篇，分析其中的关系，得出有意义的认识。权红在《世界也有我们的一半》的即兴演讲中，谈了三个问题：一是女人没有获得自己的"一半",二是女人本应有自己的"一半",三是女人应争得自己的"一半"。这三个分题各自独立又互相连贯,共同阐明同一主题:世界也有我们的一半。这种组合方式可使演讲条理井然,听者也会获得一个清晰的印象。

（二）对比式

将对立的两个点并列在一起,形成强烈的反差,从而深刻揭示演讲的主题。新东方掌门俞敏洪的一次励志即兴演讲《人要像树一样活着》,即通过"树"与"小草"的对比来揭示"我们该怎样活着,怎样让自己活得有意义"这样一个主题。

人的生活方式有两种,第一种方式是像草一样活着。你尽管活着,每年还在成长,但是你毕竟是一棵草——你吸收雨露阳光,但是长不大。人们可以踩过你,但是人们不会因为你的痛苦而产生痛苦,人们不会因为你被踩了而来怜悯你,因为人们本身就没有看到你。所以,我们每一个人,都应该像树一样地成长。即使我们现在什么都不是,但是只要你有树的种子,即使你被踩到泥土中间,你依然能够吸收泥土的养分,自己成长起来。当你长成参天大树以后,遥远的地方,人们就能看到你;走近你,你能给人一片绿色。活着是美丽的风景,死了依然是栋梁之材,活着死了都有用。这就是我们每一个人做人的标准和成长的标准。

（三）宝塔式

用递进深入的方法把各点连缀起来,使之成为一个层层深入的整体。湖南师大党委副书记戴海同志在一次大学生晚会上的即兴讲话《矮子的风采》中讲道：

矮个儿怎样才能具有风采呢？我有几点心得可供参考：第一,要有自信。第二,不要犯忌讳。第三,把胸脯挺起来,但也用不着踮脚尖。第四,最重要的还是本人的德学才识,有修养,有风度,对社会有贡献,自然受人爱戴。

（四）串联式

将讲话内容紧扣主题,按照事情发展的时间顺序将材料组织起来。例如,《我的理想》：

小时候,我有一个最大的理想,就是希望拥有一双皮鞋！当然一双皮鞋对于现代都市里的人来说算不了什么,可是对于我们那个偏远的农村来说,就意味着走出山外,意味着考上大学,意味着脱离农村的一切！在我童年的记忆中,在村里的路上,有光洁的石板路和泥泞的土路。到了下雨的天气,牛粪猪粪被水冲刷,路上全是粪的气息,好多人光着脚走在山路上,山路因此而回肠。这时要是有一双草鞋就算很不错了,我们只能都是光着脚在雨中奔波；能够有一双皮鞋，那是可望而不可即的事情！上了小学，我的外婆送给我一双手工做的布鞋；到了初中，父亲给我买了一双解放鞋；上了大学，我靠学生证加逃票做点小生意，维持着自己的学费，我给自己买了一双运动鞋。在学校里无论是学习还是运动，我都要跑在前面，争取第一！今天我在都市里生活着，丢掉了草鞋，抛弃了布鞋，穿着西装打着领带，配上名贵的皮鞋。可是，我变得更加懒惰、无聊！我竟然没有了学习的动力，失去了上进的信心！久违了！擦皮鞋的时候，我想到我的成长之路。一个时期一双鞋，简简单单一双鞋，我的命运发生了变化。我不能再这样了，我要穿着我的这双皮鞋，去征服脚下的一切困难！

这篇演讲稿将自己渴望一双皮鞋的经历与成长之路联系在一起，按照时间顺序组织起来。在演讲者看来，皮鞋是战胜困难的动力，是其前进的勇气和信心。全文条理清晰，主题分明。

（五）公式式

按照一个公式去组织演讲的内容，这个公式是：是什么（谁）？为什么？怎么做？其用英语可表达为 what、why、how。例如：

尊敬的学校领导、老师，亲爱的同学们：

大家好！

我是来自 xx 班的 xx，性格活泼开朗，处事沉着、果断，能够顾全大局。今天我很荣幸地站在这里表达自己由来已久的愿望——"我要竞选学生会主席"。我在这里郑重承诺："我将尽全力完成学校领导和同学们交给我的任务，使学生会成为一个现代化的积极团体，成为学校的得力助手和同学们信赖的组织。"

我已经在团委会纪检部工作了近一年的时间，从工作中，我学会了怎样为人处世，怎样学会忍耐，怎样解决一些矛盾，怎样协调好纪检部各成员之间的关系，怎样处理好纪检部与其他部门之间的关系，怎样动员一切可以团结的力量，怎样提拔和运用良才，怎样处理好学习与工作之间的矛盾。这一切证明：我有能力胜任学生会主席一职，并且有能力把学生会发扬光大。假如我当上了学生会主席，我要进一步完善自己，提高自己各方面的素质，要进一步提高自己的工作热情，以饱满的热情和积极的心态去对待每一件事情；要进一步提高责任心，在工作中大胆创新，锐意进取，虚心地向别人学习；要进一步地广纳贤言，做到有错就改，有好的意见就接受，同时坚持自己的原则。假如我当上了学生会主席，我要改革学生会的体制。真正做到"优胜劣汰"，做到"日日清，周周结"，每周都对各部门的负责人进行考核，通过其部门成员反映的情况，指出他在工作中的优点和缺点，以朋友的身份与他商讨解决方案并制订出下阶段的计划。经常与他们谈心，彼此交流对生活、工作的看法，为把学生会工作做好而努力。开展主席团成员和各部长及负责人自我批评、自我检讨的活动,每月以书面材料形式存入档案。我还将常常找各部门的成员了解一些情况,为做出正确的策略提供可靠的保证。还要协调好各部门之间的关系,团结一切可团结的力量,扩大学生会的影响及权威。

假如我当上了学生会主席,我将以"奉献校园,服务同学"为宗旨,真正做到为同学们服务,代表同学们行使合法权益,为校园的建设尽心尽力。在学生会利益前,我们坚持以学校、大多数同学的利益为重,决不以公谋私。努力把学生会打造成一个学生自己管理自己,高度自治,体现学生主人翁精神的团体。

我知道,再灿烂的话语也只不过是一瞬间的智慧与激情,朴实的行动才是开在成功之路上的鲜花。我想,如果我当选的话,一定会言必行,行必果。请各位评委给我一张信任的投票,给我一个施展才能的机会!谢谢!

这篇竞选学生会主席的演讲稿,主体部分就是按照公式法来组织的,分别回答了要竞选的职位是什么、为什么竞选这个职位、如果竞选成功会如何做三个方面的内容,逻辑清晰,观点鲜明。当演讲者遇见某一演讲命题时,首先就要看它适合以何种思路或者模式展开,这样演讲的思路比较清晰,材料也容易组织。

(六)结构精选模式

美国公共演讲专家理查德还为爱好演讲者提供了一个结构精选模式,同样的构思,不同的表述,达到的效果却截然不同。

四、表达

有了材料,有了良好的谋篇布局,接下来便是良好表达了。表达时我们可以考虑采用以下技巧:

口语化。口语化即用自己熟悉的话,尽量避免深奥冷僻的字词;单音节换成双音节,如"曾——曾经""已——已经""因——因为""应——应该""时——时间、时候、时刻、时分"等;少用或禁用不规范简称,如"垃协——垃圾协会"等。

问题化。问题化即将重点转化成问题。这样有助于引起听众的好奇心,激发听众的兴趣。

细节化。细节化演讲时特别是对具体场景的描述,注意多用动词描绘细节,这样演讲才可能生动感人。

戏剧化。描述场景时还可多用对话,以突出演讲效果。

简单化。简单化即多用简单句（KISS——KEEP IT STUPID AND SUMPLE）或者将长句换成短句。

排比化。排比化就是多用排比句。演讲中排比句的使用有利于突出演讲的气势，烘托出高潮。

【案例7-7】相聚在陶林　　重温同学梦

女士们、先生们、老师们、同学们：

　　万水千山总是情，同学相聚在陶林。美不美家乡水，亲不亲同乡人，明不明故乡月，念不念同学情。天地悠悠，岁月流淌，往事如梦，真情难忘。中学如诗，激情豪放；中学如歌，余音绕梁。想当初我们恰同学少年，意气风发，拥抱哈少乌素，相约哈少乌素这片热土，在书山上攀登，在学海里畅游，锤炼健美的体魄，书写人生的华章。

　　风雨四十年，弹指一挥间。昔日风华正茂的帅哥靓妹如今已两鬓白发。四十年后再聚首，让人兴奋解忧愁！兴奋的是五十岁开外的人仍然拥有一颗年轻的心，自豪于我们还保存着一份至善之心！至纯之意，至真之情！延续至今的友情、爱情、真情、热情让人兴奋不已！这是一个令人激动的时刻，在这激动人心的欢聚时刻，我在这里，用一颗虔诚的心，首先，向辛勤培育了我们的哈少乌素头号高中母校的各位老师，特别是学高为师、身正为范的班主任崔斌和老师，致以崇高的敬意！崔老师因身体原因，没能参加本次聚会深表憾意。在此祝崔老师早日康复，福如东海，寿比南山。在此我们还要深切缅怀我们的首任校长杨国亮老师，为人师表，率先垂范，字迹清秀，板书工整。先生已故，风范犹存，是值得我们永远学习的楷模！其次，向本次聚会的倡议者、组织者，以及筹备委员会的同学们致以深深的谢意！面对你们，我的感激之情无以言表，只能向你们说一声：你们辛苦了！最后，向参与本次聚会的全体同学致以深切的问候！

　　同窗何必曾相识，今日聚会喜相逢。这使我们四十几颗激动的心从四面八方又汇聚到了一起，随着同一个节拍一起跳动，演绎出一支以同学情谊为主旋律的交响乐曲。我相信，此时此刻，我们每个人都无不心绪激动、情感万千！

　　曾记否，我们这些同学在教室、图书室一起度过了最纯洁、最浪漫、最天真无邪的美好时光。月光里、柳荫下、操场上嬉戏逗乐的欢笑声犹响在耳；土窑洞里、林荫树下，同学们看书学习、娱乐休闲的身影还历历在目。连日来将四十年的一幕幕再次精彩回放，有多少难忘的情景还栩栩如生。这一幕幕都是那么记忆犹新，已在我们脑海里烙下了深深的印记。光阴好比河中水，只能流去不复回。

　　四十年的时光，足以让我们在滚滚红尘中体味人生百味。有的同学历经艰辛，金榜题名，仕途通达，事业有成；有的同学一身正气，两袖清风，三尺讲台，四季耕耘，教书育人，传承文明；有的同学随着社会改革的浪潮，投身商海，充当了商海的弄潮儿，发家致富；有的同学背井离乡，外出打工，靠自己勤劳的双手积累着财富；还有些同学终身留守自己家乡的这块热土上，把毕生的精力奉献给了家乡的建设，热恋故土，成为当地的养殖种植大户；有的同学淡泊名利，过着平淡安静的生活；有的同学已提前退休，开始安度"晚年"。但是我们要牢记习近平总书记的教诲，小康路上一个都不能掉队，我们同学们要不忘初心，守望相助，共同富裕，这也是我们今日聚会的主题。

岁月的沧桑，洗尽了我们青春的年华和天真烂漫，但洗不去我们心中那份深深的同学情谊。无论人生沉浮与贫贱富贵怎样变化，我们的同学情谊就像一杯淳厚的陈酿，历久弥新，越品味越浓，越品味越香，越品味越醇。物换星移、寒暑易节，四十个春秋后，我们虽然不再年轻，但是激情依旧。今天我们满怀喜悦，欢聚一堂，深情追忆踪迹难觅的人生旅途，细细品味风霜雨雪的酸甜苦辣，慢慢回味刻骨铭心的成败得失，相互倾诉人间真情，再度谱写人生华章！在此，我们共同祝愿我们的老师身体会更加康健，我们的家庭会更加幸福，我们的事业会更加成功，我们的人生会更加精彩，我们的未来会更加美好！

毕业四十载，今日大聚会。我们铭记在心，留住记忆，珍藏在胸，难以忘怀！愿我们今天的聚会成为搭起传播友谊的桥梁，彼此之间永远保持联系。辩证法告诉我们：只有现在的普遍联系，才能得到将来永恒的发展。不论是身居高位，还是一介布衣；不论是富甲一方，还是清贫如水，师生恩长久，同学手足情！这永远不会改变！情谊就是情谊，什么也无法代替！在此，祝所有辛勤培育过我们的老师，身体健康，心情愉快，阖家幸福，安度晚年！我们把千言万语凝为一首诗，那就是：不忘初心缘旧梦，同窗好友手足情。今日陶林喜相逢，苍天黄土赤子心。

最后，祝所有的同学，心宽体健，事业顺利，家庭和睦，平安快乐！让我们再次重温旧情，珍惜友情，献出热情，拥抱真情，相约永久，情谊永恒！

谢谢大家！

（资料来源：本书作者2017年在高中同学毕业40年聚会的演讲词）

第六节　竞聘演讲

竞聘演讲即为求得自己所求的岗位，重点突出自身的优势，以引起听众对自己的认同并希望最终竞聘成功的演说。与一般的即兴演讲相比,竞聘演讲具有以下一些特点。

一、目标明确

竞聘演讲区别于其他演讲的主要特征是目标明确。演讲者上台后就要鲜明地亮出自己所要竞聘的目标岗位,同时所组织的材料应该围绕竞聘成功的目的。

二、精选优势

竞聘演讲的目的是求得自己所求的岗位,所以竞聘者不必谦虚,而是要突出自身的优势,特别是别人所没有的优势。即使是自身的不利因素,也要通过合理的方法将它转化为优势。例如,一位工人在一次竞聘厂长的演讲中这样转化自我的"劣势":"我一没有党票,二没有金灿灿的大学文凭,三没有丰富的阅历,我只是一个初涉人世的二十五岁的小伙子。你们有百分之百的理由怀疑我是否能担得起化肥厂厂长的重任。然而,同志们、朋友们,请你们仔细地想想,我们化肥厂长期处于瘫痪的状态,难道是因为历届的厂长没有党票、没有文凭、没有阅历吗?"竞聘厂长,年轻、学历低、非党员,对竞聘人来讲都是不利的因素,但小伙子并没有回避自己的劣势,而是把大家内心的怀疑讲出来,通过一个有力的反问很好地化解了人们心中的疑虑。

三、主题集中

竞聘演讲一定要重点突出,根据竞聘岗位要求,围绕自身优势展开阐述。在一次校长竞聘演讲会上,一位竞聘人就由于谈得太面面俱到而让人产生了反感。他详细介绍了自己大半生的经历,罗列了与岗位目标关系不大的诸多事项。在谈及措施时,过于面面俱到,从学生学习、体育、德育到校办工厂,从教学到教工生活,其措施几乎是"全方位"的。其结果是"无中心"。另一位教师,就主要围绕教学这一学校的中心问题来谈自己的竞聘目标和措施,获得了广大教师的认可。

四、措施务实

竞聘者在阐述自身优势和实现岗位目标的措施时一定要务实,否则难以说服听众。特别是措施,是竞聘演讲的核心,能显示出演讲者的诚信,所以更要注重其可行性。例如,下面这位学生会主席竞聘者,在表明了自己竞聘岗位的决心后，提出了行事原则和切实可行的措施，很有说服力：假如我当选，我将进一步加强自身修养，努力提高和完善自身的素质。我将时时要求自己"待人正直、公正办事"，要求自己"严于律己、宽以待人"，要求自己"乐于助人、尊老爱幼"，等等。总之，我要力争让学生会主席的职责与个人的思想品格同时到位。假如我就任此届学生会主席，我的第一件事就是召集我的内阁部长们举行第一次全体内阁会议，全面地听取他们的意见与建议，下放权力，实行承包责任制。我们将自始至终地遵循"一切为大家"的原则。在就职期间，我们将在有限的条件下，办我们自己的电视台、广播站，建立必要的管理制度，设立师生信箱。我们将定期举行各种形式的体育友谊比赛，使爱好体育的英雄有用武之地。爱好文艺的，校艺术团在欢迎你，我们将举办自己的艺术节，中秋、圣诞大联欢。如有条件来个校园形象大使活动也不错，还有书画会、文学社、中学生论坛、社会实践（包括大家感兴趣的郊游活动）。总之，我们每个人都能在学生会找到自己的位置，我们的课余生活绝对能够丰富多彩！我们将与风华正茂的同学们在一起，指点江山，发出我们青春的呼喊！我们将努力使学生会成为学校领导与学生之间的一座沟通心灵的桥梁，成为师生之间的纽带，成为敢于反映广大学生意见要求，维护学生正当权益的组织。新的学生会将不再是徒有虚名的摆设，而是有所作为的名副其实的存在！

五、思路清晰

思路清晰表现在演讲的层次和实施措施的条理性上。一般来讲，演讲可以采用的层次为：第一，说明竞聘的职务和缘由。第二，简单介绍自我的情况，摆出自我的优势。第三，提出竞聘的施政措施。在谈到具体的实施措施时，可分条列项详细阐明，以保证听众能清晰把握竞聘者的施政特点，并尽快做出自己的判断。第四，表明自己的决心和请求。当然，在具体的演讲中，竞聘者可以根据具体情况对内容做调整。

【案例7-8】竞聘学院办公室副主任的演讲

大家好！

有人说，人最大的不足不在于看不到自身的不足，而在于看不到自身巨大的潜能，大多数人只发挥了个人能力的20%。受这句话的激励，我前来竞选办公室副主任一职，我先做一下自我"表扬"。我一直把"一支粉笔、两袖清风、三尺讲台、四季耕耘"作为座右铭，执着从教，痴心不改。有人也许会问：你不是在暑假管理过手机店吗？是的，我认为现在的教师应该是理论的强者、实践的高手。通过社会实践，我的就业指导课上得更精彩了。企业经营不是我的梦想，店早已让下岗职工经营，也算是我为再就业工程做了一点贡献。

我的专业是中文，当过大学文学社社长、主编，具有较强的文字表达能力，公开发表文章四十多篇；勤工俭学，当过推销员，"千山万水跋涉，千言万语宣传，千方百计推销，千辛万苦工作"，喜欢富有挑战性的工作，具备锲而不舍、吃苦耐劳的精神。（掌声）工作上我一向力争上游，不甘落后。从事教学工作整十年，"十年辛苦不寻常"，曾获教学优秀奖，被评为优秀班主任；在就业指导办公室工作三年，"明知山有虎，偏向虎山行"，积极开拓毕业生就业市场，敢于并乐于向前进道路上的拦路虎挑战，社交、管理和随机应变的能力得到领导和群众的肯定。（掌声）我真诚、随和、宽容、乐观、风趣，有较强的沟通能力。

下面做一下自我批评：凡事一丝不苟，过分追求尽善尽美，当然这既是优点，有时也是缺点。（笑声）

竞聘学院办公室副主任，我谈几点工作设想：

1. 全力以赴协助主任做好办公室工作，出色完成领导交办的各项任务和日常工作。

2. 与时俱进，开拓创新，围绕学院工作目标，研究新情况，解决新问题，适时提出具有前瞻性、针对性和可操作性强的建议；增强服务意识，发挥好上下沟通、左右协调的桥梁作用。

3. 充分调动办公室人员的工作热情，多关心帮助，少指手画脚，努力营造团结、紧张、严肃、活泼的工作氛围。

有人说：大材小用，基本没用，因为大材小用会扼制人的潜能的发挥；小材大用，基本有用，因为小材大用有利于激发人的潜能。希望借我院人事改革的"东风"使我这块"小材"得到大用的机会。一旦如愿，竭诚欢迎诸位用挑剔的眼光看我，多提宝贵意见。最后，我想以丘吉尔的名言作结："我没什么好奉献，有的只是热血、辛劳、眼泪和汗水。"（掌声）

"我"的竞聘演讲何以成功？

在院校举行的中层干部竞聘演讲中，共有六十位竞选者上台演讲。组织者规定每位竞聘者演讲的时间不能超过三分钟，考虑到演讲时间是在人们的注意力容易分散甚至有可能昏然欲睡的下午，会议时长达三个多小时，演讲的内容大同小异：无非是演奏一个先报户口，再唱颂歌，后表决心的三部曲，而听众都是擅长舞墨的知识分子的具体情况，"我"对演讲词进行了精雕细琢，力求既凝练又不失口语化，既严谨又不失诙谐，并在结构布局上狠下苦功：引人注目的开头、内容丰满的主体、委婉含蓄的结尾。功夫不负有心人，"我"的三分钟演讲一扫严肃、沉闷的会场气氛，赢得了阵阵笑声和掌声，获得了同事们的一致好评。做以下简要分析，以求抛砖引玉。

第一，开头出新，提高"收视"率。

"我，来自某某系，本科毕业"自报家门、千篇一律的开头枯燥无味，而"人最大的不足不在于看不到自身的不足，而在于看不到自身巨大的潜能，大多数人只发挥了个人能力的20%"既发人深省，又自然而然地道出参加竞选的缘由，可谓一箭双雕。

第二，扬长而不避短，化劣势为优势。

"我"在暑假经营过手机店，不明真相的人会认为"我"不安心工作下海经商，避而不谈只会加深误解，对此事毫不讳言并做出合情合理的解释，化劣势为优势。

在演讲过程中"我"向听众展示了四个优点、一个缺点，优点占绝对优势，缺点轻描淡写，一笔带过。"金无足赤，人无完人。"竞聘者对自身缺点缄默不言会给人自负甚至虚伪之感，实为下策。而毫无保留地袒露竞聘某职位的"致命"弱点也不可取，因为在竞选时需要的不是自我批评，而是信心百倍的实力展示。面对缺点，"我"不露痕迹地设置歧义，明修栈道，暗度陈仓，让人初听起来是缺点，略加思索后却恍然大悟是优点的模糊语言——"过分追求尽善尽美"，既体现了谦逊的美德，又为自己的优势增添了砝码，可谓一举两得。

第三，巧用多种修辞手法，增强演讲词的艺术性。

"一支粉笔、两袖清风、三尺讲台、四季耕耘"，一二三四的排列既朗朗上口，又鲜明地勾勒出严谨从教的画面。大材小用活用为"小材大用"，妙趣横生又彰显谦逊美德，改传统、保守的自我批评为自我"表扬"，张扬自信、幽默的个性。对偶、排比、顺口溜穿插其间，颇有韵味。"从事教学工作整十年，'十年辛苦不寻常'"，使人联想起曹雪芹的《红楼梦》"字字看来都是血，十年辛苦不寻常"；"明知山有虎，偏向虎山行"烘托出敢于并乐于向困难挑战的精神，为演讲词增色不少。

第四，结尾耐人寻味，提高"回头"率。

振臂高呼表决心、喊口号式的结尾是无法"余音绕梁三日不绝"的。丘吉尔名言的适时引用蕴含着如果竞选成功将心甘情愿地为之付出"热血、辛劳、眼泪和汗水"的意思，摆脱了俗套，让人回味无穷，又给人情真意切之感。

第八章

企业家品牌构建与形象塑造

【先导案例8-1】指甲钳为王的梁伯强

梁伯强,中山圣雅伦有限公司董事长。他打造的"非常小器·圣雅伦"指甲钳,已成为中国第一、世界第三的指甲钳。他曾花一年时间、花上千万元走遍国内、国外所有知名指甲钳商;在数年间令小小的指甲钳"起死回生",销售额达到1.6亿元;梦想着成为世界剪指甲王,成就中国的"百年品牌"。

30年前,他只是小伙伴口中足智多谋的"计巢"(意思是鬼点子多)。18岁出道,梁伯强从为香港老板加工人造首饰到自己单打独斗成立公司,先后在世界各地开设6家公司,行业涉及旅游纪念品、烟草、电镀。可梁伯强心里不踏实,企业虽然不再为生存发愁,当机会越来越多,选择越来越多时,企业走向哪里?他反而犹豫不决了。1998年5月的一天改变了梁伯强以后的人生轨迹。在一张旧报纸上,他意外地发现了《话说指甲钳》这篇文章:1997年10月27日,时任国务院副总理的朱镕基在会见全国轻工集体企业第五届职工代表大会代表时,为激励代表们通过调整产品结构改进产品质量来发展我国的轻工业,他特意向代表们出示了三把台湾商人送给他的指甲钳,并让他们当场传看。面对这三把造型美观、精致锋利的指甲钳,朱镕基感慨地说:"要盯住市场缺口找活路,比如指甲钳,我们生产的指甲钳,剪了两天就剪不动指甲了,使大劲也剪不断。"总理的话在梁伯强心中激起千层浪,"每天考虑国计民生的总理居然会关心小小的指甲钳,说明物小事不小,其中必有商机"。

耗资千万环球考察,梁伯强开始了人生的"二次创业"。国内指甲钳厂家原来有五大巨头,它们是:天津"天"牌、北京"京"字牌、广州"555"牌、上海"双箭"牌、苏州"双菱"牌。此后的半年间,梁伯强不仅跑遍了五大巨头,还考察了国内20多家国营指甲钳企业。考察让梁伯强心情沉重。不仅五大巨头陷于倒闭,国内其他指甲钳企业也基本处于困顿。指甲钳的生产流到个体经营户手中,销售渠道也走到小商品批发市场。这样的市场还有没有机会?机会在哪里?梁伯强决定走出国门,探营国外指甲钳市场。德国、美国、墨西哥、日本、瑞士、印度……梁伯强走遍了世界50多个国家。在德国的来根州，他见过世界上最好的指甲钳，这是一把德国"双立人"指甲钳，但就是这样一家企业也只是把指甲钳当作一个附属产品来生产，其主业是做厨房用品。日本的绿钟玉立等品牌，也是贴附在卡通产品上，进行代理生产。在指甲钳生产力最强的韩国，真正做指甲钳的企业也没有认识到指甲钳的品牌价值。韩国年销售额在1个亿以上的企业有5家，两个亿以上的有两家。这些企业的老板都已衰老，而且他们太有钱，已经没有了创业的压力和冲动。

"综观全球，世界上没有一家企业想到要做指甲钳品牌。"梁伯强想，"我为什么不能打造全球最大的指甲钳品牌？"小商品成就大品牌，一个世界品牌的塑造计划在梁伯强心中慢慢成形。"指甲钳"虽然是小商品，但与人们生活息息相关，如果能够在一个大众消费品中做出品牌，利润同样可观。梁伯强重金挖来了国内指甲钳的制作好手：广州指甲钳厂原技术副厂长李国雄、杭州市张小泉剪刀厂原高级工程师张声豪、黑龙江的高级工程师傅维斌、原电子部一家直属研究所的计算机专家景建雄……他们夜以继日地钻研款式，对刃口进行技术创新。产品过关了怎样入市？善动脑筋的梁伯强走出一条与常人不同的渠道：通过赠阅的方式将登载产品信息的企业内部刊物直接投递向目标中的集团客户。梁伯强说，这种方式以礼品形象走出去为他们带来了不少的潜在客户。

第一节　新时代企业品牌成功精髓

赢得竞争优势，夺取领先地位，获得更大效益，成为全球经济竞争的新景观。名牌像号角，激励着世界各国人民去争创；名牌像史诗，鞭策着世界500强再度辉煌；名牌像标尺，衡量着各国经济发展的时速。名牌是信誉，是瑰宝，是人类文明的精华，是一个国家和一个民族素质的体现；既是物质的体现，又是文化水准的体现。因此，它往往成为一个国家和民族的骄傲。驰名商标比企业其他有形资产更加宝贵，它可以创造更多的价值。成功的品牌是相似的，其精髓是求真、至善、创新、臻美。

一、至真

真、善、美既是人类社会永恒的话题，又是多么令人向往的字眼！而"真"位居其首。它是道德的基石、科学的本质、真理的追求。在品牌运营过程中，真即科学生产经营。要求企业在打造品牌过程中必须讲求"认真"二字，要

"眼睛盯着市场，功夫下在现场"，为消费者生产和提供优质的产品和服务。品质是一个品牌成功的首要保证，也是精品质量的生命线。品质就是市场，品质就是利润，品质就是信誉。一个真正的品牌不是靠政府的评比而来，也不是靠铺天盖地的广告制造出来，而是以自己的优秀质量在消费者的心目中逐步树立起来的。以中国乳业第一品牌伊利为例。

在伊利，品质有几层含义。第一，产品的安全性能；第二，产品的科技内涵；第三，生产管理的先进程度；第四，服务水准。伊利集团始终从原奶质量的稳定性、可靠性开始抓起，一直到所有的销售终端，生产全部采用全世界最先进的生产设备、工艺，坚持全世界最严格的管理标准，发挥亚洲领先的研发能力，实施精确管理，从顾客需求出发，严密控制所有流程所有细节，追求的是全方位的品质领先。在品牌建设上，坚持先品质后品牌。首先保证产品的安全和品质，先提供健康和营养的产品，然后再给大家提供快乐和幸福的心理体验。所以，伊利的品牌是建立在扎实的基础工作之上，依靠真情的付出，一点一滴地渗透到消费者心里。在伊利人眼里品牌战不是空间战，而是持久战。强大的品牌根植于优秀的服务、先进的技术和可靠的品质之中，这也是伊利从来不追求轰动效应的原因。所以，在老百姓眼里，伊利不一定是最耀眼、最热闹的，但伊利肯定是最亲切、最踏实的。在2006年召开的第四届中国食品安全年会上，共有10家企业获取食品安全企业荣誉。其中，内蒙古伊利实业股份集团有限公司获得"2006年度全国食品安全十强企业"称号，伊利集团董事长潘刚被评为"2006年度全国食品安全十大人物"，成为乳品行业唯一入选企业。这充分体现了伊利集团在中国乳业乃至中国食品业安全领域的市场及技术领先性。高品质是品牌的生命力。没有可靠的产品品质，光靠宣传和包装做出来的品牌是无法长久的，充其量是建立在沙滩上的亭台楼阁，虽然好看一时，但终究会轰然倒塌。这一点已经得到众多企业实践经验的证明。

奶源决定乳品质量，科技制胜乳业未来，品质奠定品牌地位。凭借着不断提供中国最高品质的乳品，由于有完善的质量控制体系严格把关，伊利没有出现过一次产品质量事故，没有出现过一次产品品质问题。可靠的产品品质既赢得了消费者的信赖，其品牌形象也在消费者心里牢牢扎下了根。

二、尽善

"经营之神"松下幸之助曾这样解释过企业道德：企业道德就是从事经营的正确心态，亦即作为一个经营者应该担负的使命，"作为企业就是要开发一些对人们有用的东西，并尽量使之合理化，在取得合理的利润外尽量使价格便宜，减少浪费，这就是所谓企业道德"。这虽然说的是企业道德，但同样也适用于市场营销中的道德观。

"君子爱财，取之有道。"诚实经营、公平买卖是对企业经营道德的基本要求。日本美津农公司在推出运动衣系列时，发现所制造的茶色运动衣总爱褪色，无论采用何种工艺均不奏效，于是公司就在每一件茶色运动衣的口袋里装一个字条："茶色染色工艺目前还没有达到完全不褪色的程度，本产品穿到后来会略有褪色，请选择时谨慎。"这一招以诚待客虽然使茶色运动衣的销量略有下降，但其他颜色的运动衣则畅销。这是因为企业诚实地反映了产品的信息，使公众对企业产生了信赖感，从而加入企业的顾客队伍。

在中国，没有用过宝洁产品的人恐怕不多。据估计，在中国日用化学品市场上，宝洁产品所占的比例在60%左右。与麦当劳、可口可乐不同，宝洁公司对消费者的承诺是系列产品：海飞丝、舒肤佳、潘婷、飘柔、佳洁士、玉兰油……这些著名品牌是宝洁公司在追踪消费者需求基础上，经多年研究开发出来的。用宝洁公司董事长白波的话说："宝洁公司把消费者的需求当作其奋斗的目标，常改常新，尽善尽美。"

开发与创新是宝洁公司的灵魂。宝洁公司是美国最早建立研究与开发机构的大企业之一。目前，宝洁公司在世界各地建立了18个技术开发中心，公司拥有8300多名科研人员，每年研究与开发的投入达到15亿美元，平均每年申请专利20000项。到目前为止，宝洁公司已开发出的品牌涉及洗涤和清洁用品、纸品、美容美发、保健用品、食品饮料，共计300多种。（表8-1）

表8-1 宝洁公司开发的若干著名品牌

年代	品牌	用途
1879	Ivory 象牙	多用途香皂
1911	Cdisco	纯植物性烘焙油
1946	Tide 汰渍	高效合成洗涤剂
1955	Crest 佳洁士	含氟、预防龋齿的牙膏
1956	Cimet	具有漂白作用的清洁剂
1961	Head&shoulders 海飞丝	去头屑洗发液
1961	Pampere 帮宝适	一次性纸尿裤

续表

年代	品牌	用途
1967	Ariel 碧浪	加酶洗涤剂
1972	Dawn	强力洗涤剂
1984	液体汰渍、碧浪	液体洗涤剂

资料来源：宝洁公司。

1995年10月18日，美国总统克林顿在白宫主持仪式，授予宝洁公司国家技术奖章，以表彰该公司在消费类产品方面创造性地开发和应用先进技术及为改善世界各国消费者的生活质量做出的非凡贡献。在此之前，苹果计算机的两位创始人 Steven Jobs 和 Stephen Wozniak 以及微软公司总裁比尔·盖茨曾获此殊荣。

如果说"真"与"善"是求实的两个层次，那么"善"应该更接近"顾客满意"这一终极目标。因为"善"更注重顾客的利益，更好地体现了顾客至上的营销理念。企业决不可为了自身利益而强行推销或是简单地去生产出售顾客喜好之物，而是应该生产销售那些对顾客有益的东西，不仅仅是消极地去满足顾客的需求，更要积极地去纠正、引导、创造需求。

三、创新

创新是民族之魂！创新是民族永远不竭的动力！品牌创新是以科学的品牌战略使品牌的内涵和外延得以延伸，从而保持其长盛不衰的活力。品牌创立之后并非一成不变，其长远发展要依靠创新。世界的许多著名品牌都是在不断创新中生存、发展下来的。例如，世界著名品牌万宝路，开始是以女性烟民为目标消费群，产品、广告均针对女性烟民；而后来这个品牌被重新定位，从香烟品味、包装直至广告均改为针对男性烟民，并创出了著名的万宝路牛仔，从而使万宝路品牌走向兴盛。

索尼公司很重视新产品的开发，它在科技开发上的经费投入占营业额的6%以上。在推出新产品和改进型号方面，索尼公司是世界上最高效的公司之一，它每年推出1000多种产品，其中有800种左右是原有产品改进的，其余的完全是靠创新。从公司初创开始，井深大等创始人就不断强调公司产品的开发创新。无论是开发晶体管收音机，还是CD机等，都体现着公司的创新与进取。特别是在信息科技发展迅猛的今天，公司提出了"数字·梦想·融合"的发展口号，确定了公司在 AV 与 IT 两大新领域发展的战略目标。

索尼公司这种从市场空白点切入，先发制人，领先一步发展新技术，研制新产品，以最快的速度推向国内外市场的产品领先者开发策略，满足了消费者的需求，得到了市场的认同，并取得了巨大的成功。索尼品牌也因此树立了不断创新者和技术领先者的形象。

中国品牌在不断的发展壮大中，越来越多的企业加入了塑造品牌的行列。但品牌的塑造绝不是一句空话或者说一段时间的目标，它需要企业不断地抚育，不断地投入，不断地创新。因此，走一条有中国特色的品牌创新之路对中国企业来说，是非常关键的。

联想是指人的思维由甲事物推移到乙事物，甲事物和乙事物在思维上属于因果联系，即由原因甲而想到结果乙。它属于遐想法的一种具体应用性思维形式，可以产生延伸效应。在企业形象设计中，联想法应用得比较广泛。例如，CI 专家设计人员可以通过对自然界某种自然美的认识，而将其经过提炼、抽象和升华，达到一种理性的美，然后再把它转化为一种设计理念，最终体现在企业形象的设计上，转化为企业形象之美。这种美的转化意味着思维的一种创造。就此来说，联想也是一种创造性思维方法。

"创新是联想发展的原动力，也是联想品牌最核心的属性。"通过持续不断的技术创新、管理创新、品牌创新，联想成立 21 年来，已从一家十几个人、20 万元投入的小公司，成长为全球第三大 PC 厂商，年销售额超过 130 亿美元。在 2006 年 5 月 31 日信息产业部公布的 2006 年电子信息百强企业排序中，联想名列首位。

在中国服装界，新郎·希努尔像一匹当之无愧的"黑马"脱颖而出。短短 10 余年中，一个年轻的企业何以能够取得超常规、跳跃式的发展，成为同时拥有两个中国驰名商标、两个中国名牌产品、4 项国家免检产品、国内最大的西服生产企业？如果探讨新郎·希努尔的成功有什么秘诀，那就是以"四两拨千斤"，走出一条品牌持久的自主创新之路。生产过程中设立了 360 道工序，从选取面料、蒸气预缩、裁剪、缝制、整烫、终检到成品出厂，形成每道工序自检、互检再到组检、抽检，层层把关、人人把关的局面，严格按照 ISO9001：2000 质量标准进行控制，保证产品达到质量标准要求，出厂产品合格率达到 100%。同时，延伸质量内涵，从产品质量延伸到工作质量和服务质量。大力强化员工的质量观念、效益观念和服务意识，力求以最优质的服务质量来保证最优的工作质量，通过提升服务意识，改进服务质量，做到上道工序为下道工序服务、部门为车间服务、生产为销售服务、销售为客户服务,通过各部门的共同努力,把最好的产品奉献给社会,以满足市场需求、客户要求。

建立现代企业管理制度,是实施名牌战略的基础工程之一。2003年,新郎·希努尔集团公司组建成立了股份有限公司,建立了产权明晰、管理规范的现代化生产企业,为名牌创建打下了坚实的基础。

公司在管理上,构建了"严、精、细"三位一体的管理体系。在人、财、物、产、供、销的各个环节中,责权明确。实行个人收入与责任贡献挂钩、成本核算管理目标责任制等制度;企业管理细化、量化、数据化,量化指标层层分解,对财务、生产流程、物资采购、仓储流通等数据统计实行信息化管理,由粗放管理转变为细化管理,促进了企业整体效率的提高。

重视品牌运营不能放弃细节。每个人都把细节做好,才是对品牌建设的最大支持。否则,细节失误,执行不力,就会导致品牌运营得面目全非。细节中的魔鬼可能将把品牌果实吞噬。从品牌形象的角度看,细节的意义远远大于创意,尤其是当一个品牌形象塑造方案在全国多个区域同时展开时,执行不力,细节失控,都可能对整体品牌形象形成一票否决。如果把企业比作一棵大树,基础是树根,管理是养分,战略是主干,品牌是果实,细节就是枝叶。放弃细节就等于打掉枝叶,没有光合作用,企业这棵大树再也无法结出品牌的果实。

四、臻美

美感的产生需要两个条件:一是客体存在着某种美的品质,这是美感产生的客观基础。二是感知这种美的存在必须具备相应的主体素质条件。没有文化的人根本无法同化文学艺术作品中的美,甚至可能发生对人体艺术作品的庸俗性理解。所以,美是主观与客观的统一。在长期的社会实践中,人们逐渐形成了美的理念,并以这种理念来判断事物,区分美丑,如对称、均衡、节律、和谐等。对称是指事物分布的若干部分均具有均齐的类似感觉。均衡是指事物在同一平面内的均匀分布状态。节律是指事物构成或运动的有规律性反复。在现实生活中人们往往自觉或不自觉地凭借多年形成的美感来评价事物。

在企业形象策划中,如果设计人员能够自觉地把美的理念融入CI设计思想,从美感这个切入点展开思维,就会产生思维创新,创造出与众不同的新方案来。这就要求CI设计人员必须深入生活实践,细心捕捉自然、社会、思维等领域一切美的信息,将此升华为理念层次的美,并以这种美感来指导CI设计。美可以创造新思维,展示企业形象的新天地。形式的美,可以帮助雕塑企业的外部形象;道德理念之美,可以帮助我们塑造企业的理念与行为。总之,美是企业形象的灵魂,要塑造企业形象之美,就需要有美的形象设计师选准美这个时代的切入点。一个好的品牌给人一个好的第一印象,唤起好的联想。好的形象主题陈述以简洁的一句话告诉受众产品是用来做什么的,企业是做什么的,它可提供什么益处,以及它与竞争者的区别,为什么它比竞争者更好。这就涉及一个品牌设计的问题,包括品牌名称(牌号)、视觉标识、品牌定位(形象主题)、品牌关联或品牌联想、品牌个性。设计的功能之一是正面强化上述企业产品形象。功能之二是在需要时建构(人为地构造)心理文化形态的产品(企业)形象,即通过设定理念性的主题而树立一种消费观念、消费行为模式,以使产品(企业)更快速、有效地品牌化。例如,1994年,青岛电视机厂厂长取"海纳百川,信诚无限"之义,将"青岛"正式更名为"海信",并导入了以蓝红相间的品牌标志"Hisense"为基础的CIT程,并将"海纳百川、信诚无限"确立为企业与品牌的内涵,突出了当时海信欲以博大胸襟和无限诚信追求成长的强烈愿望。

第二节　品牌设计原则

品牌设计中充满了艺术性和创造性,一般坚持以下五个原则。

一、简洁醒目　易读易记

品牌的最基本功能是吸引消费者,使品牌在消费者的记忆中占有一定的地位。品牌应体现出易看、易读、易记的特点,使之有利于消费者识别,有利于品牌形象的宣传和推广;同时品牌设计简单明了,在一定程度上可以防止投机者钻空子,维护品牌的声誉。如果品牌标志设计复杂,则投机者在品牌上稍加改动就不易被察觉。

品牌设计时不应把难以诵读的字符串作为品牌名称,也不宜将呆板、缺乏特色感的符号、颜色、图案用作品牌标志。例如,"M"这个很普通的字母,对其施以不同的艺术加工,就形成表示不同商品的标记和标识:鲜艳的金黄色拱门"M"是麦当劳(McDonald)的标记。由于它棱角圆润,色调柔和,给人亲切自然之感。至今,麦当劳"M"这个标志已经出现在全世界73个国家和地区的数百个城市的闹市区,成为人们最喜爱的快餐标志。

既在视觉上给人以美感,又便于认知和传播,关键是充分体现企业的经营理念和所要表现的形象主题。例如,可口可乐的品牌形象——"Coca-Cola"流线型字体、朗朗上口的发音和红白相间冲击力极强的包装设计,充分体现了简洁流畅的美感。

一个好的品牌不仅需要一个好的名字,还需要设计一个好的产品标志来体现。最初,索尼产品标志设计成用高而细的斜体字母合成的"SONY",外加一个正方形框框。对这个设计,盛田先生极不满意。原因有二:一是与公司更换品牌的初衷——简单明了、独特易记相违背;二是"SONY"被正方形框圈住,给人以拘束的感觉,与索尼的开拓创新的企业精神相抵触。经过细心规划,终于形成了延续至今的索尼标识——由正直的粗体大写字母组成的"SONY"。将细长字体变为粗体,去掉正方形外框,给人以沉稳踏实、明快简洁和自由豁达的感觉。

【案例 8-2】国际品牌名称释义

国际品牌要在全球范围内营销,必须跨越种种文化障碍,如语言差异、消费习惯差异、宗教信仰差异、制度差异等。因此,国外品牌打入我国市场,必须慎重考虑命名问题。那么国际著名品牌取中文名是如何取的呢?

(一)餐饮品牌的起名

麦当劳:蕴含多层意义。

麦当劳,英文名称是"McDonald's",它由店主人名字的所有格形成。西方人习惯以姓氏给公司命名,如爱迪生公司、迪士尼公司、福特公司。但中国人则比较喜欢以喜庆兴隆、吉祥、新颖的词汇给商店命名,如百盛、大润发、好来顺、全聚德、喜来登,等。McDonald 是个小人物,他比不上爱迪生,人家是世界闻名的大科学家;也不如迪士尼,因为迪士尼成了"卡通世界"的代名词,所以如果老老实实地把"McDonald's"译成"麦克唐纳的店"就过于平淡,而"麦当劳"就非常成功。具体表现在以下四方面:

(1)大致保留了原发音。
(2)体现了食品店的性质。
(3)蕴含着"要吃麦就应当劳动"的教育意义。
(4)风格既"中"又"洋",符合华人的口味。

(二)饮料品牌的起名

可口可乐:绝妙之译。

众所周知,"可口可乐"就是"Coca Cola",但很少有人追问:那是什么意思?原来 Coca 和 Cola 是两种植物的名字,音译为"古柯树"和"可乐树"。古柯树的叶子和可乐树的籽是该饮品的原材料；古柯叶里面含有古柯碱，也叫可卡因（有时用作麻醉药）。这样枯燥乏味甚至有点可怕的名字居然被翻译成"可口可乐"，真是让 Coca Cola 公司"化腐朽为神奇"。"可口可乐"译名的成功之处如下：

（1）保留了原文押头的响亮发音。

（2）完全抛弃了原文的意思，而是从喝饮料的感受和好处上打攻心战，手段高明。

（3）这种饮品的味道并非人人喜欢，很多人甚至觉得它像中药，但它自称"可口"而且喝了以后还让人开心。善于进行自我表扬，讨好大众。

上述两例是保留原品牌名称发音，也有改变原意的成功范例。例如，译为"奔驰"的名牌汽车，原文"Mercedes Benz"是该汽车公司老板爱女的名字，译为"奔驰"是除了复杂的 Mercedes，简洁而响亮。

（三）家居品牌的起名

"Ikea"译为"宜家"是高招。

"Ikea"家具品牌，即便在瑞典也很少有人知道它的意思，是聪明的中译者赋予它"宜家"这美好的含义。实际上，Ikea 是该品牌的创始人 Invar Kamprad 和他的农场名 Elmtaryd 及村庄名 Agunnaryd 的词首字母组合。

有的品牌名称只进行音译，如"麦斯威尔"咖啡，仅是"Maxwell"的发音而已。由于供给它的诉求对象是白领阶层，尤其是"外向型"白领，因此这个名字是成功的。但如果想让广大华人买账，就不如"雀巢"。在雀巢咖啡刚进入中国大陆时，听村里的农民议论："雀巢"咖啡就是"鸟窝"咖啡。即使没文化的人也会对它产生兴趣，可见名称的戏剧性效果非常有利于提高品牌的知名度。

名牌手机"诺基亚"，芬兰文原名"Nokia"，是生产厂家所在小镇的名字。很显然，译文比原文更富有高科技感，好像还有点"承诺亚洲"的味道。

【感悟与探索】

一个好的名字是一个企业、一种产品拥有的一笔永久性的精神财富。

名称对于一个企业的发展、兴衰起着至关重要的作用。企业有一个好名字，产品获得一个好品牌，是世界公认的"无形"资产。俗话说得好：名利、名利，就是有名才有利。

名字不单纯是一个符号，在其背后有着思想的寓意、文化的背景、理想的存在，它是个人与企业实力的展示。事业的成功虽不完全取决于名字的好坏，但名字无疑是影响事业发展的重要因素。

一个成功的企业，要创造出自己的名牌，首先必须打出自己响亮的名称。公司的名称好比一面旗帜，它所代表的是公司在大众中的形象问题。这是一个公司走向成功的第一步。名字响亮能让更多的人识别企业，了解产品；公司和产品有广泛的知名度和良好的信誉，才能吸引更多的客户，产生更大的效益。

一个企业，只要其名称、商标一经登记注册，就拥有了对该名称的独家使用权。一个好名字能时时唤起人们美好的联想，使其拥有者得到鞭策和鼓励。

以中国体操王子李宁的名字命名的"李宁牌"体育用品系列，寄寓了企业要以李宁的拼搏精神改变中国体育系列用品落后的局面，追求世界一流产品的企业精神。"李宁牌"对企业来说，与其说是一个商标，不如说是一个企业精神的缩略语。

二、构思巧妙　暗示属性

一个与众不同、充满感召力的品牌，在设计上还得充分体现品牌标识产品的优点和特性，暗示产品的优良属性。例如，Benz（本茨）先生作为汽车发明人，以其名字命名的奔驰（BENZ）车，100多年来赢得了顾客的信任，其品牌一直深入人心。那个构思巧妙、简洁明快、特点突出的圆形的汽车方向盘似的特殊标志，已经成了豪华、优质、高档汽车的象征。这个品名与品标的有机结合，不仅暗示品牌所标定的商品是汽车，而且是可以"奔驰"的优质汽车。

【案例8-3】赏析公司名称

（1）华为

华为公司名字取义"中华之作为"，由一家成立于中国大陆本土的民营企业，成长为现在为世界各地通信运营商及专业网络拥有者提供硬件设备、软件、服务和解决方案的企业。

（2）百度

百度在取名之时，同谷歌所见略同，都围绕核心业务——搜索上做文章。"众里寻他千百度"是对于公司核心业务的最好诠释了。

（3）Google

谷歌作为搜索巨头，其名称和搜索也颇有关系。Google 来源于数学词汇"googol"，表示10的100次方。创始人 Page 和 Brin 认为比较符合 Google 业务，寓意着通过谷歌的搜索引擎可以获取很多信息。

(4) 外婆家

外婆家是一个知名的餐饮连锁机构,成立于1998年。从外婆家第一家店开张时就已经明确了自己的定位,而这个定位一直坚持到现在。取名外婆家,顾名思义,小时候在外婆家吃饭既热闹又好吃,一家人格外亲切。

(5) 上好佳

风靡全国的Oishi上好佳系列膨化食品是LIWAYWAY与上海食品杂货总公司合作于1994年投入生产,至今的几年时间内,已开发了100多种品味。以优良的品质、中等价位和优秀的服务,使上好佳系列休闲食品畅销全国各大中心城市,深受消费者的青睐。

Oishi在日语中是"美味"的意思,"上好佳"在中文里则是"最好"的意思。用这个词为企业和产品命名,蕴含着上好佳希望所有产品都能表现出非凡的品质,上好的口味,被广大消费者钟爱、接受的美好愿望。

小思考:

(1) 试分析"华为""百度""Google""外婆家""上好佳"这些著名公司的名称是否符合公司起名的基本原则。

(2) 找几个大家都熟悉的公司名称,分析其寓意。

三、避免雷同 超越时空

品牌运营的最终目标是通过不断提高品牌竞争力,超越竞争对手。若品牌的设计与竞争对手雷同,将达不到最终超越的目的。据统计,我国以"熊猫"为品牌名称的有311家,"海燕"和"天鹅"两品牌分别有193家和175家同时使用。由于世界各国的历史文化传统、语言文字、风俗习惯、价值观念和审美情趣不同,对于一个品牌的认知、联想必然会有很大差异。试想,若将"Sprite"直译成"妖精",又会让多少中国人乐于认购呢?翻译成符合中国传统文化特征的"苦碧",就比较准确地标识了标定产品的凉、爽等属性。

四、新颖别致 力求通用

品牌设计的艺术性要求很高,同时还应保证具有鲜明的特色。突出产品特色,做到与其他产品差别明显,便于消费者识别,这是对品牌设计进行评价的基本要求。品牌作为产品质量和产品信誉的标志,必须具有独特的个性、富有真意,应能体现出企业的精神面貌和信誉,以及商品的性质和特点,要能给消费者留下美好的印象和深刻的记忆，并能引起强烈的兴趣，促其购买本企业的商品。所以，应该避免与其他企业的品牌相同或类似，防止本企业的商品与其他企业的商品混淆或使消费者误认。

世界各国各地区的风俗习惯不尽相同，品牌设计必须考虑在国外市场上是否能适合当地的风俗习惯。另外，由于企业经营国际化是一种发展的必然趋势，企业的品牌设计要力求通用，使得品牌在国际上尽可能多的国家和地区得到认可与接受。例如，品牌名称的设计要特别注意发音的便捷，力求名称简短，容易发音。企业设计品牌名称应放眼国际，尽量避免经过翻译后出现发音障碍。品牌标志的设计要考虑颜色。例如，具体规定标准字、标准色、标志性符号及其之间的合理搭配，具体使用时再根据情况进行选择，这对于连锁经营企业的品牌形象统一尤为重要。

五、语言精确　意境优美

法国作家雨果说："语言就是力量。"鲁迅先生也说，字的修辞做到三点："音美以感耳，形美以感目，意美以感心。"只有这样推敲文字，品牌创意做到音美、形美、意美，才能收到美化语言，交流思想，说服他人的效果。要使语言精益求精，就必须做到以下三点：一是要下苦功。"吟安一个字，捻断数茎须"，不能马虎应付。二是要高标准，严要求。"有得忌轻出，微瑕须细评"，刻意追求最佳表达效果。三是要贴切自然。品牌内涵是文化，命名能令万古传。无论是品牌的创意、命名的酝酿，还是语言的表达，都要反复推敲，精心构思，千锤百炼，才能炉火纯青，美自天成，让人神思荡漾，情怀激越。

现代的市场经济是一个生机勃勃、富有挑战性和创造性的领域，然而无论品牌经营发展到哪个阶段，被冠以何种形态，对"真、善、新、美"的追求，完善品牌，超越自身是不会改变的。"真、善、新、美"的经营理念是品牌中的常青因素，它将帮助品牌采摘到"顾客满意"这一胜利的果实，从而实现品牌成功的梦想。

总之，名牌精品应给消费者真的品质、善的经营、新的知觉、美的享受，这才是品牌成功之真谛。

第三节　名牌质量意识与企业精品保护

名牌象征着财富，标志着身份，证明着品质，沉淀着文化；精品引导时尚，激励创造，装点生活，超越国界。我国加入 WTO，国内市场国际化，国际市场国内化。世界市场一体化是当今全球经济发展的基本趋势，赢得竞争优势，夺取领先地位，获得更大效益，成为全球经济竞争的新景观。市场经济在一定程度上讲就是名牌经济，竞争的最终局面是名牌瓜分天下，精品扮演主角。无怪乎有人说：农业时代竞争土地，工业时代竞争机器，信息时代竞争品牌。品牌是进入 21 世纪的入场券。因此，我们在设计企业发展战略时，只有将品牌提升到战略的高度，树立名牌质量意识，保护民族工业精品，才能弘扬国粹，竞争制胜。

一、品牌精品身无价，国之瑰宝要光大

名品精品是来之不易的国之瑰宝。它是企业形象的依托，它具有举世公认的经济价值。名牌是信誉，是瑰宝，是人类文明的精华，是一个国家和一个民族素质的体现；既是物质的体现，又是文化水准的体现。因此，它往往成为一个国家和民族的骄傲。驰名商标比企业其他有形资产更加宝贵，它可以创造更多的价值。美国可口可乐公司经理曾夸口说："如果可口可乐公司在全世界的所有工厂一夜之间被大火烧得精光，那么可以肯定，大银行家们会争先恐后地向公司贷款，因为'可口可乐'这牌子进入世界任何一家公司，都会给它带来滚滚财源。"

据报道，通过评估，1994 年世界前五名商标的价值分别是：可口可乐，359.50 亿美元；万宝路，330.45 亿美元；雀巢，315.49 亿美元；柯达，100.20 亿美元；微软，98.42 亿美元。可见，名牌有巨大的魅力。它是无价之宝。

犹如一个聚宝盆，驰名商标将企业的智慧、效率、资金效益等聚集一身。尽量将社会大众的期待需求、消费也都聚集于一身，并释放出强大的动力，推动企业和社会前进。

二、精品生命在质量，狠抓源头不放松

品质是一个品牌成功的首要保证，也是精品质量的生命线。品质就是市场，品质就是利润，品质就是信誉。一个真正的品牌不是靠政府的评比得来，也不是靠铺天盖地的广告制造出来，而是以自己的优秀质量在消费者的心目中逐步树立起来的。无锡小天鹅股份有限公司是我国最大的全自动洗衣机制造商，从 1989 年到 1999 年连续 10 年保持该行业市场占有率第一的骄人成绩。短短 10 年间，小天鹅公司以一个年亏损 197 万元的企业成长为仅品牌价值就达 24 亿元，年利润近 3 亿元的著名企业。小天鹅公司为使消费者参与产品质量的提高和改

善，以重金奖励发现产品质量有问题的人。在该公司获得全国唯一一块金牌奖的第二天，就召开了"全面质量管理分析会"，发动全体员工从市场领先者的角度提出了70多条有关生产和产品的意见。并将洗衣机的质量标准由国标的400次无故障运转，提高到国际标准的5000次无故障运转。同时，为进一步提高质量，推行了质量的"四化"措施：质量标准国际化，质量管理标准化，质量考核严格化，质量系统规范化。通过这些质量管理手段，小天鹅公司不仅开拓了广阔的市场空间，也在消费者心目中树立了自己的良好品牌形象和概念，使企业的发展走上了良性循环的道路。透视小天鹅成功的背后，"观念比资金更重要"的理念模式、"末日管理"概念等企业文化使小天鹅自始至终保持旺盛的发展动力，是企业质量管理获取成功的法宝。以质量开拓市场，以品牌占领市场是现代企业提高产品竞争能力的行动准则。

三、提高质量创名牌，法制监督是保障

市场竞争靠产品，产品竞争靠名牌。如果说20世纪80年代的市场是杂牌和杂牌的混战，20世纪90年代则是品牌对杂牌的淘汰战。那么今天的市场就是品牌与品牌的遭遇战，其惨烈程度可想而知。为实施名牌战略，保护民族精品，应采取以下策略。

1. 品牌意识，精心策划

树立名牌意识是创立品牌的首要任务。优良稳定的产品质量是名牌的标志。企业必须明确狠抓产品质量，在消费者心中树起品牌质量的丰碑，才是自己创立名牌的根本保证。品牌策划百年大计，品牌一旦形成，或许是永恒的魅力，或许是永久的缺憾。众所周知的金利来领带，人们未见其货就先闻"男人的世界"之声，在人们心中留下深深的烙印。以"松下"传真机为例。由于其故障率高，且售后服务不完善，使得"松下"这一著名商标在消费者心目中的形象受损，成为一大败笔。因此，品牌策划应顺应市场变化，不断创新，在技术、质量、市场等方面赋予名牌新的内涵，才能永葆名牌的青春。

2. 以人为本，标准作业

产品就是人品，质量等于生命。以人为本的观念已深入人心，人员质量是产品质量的前提。企业是人的企业，人是企业的灵魂。人世间万事万物，人才是最宝贵的。只要有了高素质的人，什么人间奇迹都能创造出来。企业在市场上的竞争，表面看是产品的竞争，而实际上是科技的竞争，归根结底是人才的竞争。因为科学技术是人发明创造的，先进的工艺也是人应用于生产的，高质量的产品也是人开发、生产、制造出来的。实施标准化、精细化作业是创立名

牌产品之根本。商品质量的好坏与作业标准密切相关。商品的标准是制造产品的依据,严格地实施标准才能保证产品具有高质量。标准化的基础在于企业。企业只有将标准化工作抓上去,搞好标准化工作,把技术标准、管理标准系统建立起来,而且全面发挥标准化的作用,才能强化企业管理,提高企业管理水平,创造名牌精品。为此,抓好企业的整改工作,一是做好产品的抽检工作。强化技术措施,拓宽产品的抽检面,把好生产关和产品的出厂关,严禁不合格产品出厂,促使生产领域产品质量进一步提高。二是严格进行质检后处理工作。

3. 政策导向,公德教育

政府应从政策上给名牌企业相应的政策扶持,宣传保护名牌产品。对生产者和经营者进行社会公德教育,使名牌观念深入人心。同仁堂创立于1669年,信奉的理念就是:"炮制虽繁必不敢省人工;品位虽贵必不敢减物力。"做工精细,一丝不苟。经过300多年苦心经营,久负盛誉。同仁堂在经营、管理、服务上形成了一整套独特的优良方式。相应地,宣传制售的药品也形成了四大特点:一是配方独特,二是选料上乘,三是工艺精湛,四是疗效显著。如今的同仁堂保持了自己的传统特点,还注重传统管理方法与现代科学管理相结合,使同仁堂从小生产向社会化大生产、从经验管理向科学现代化管理转变。通过教育,民众认识到:保证产品质量、保护名牌精品就是敬业爱国,就是保护自己。同时要深入宣传《产品质量法》《消费者权益保护法》,要提高全民的质量意识,形成全社会打假防伪的意识;要充分调动全社会的力量联合打假,形成强大的社会合力。为此,一是要教育广大群众增强质量法律意识。从自身做起,不制假,不售假,不买假货。激发人们自觉地维护合法权益,形成强大的自我保护体系,使假冒伪劣无机可乘。二是要聘请义务监督员。采取走出去、请进来等方法,广泛听取人民群众的意见、建议和反映,形成全民打假的网络体系。三是要设立举报箱和举报电话。方便消费者投诉举报,及时受理制售假冒伪劣违法行为的案件,加大打击力度,依法捣毁制假售假的黑窝点。

4. 强化监督,法制保护

创名牌难,保名牌更难。因此,政府及社会有关部门必须依法行政,规范市场,强化监督,法制保护。

首先,建立名牌保护的法律体系,完善法律保护措施。名牌需要规范市场行为,加强法律保护,才能得到不断发展。目前,我国在对名牌保护的法律法规上,许多方面还不够完善。例如,对名牌商标的认识和保护、对名牌管理的法制化等问题亟须制定,并与国际公约接轨。

其次,彻底消除地方保护主义。加强执法队伍内部建设,提高执法人员的业务素质和行政执法水平。一是要求各级领导必须树立正确的发展地方经济的指导思想。从本地的和长远的利益出发，狠抓产品质量的提高。政府部门及主要领导要对支持、纵容、包庇制售假冒伪劣产品的企业进行严肃查处。给执法人员撑腰做主，使执行部门和执法人员能理直气壮地打假，大胆地行使职权。真正使技术监督部门在社会上有为、有位、有威，提高技术监督部门打假的权威性。二是加强技术监督队伍建设，真正形成一支招之即来，来之能战，战之能胜的打假保真队伍，维护好社会经济秩序。三是在质量管理中，采取切实有效的措施，帮助指导企业推行全面质量管理。实行岗位责任制，把好工艺流程中的每道工序关和产品出厂关。四是对流通领域加强商品质量监督管理，督促经营部门自觉抵制假冒伪劣商品流入市场。五是加大产品质量检查力度，严厉查处、打击制售假冒伪劣产品的违法行为，使违法者无利可得，血本无还。

最后，要依法行政，严肃法纪，加强管理，严格执法。目前，社会上自封名牌者有之，花钱买名牌者有之，乱封名牌者有之，广告吹嘘者有之，泡沫品牌有之，假冒名牌者更甚。尤其是假冒名牌产品泛滥成灾，不但损害了名牌产品生产企业的合法权益，而且危及民族工业的发展，动摇了华夏民族的诚信之基。有些地区造假已成一定的气候和规模，地方保护，愈演愈烈。从商标印制到包装装潢，从装送发运到分销零售，组织严密，一条龙服务。这既损害了名牌精品的声誉，又威胁到名牌产品企业的生存和发展。政府及有关部门必须采取有力措施，加大执法力度，严厉打击假冒伪劣产品，强化监督，才能有效地保护和促进我国名牌产品顺利成长。实施名牌战略，保护民族精品，不仅仅是一个产品问题，而且还代表着国家的形象，涉及民族的自尊和自信，有利于强化民族意识，增加民族的凝聚力。工厂创造产品，产品创造品牌，品牌沉淀文化。文化弘扬国粹，振奋民族精神。名牌是挡不住的诱惑、写不完的史诗。提高产品质量，保护民族精品是我们永恒的主题。

第四节　企业家塑造企业形象策略

现代社会，随着经济的发展，人们生活水平的提高以及人们文化视野的扩展，消费者的购买行为变得更复杂、更多元、更超前。他们不单单是对企业要求提供商品（或服务）质量的优越，并且要求企业同时提供商品（或服务）的附加值——企业形象和品牌形象的知名度。因此，企业之间的竞争也变成了企业形象及品牌的竞争。

企业形象实际上是指企业的关系者对企业所抱持的看法。一切与企业有关的人，很自然地与企业产生某种关系。而这些人便依照自我对该企业的观感来判断、评价企业，来购买商品或接受服务。因而，21世纪的今天，由于市场竞争的炽热化和机遇面临的紧迫感，正使越来越多的企业决策人开始了企业形象的思考。

一、企业形象的定义及特点

著名品牌专家 Keller 对企业形象所下的定义是：消费者在记忆中通过联想反映出对组织的感知。企业形象是指人们通过企业的各种标志而建立起来的对企业的总体印象，是企业文化建设的核心。企业形象是企业精神文化的一种外在表现形式，它是社会公众与企业接触交往过程中所感受到的总体印象。这种印象是通过人体的感官传递获得的。

企业形象的特点主要表现在以下四方面。

（一）对象性

企业形象在不同的社会公众对象中有不同的理解和认识。企业要与方方面面的社会公众打交道，而公众自身的需要、动机、价值观、兴趣、爱好、文化素质等千差万别，导致他们在对企业形象的认识途径、认识方法上会有所不同。因此，在塑造企业形象的过程中，要研究社会公众一般与个别的兴趣、爱好、需求等，尽可能取得社会公众的认同。

（二）效用性

企业形象代表着企业的信誉、产品的质量、人员的素质、管理的效率、股票的价值等，是企业重要的战略资源，是企业的无形资产，也是一种生产力。一个名牌企业的形象价值有时高得令人难以置信，却是真实存在的。因此，企业形象的塑造和建设是关系企业生存和发展的百年大计。

（三）整体性

企业形象包含的内容范围相当大，从物到人、从产品到服务、从经营到管理、从硬件到软件，无所不及，具有多方位、多角度、多层面、多因素的特点，它是一个复杂的系统。

（四）相对稳定性与可变性

企业形象一旦在社会公众心目中形成某种心理定式后，一般很难改变，即俗话说"先入为主"，表现出相对稳定性的特征。当然，相对稳定性并不意味着一成不变，只要企业变化的信息刺激足够大，且这些变化又正是公众所关注的，那么公众对企业的态度和评价就会发生改变。

二、企业形象的作用

（一）良好的企业形象可以使企业得到社会公众的信赖和支持

社会公众的信赖和支持，这是企业开展一切经营活动的基础，是企业与公众建立各种关系的基础。企业形象好首先意味着企业的信誉好，讲求信誉是企业的核心价值观，是企业理念中不可或缺的要素。唯有诚信至上，企业才能百年不衰。讲求企业信用是一种社会责任。因此，克拉伦斯·沃尔顿曾说，应该把企业看成是讲信用、讲商誉、讲道德的组织，而不是赚钱的机器。可见，企业的信誉形象能树立公众的精神信仰，使企业能够获得公众的长久支持。

（二）良好的企业形象有助于企业产品占领市场

良好的企业形象可以得到公众的信赖，为企业的商品和服务创造出一种消费信心。形象良好的企业在市场营销中具有很强的竞争力。由于消费者本来就对企业颇有好感，自然容易接受推销人员的游说。良好的企业形象也可以形成一大批追随者，以拥有和购买企业商品为荣耀，所以良好的企业形象等于为推销工作奠定了稳固的基础；成功的经营企业形象是营销活动的永不枯竭的内在动力源泉，它可以为营销创造无可比拟的优越条件。

（三）良好的企业形象可以增强企业的筹资能力，提高经济效益

良好的企业形象有助于企业出售股票，吸收资金，获得贷款，等等。这使企业在较短的时间内能够积聚大量资本，扩大经营规模，提高市场开拓能力和抗风险能力，增强发展后劲。据统计，20世纪90年代以后企业形象广告支出平均年增长率为22.4%，比商品广告支出的年增长率高出了9个百分点。这说明越来越多的商家已经认识到企业形象的神奇作用，进而通过企业形象的设计和传播获得高投入、高回报的效果。

（四）良好的企业形象有利于企业广招人才，增强企业发展的实力

人才在好的企业中不仅能人尽其才，发挥最大作用，进而实现自己的人生价值，而且能够获得更多的进修和学习的机会，不断提高自己的能力，充实自己，获得个人事业的成功。特别是对大学毕业的求职者来说，企业形象对他们有着非凡的魅力。换句话讲，每一家企业都必须保持良好的企业形象才能获得更多毕业生的青睐。

（五）良好的企业形象可以增强企业的核心竞争力

在第10届国际企业伦理和企业形象研讨会上，有关专家就曾预言21世纪企业的发展将以形象力的提升为导向，国际市场将进入"商品力、销售力和企业形象力三轴指向的时代"。今天这一预测正在得到应验,以形象力的提升为导向的企业 CI 设计与导入目前已风靡世界,充分利用 CI 全面导入来促进企业无形资产的增值,已被实践证明是增强企业竞争力的有效方法。企业通过高质量的设计、塑造和展示企业形象,就可以提高企业在国内外市场上和社会公众心目中的知名度,给企业带来丰厚的经济效益与社会效益。

三、企业家对企业形象的塑造

品牌就像一面高高飘扬的旗帜,品牌文化代表着一种价值观、一种品位、一种格调、一种时尚、一种生活方式,它的独特魅力就在于它不仅仅提供给顾客某种效用,而且帮助顾客去寻找心灵的归宿,放飞人生的梦想,实现他们的追求。形象广告中的企业文化,要讲求平衡,既要展示出企业的文化和实力,又要发人深省——语言真挚感人,达到"润物细无声"的境界。那企业家如何才能塑造好一个公司的企业形象呢?可以从企业环境形象、产品形象、领导和员工形象这几个方面入手。

(一)科学的企业理念,是塑造良好企业形象的灵魂

当前,企业理念已成为知名企业最深入人心的概念,已在悄悄地引起一场企业经营管理观念的革命。在这种情况下,许多企业都制定了本企业的口号,反映企业的理念,显示企业的目标、使命、经营观念和行动准则,并通过口号鼓励全体员工树立企业良好形象。培育和弘扬企业精神,是塑造企业良好形象的一种很有效的形式,对企业的发展能起到不可低估的作用。当然,培育企业精神不能单一化,要与现代企业制度建设、企业的经营管理目标结合起来,使其成为企业发展的精神动力。

(二)优美的环境形象,是塑造良好企业形象的外在表现

企业环境代表着企业家和企业职工的文化素质,标志着现代企业经营管理水平,影响着企业的社会形象。企业环境是企业文化最基本的反映。建设优美的企业环境,营造富有情意的工作氛围是塑造企业形象的重要组成部分。企业组成的任何一部分都是企业形象的窗口。因此,每个企业要精心设计厂区的布局,严格管理厂区的环境和秩序,不断提高企业的净化、绿化、美化水平,努力创造优美高雅的企业文化环境,寓管理于企业文化建设之中,陶冶职工情操,提高企业的社会知名度,为企业增光添彩。

(三)优质的产品形象,是塑造良好企业形象的首要任务

在现代企业制度中,企业自己掌握自己的命运,自谋生存,自求发展。而

生存发展的出路，则往往取决于企业的产品所带来的社会效益的好坏。首先，企业要提供优质产品形象，就要把质量视为企业的生命。产品的好坏不仅是经济问题，而且是关系到企业声誉、社会发展进步的政治问题，是企业文化最直接的反映。抓好产品形象这个重点，就能带动其他形象的同步提高。其次，要在竞争中求生存，创名牌，增强企业的知名度，创造出企业最佳效益。在市场经济中，随着统一、开放、竞争、有序的全国大市场的逐步形成，企业必须自觉地扩大自己的知名度，强化市场竞争。多出精品，使产品在市场中形成自身的文化优势。同时，要加强产品的对外宣传，富于个性的宣传是塑造企业形象的重要手段。

（四）清正的领导形象，是塑造良好企业形象的关键

企业家在企业中的主导作用和自身示范能力是领导形象的具体体现，也是塑造良好企业形象的关键。首先，企业家的作风，是企业形象的重要标志。因此，企业家干部要不断提高自身素质，既要成为真抓实干、精通业务与技术、善于经营、勇于创新的管理者，也要成为廉洁奉公、严于律己、具有献身精神的带头人。其次，企业家要提高对企业文化的认识程度，成为企业文化建设的明白人。一是企业家要将自己塑造成具有高品位的文化素养和现代管理观念的企业家，适应市场经济的需要，使企业在竞争中立于不败之地。二是要把握好企业文化的方向和基本原则，在学习、借鉴优秀企业经验的基础上，拓宽视野，不断创新。

（五）敬业的职工形象，是塑造良好企业形象的重要基础

员工是企业的代表，员工的形象就代表着企业的形象，所以企业要树立良好的形象，首先应该树立良好的员工形象。以以人为本为先导，把规范员工的行为，加强员工培训学习，引导员工树立敬业爱岗的思想，作为铸造精干高效队伍的根本。从细微处入手，从员工的仪容仪表、言谈举止等方面严格规范，并进行综合培训。职工的整体形象是企业内在素质的具体表现，把培养有理想、有道德、有文化、有纪律的"四有"新人作为企业文化建设的重要内容，培养职工干一行、爱一行、钻一行、精一行的爱岗敬业精神，树立尊重知识、尊重人才的观念，创造一种有利于各类人才脱颖而出的环境和平等、团结、和谐、互助的人际关系，从而增强企业的凝聚力、向心力，以职工良好的精神风貌，赢得企业良好的社会形象和声誉。

（六）企业家要规范企业制度和企业文化

员工行为要规范，企业行为重管理。大凡有作为的企业都是靠严格的管理成就起来的，它的规章制度严谨而健全，操作性非常强，可谓是有情的领导、无情的管理、绝情的制度。这就要求让指示服从制度，让信任服从制度，让一切习惯让位于制度，企业上上下下的每位员工都必须服从和服务于企业，忠诚

于企业。只有这样，企业才能形成合力，提高效率，创造效益，完善形象；也只有这样，企业才能沿着正常的轨道，朝气蓬勃地向前发展。员工来自不同的地方、不同的岗位，思维方式和价值观念千差万别。这就要求每位员工必须跟上企业发展的步伐，提高自身修养，不断充实和完善自我，找准自己的位子，挑起自己的担子，演好自己的角色。这样才能提升员工的素质和形象，从而树立良好的企业形象。

（七）利用网络加强对外宣传，提升企业形象

企业形象不仅要塑造，还需要宣传推广。在互联网高速发展的今天，成本低、见效快的网络推广无疑成为企业最青睐的方式。要通过网络提升企业形象，就得在多个平台上进行网络推广，因为现在网民接触互联网的途径越来越多，只在一个或者少数几个平台上做推广，无法网罗互联网庞大而分散的用户。要想取得显著的效果，就需要企业在多个平台做多方位的网络营销推广。现在辅助企业做多方位网络营销的营销软件也有，像SKYCC组合营销软件效果就很不错，操作简单，轻松实现多方位网络营销。除此之外，还应该做一些外部的努力，参加公益活动是树立良好企业形象的有效方法。

企业最高层次的管理是文化管理，最高层次的营销是文化营销。如何将企业文化凝结在企业品牌和企业形象的塑造中，需要企业管理者们深刻理解企业文化的本质和内涵，将文化、品牌和企业形象三者有机结合起来，这样才能通过文化的传播提升企业的价值。

在21世纪的今天，由于市场竞争的炽热化和机遇面临的紧迫感，正使越来越多的企业决策人开始了企业形象的思考。总之，企业形象对企业意义重大。为了企业能够在激烈的市场竞争中占得一席之地，能够获得更多的利润，企业应该按照"以人为本、重在建设、内聚人心、外树形象"的总体要求，加大力度搞好企业形象建设。

【知识拓展8-1】企业家提升企业品牌形象十大营销攻心策略

用兵之道，以计为首；战略营销，攻心为妙。上兵伐谋，先乱其心智，后攻其不备，定能大获全胜。营销之道，犹如用兵，制胜之要，在于用谋。营销攻略就是"经营人心"，"抓眼球""揪耳朵"都不如"暖人心"。未来的竞争，最后都会聚焦到"人心"（方寸）之争上，以至产生"未见其人，先得其心；未至其地，先有其民"效果，这才是市场营销艺术的最高境界。智慧营销得人心，得人心者得口碑，得口碑者得市场，得市场者得天下。提高市场占有率的核心是提高人心占有率。基于提高市场人心占有率的十大营销攻略探讨如下。

一、以信为本，待人诚心

人无信则不立，市无信则不兴。诚信对做人来讲是人格，对企业而言是信誉。人格就是力量，信誉则是无价之宝。以德经商是社会经济文化的基石，经营道德是市场营销文化之魂。

"经营之神"松下幸之助曾这样解释过企业道德：企业道德就是从事经营的正确心态，亦即作为一个经营者应该担负的使命，"作为企业就是要开发一些对人们有用的东西，并尽量使之合理化，在取得合理的利润外尽量使价格便宜，减少浪费，这就是所谓企业道德"。这虽然说的是企业道德，但同样也适用于市场营销中的道德观。

"君子爱财，取之有道。"诚实经营、公平买卖，这是对企业经营道德的基本要求。经营道德是在商品经济和商业经营实践中产生的，在历史上许多脍炙人口的"生意经"中都有着充分的体现。例如，"经营信为本，买卖礼为先""诚招天下客，信通八方人""忠厚不赔本，刻薄不赚钱"等都包含着"信、礼、诚"等内容。在中国传统的经营中渗透着浓厚的文化色彩。诚信为本，顾客盈门。和谐的客户关系是企业文化之精髓。高尚品质的人一旦和坚定的信念融为一体，诚信的理念与企业的经营目标结合在一起，那么企业文化的力量就势不可挡。同仁堂的创始人是清代名医乐显杨，他尊崇"可以养生，可以济世者惟最"的信条，他创办了"同仁堂"，同修仁德，济世养生。在同仁堂，"兢兢小心，汲汲济世""修合（制药）无人见，存心有天知"等戒律、信条，几乎人人皆知。如果谁有意或无意违背这些信条，他不仅要受到纪律的制裁，还将受到良知的谴责。我国有一批像同仁堂这样的老字号，它们在长期的发展过程中，逐步形成了自己独特的经营魅力。它们的营销服务理念中充满了中国儒家礼、义、仁的思想。它们货真价实，言无二价；诚信可靠，童叟无欺。许多百年老店的取名中国味很浓，如同仁堂、全聚德、内联升、瑞蚨祥等。这些名字朗朗上口，又寓意深长。

二、创造需求，顾客动心

顾客的需求，营销的追求。营销有三重境界：一是跟上市场，满足需求；二是把握市场，引导需求；三是洞察市场，创造需求。一流的营销精英追求的是更高的营销境界，是洞察市场，创造需求。在市场竞争日趋白热化的今天，企业营销战略应着眼于创造需求，而不仅仅是瓜分市场。需求的可创造性是基于现代消费需求，不仅具有多样性、发展性、层次性，而且还具有可诱导性。

市场存在"空穴",使企业创造需求有隙可乘。一个善于开拓市场的经营者应该明察秋毫,捕捉和发现潜在的需求并主动去满足它。人们的许多新需求开始只是一种潜在的、朦胧的意识。例如,许多人都有一种"坐在家里能看到电影就好了"的需求意识,聪明的发明家和企业家正是捕捉到了这种需求意识,经过努力把它变为实实在在的商品,从而开辟了一个巨大的新市场。

"王老吉"从2003年起的新广告,成功地将凉茶这种"清热解毒祛暑湿"的广东地方性药饮产品重新定位为"预防上火的饮料",解除了药饮的消费群体的局限,以中国传统的"预防上火"概念,让国人普遍了解并接受了广东"凉茶"产品。"怕上火就喝王老吉",诱导需求,开拓市场的营销策略,真可谓神思妙算,结果使百年品牌实现了定位大转移,绽放出惊人的光彩!相对于战略营销这个大工程来说,挖掘"卖点"无疑是一个"细节",但就是这个细节能起到"四两拨千斤"的作用。它是销售中的黄金切入点,只要把这个细节做好了,企业的整体营销水平就会大幅度上升。

红罐王老吉成功的品牌定位和传播,给这个有175年历史的、带有浓厚岭南特色的产品带来了巨大的效益:2003年红罐王老吉的销售额比2002年同期增长了近4倍,由2002年的1亿多元猛增至6亿元,并以迅雷不及掩耳之势冲出广东。2004年,尽管企业不断扩大产能,但仍供不应求,订单如雪片般纷至沓来,全年销量突破10亿元。2005年再接再厉,全年销量稳过20亿元。2006年加上盒装,销量逼近40亿元大关。

菲利浦·科特勒曾指出:"市场营销是企业的这种职能:识别目前未满足的需求和欲望,估量和确定需求量的大小,选择在企业能最好地为它服务的目标市场,并且确定适当的产品、服务和计划,以便为目标市场服务。"具体地说,营销职能有:开展市场调查,搜集信息情报;建立销售网络,开展促销活动;开拓新的市场,发掘潜在顾客;进行产品推销,提供优质服务;开发新的产品,满足顾客需要。

三、塑造形象,赢得众心

人美在心灵,鸟美在羽毛,企业美在形象。在当今市场经济条件下,真正有效的高层竞争是企业形象的竞争,可达到"不战而屈人之兵"的全胜效果。在企业形象策划中,如果设计人员能够自觉地把美的理念融入CI设计思想,从美感这个切入点展开思维,就会产生思维创新,创造出与众不同的新方案来。这就要求CI设计人员必须深入生活实践,细心捕捉自然、社会、思维等领域一切美的信息,将此升华为理念层次的美,并以这种美感来指导CI设计。美可以创造新思维，展示企业形象的新天地。

小小鱼头火锅，吃出十几亿元的资产规模，在国内本土餐饮业中还不多见。天时、地利、人和，这些兵者争胜必不可少之势，谭鱼头都具备了。谭长安运筹帷幄，精心策划了中国餐饮界上的"火锅兵变"。近年来，海内外媒体频频聚焦谭鱼头，称谭鱼头是中国餐饮业的一匹黑马，第二个"麦当劳"。究竟是什么力量使"谭鱼头"连锁店有如此巨大的威力呢？

首先，系统策划是 CI 塑造的重要原则。"谭鱼头"正是坚持从 MI、BI、VI 三个层面上系统进行 CI 策划，才使"谭鱼头"的企业形象如此突出。

其次，突出个性是 CI 策划中的又一重要原则。"谭鱼头"根据其大众化餐馆的性质，把经营理念确定为"品质、价值、价格"，从而具有很强的针对性。以"校园、家园、群团"为企业精神，以"亲情、友情、爱情"为服务理念，以"公开、公平、公正"为用人原则，以"稳定、成长、效率"为组织原则，并提出了"一锅红汤，煮沸人间"的企业口号。此口号浓缩了谭鱼头公司以顾客需要为先，以人为本，不断开拓创新的企业风格。

名不正则言不顺。为了品牌的创意，他们精心组织了一系列相关活动，来向社会宣传这种定位。比如，"老人也来过""爱心共见 SOS 儿童村"等活动，既回馈了社会，又提升了自己的美誉度，可谓一举多得。

四、推心置腹，打消疑心

实物表演，打消疑心。俗话说"百闻不如一见"，一见不如实践。感觉到的东西不能立刻理解它，只有理解到的东西才能更好地感觉它。市场陷阱多多，客户疑心重重。大多数人都患有产品疑心症，特别是面对新产品的时候都有这样的心态：这个产品能管用吗？质量如何？价值性到底如何？在行销活动中，"实物表演"就成为击垮这种疑心的有效方法，能证明真实性。但你必须会演示卓有成效的实物表演，除了直捣对方的"心"，还能影响他们的感官，即眼、耳、鼻、舌、身。尤其是让准客户体验你的商品。

格力掏"心"，以"心"攻心。2003 年 3 月 2 日，一贯低调的格力空调在北京几家知名媒体打出了一则热辣辣的广告："真金不怕火炼，格力空调，请消费者看'心脏'。"旗帜鲜明地打出了自己的品牌，以质量战、攻心战叫板价格战。3 月 4 日又将空调大卸八块，让消费者看清它的"五脏六腑"。格力在广告词中写道：好空调，格力造。格力空调好在哪里？好在"心脏"！空调的心脏是什么？压缩机！一个人心脏出了毛病，再好的身体也要打折扣。一台好空调没有质量过硬的压缩机，再好也要打问号。在讲解中就连散热器、铜管、控制器、外壳也分别比喻为"肺、血管、神经中枢和皮肤"。并告诉消费者这样强健的体魄是绝对不可能与"狼心狗肺猪下水"之流的空调去玩什么价格戏法的。至少给不守规矩的"特价狗"当头一棒。而且与消费者达成了"品质第一，价格第二"的共识。营销要交心，交心要知心，知心要诚心。因此，在此轮攻心战中，妙用比喻，巧使心计，打消顾客疑心获得了双赢的效果。格力空调该月的销售直线上升，开"心"开出个大市场。

五、营造温情，填补爱心

天生一面喜，开口总是春。在古代有许多生意经中都有所体现，如"生意经，仔细听。早早起，开店门。顾客到，笑脸迎。递烟茶，献殷勤。拿货物，手要轻。顾客骂，莫作声。讲和气，倍小心。多推销，盈万金。"

人无笑脸莫开店，微笑服务暖人心。"世事洞明皆学问，人情练达即文章。"人情练达即情商。情商之所以重要，是因为情商高的人，人见人爱，由此形成了营销事业成功的因果链。情商高必然关系多—必然朋友多—必然信息多—必然机会多—必然支持多。

人间温情，爱心汇聚。新飞一直坚持"接触未来，关切民生"的经营理念，回报社会，花钱不"心疼"。自2000年开始，中国妇女基金会启动了"大地之爱·母亲水窖"工程，新飞积极出资响应，大力支持社会公益事业，解决了一大批干旱地区居民的吃水问题。在"大地之爱·母亲水窖"奠基仪式上，新飞电器有限公司副总经理王建华宣布：2005年，新飞将捐出100万元，为陕西、河北、四川、云南四省区的干旱缺水地区建成1000眼水窖，帮助这些地区的居民摆脱因缺水而造成的贫困生活。

在资助"大地之爱·母亲水窖"工程期间，新飞还在全国开展了一系列义卖活动。活动期间，凡购买新飞指定的产品，新飞都将以消费者的名义为"大地之爱·母亲水窖"工程捐资10元人民币，同时消费者还会获得新飞"爱心卡"一张，有机会成为爱心大使亲临水窖奠基现场。

各级领导亲临奠基现场、各大媒体的跟踪报道以及新飞在全国展开的义卖活动造成的社会影响，对进一步拓展二、三级市场是很有益处的——这似乎要比"生硬"的降价促销更能打动消费者，爱心带动市场销售，在消费者心目中塑造了新飞的完美形象。

六、善用天真，诱导童心

天真诚可爱，童心价更高。天真活泼，纯洁无瑕，是儿童之天性。爱美之心，人皆有之。商界认为：女人和孩子的钱最好赚。从深远意义来讲，孩子是祖国的希望、民族的未来，得童心者得未来。例如，"贝因美冠军宝贝大赛"将主题确立为"造就冠军宝贝，提高国民素养"，在营销之中传递知识（科学育婴教育）、蕴含民族使命（提高国民素养）。这一主题的确立赋予了浓厚的公益元素。与此同时，为了加强活动的公信力和权威性，还与"全国妇联儿童中心"牵手合作，共同主办"冠军宝贝大赛"，共同为提高中国宝宝健康素质、普及健康育儿知识加油助力。由于获得了妇联儿童中心的支持，一场企业营销活动顺势成为一场关爱中国宝宝成长的公益活动与社会事件，极大地提高了产品的知名度和美誉度。

征服了童心，赢得了世界。快餐业巨头麦当劳拿汉堡包和薯条称霸全世界，而中国的快餐业在家门口被斩获马下。同是快餐，单从具体产品物的营养和口味上说，我们并不输给对方，但出现这种结局，是输在我们的营销上。麦当劳成功的秘诀就是"我们不是餐饮业，我们是娱乐业"。它已不停止在解决吃饱问题的层面，而是在让你吃得开心的层面了。它同时成为世界上最大的儿童玩具发送者，哪个有麦当劳餐厅的城市的儿童家里不摆放着一个又一个麦当劳的儿童玩具？又有哪个孩子去麦当劳吃饭不是冲着那些玩具或者感受玩的气氛呢？

再如，康师傅方便面的包装内就附有小虎队旋风卡，每包方便面中都放有一张不同的旋风卡，如宝贝虎、机灵虎、冲天虎、旋风虎、勇士虎、霹雳虎等卡，让很多孩子都爱不释手。渴望拥有整套旋风卡，只得经常购买附有这种卡片的方便面。一时间鸡肉味、咖喱味、麻辣味、羊肉串味、牛排味、海鲜味等味道各异的康师傅方便面，随着各种五彩缤纷的旋风卡走进了千家万户。

七、故弄神秘，引发奇心

制造悬念，故弄神秘，引发顾客奇心，激发用户热情，是促销的一大良策。好奇心也是人类的天性，企业完全可以充分利用这一特点达到营销的目的。有关可口可乐的秘方，都是在地下密室中配制，类似中国家传秘方，被炒作得神乎其神，其实日本的早稻田大学通过化验早已揭开其秘密及其营养成分。只不过是通过概念炒作，引发顾客的好奇心，激发消费者的购买热情而已。

再如，"合利·波特"系列图书的大卖给人印象深刻，书本身优秀固然是热销的一大原因，然而发行商不断营造神秘氛围所起的作用不可低估。发销商把故事情节捂得严严实实，直到发行的前两个星期，才把价格与页码公布于众；分销商若想取得销售权也必须与发行商签订保密协议，更令读者心痒难耐的是，几本预先准备好的图书在西费吉利亚一个不知名的沃尔玛店被"不小心"卖了出去；更绝的是发行商在公共媒体上宣称，本系列图书极可能供不应求。于是，等到正式发行时，被发行商吊足了胃口的读者开始疯狂地抢购。

八、娱乐经营，使人欢心

娱乐是人的天性。无论是谁，都会对快乐有一种天性的追求，并贯穿在人的一生的每时每刻。这几年，游戏产业的兴起就是有力证明。许多成年人玩得好不得意，甚至乐不思蜀。这就是娱乐天性的威力。随着生活节奏的加快，娱乐对很多人来说成了不可多得的奢侈，但是对80后群体，这是他们生活中的重要部分，而且在消费上的娱乐化倾向也较为突出。据一项研究表明，"玩"是80后年轻人业余生活的主体，"玩"的花费占他们日常消费的1/3以上。更值得关注的是，对80后群体来说，爱玩不算长处，会玩才显得自己与众不同。他们努力地工作，也拼命地玩。

对营销来说，针对80后群体需要采取出众的娱乐化营销，在产品设计、终端场景还有广告诉求上都要有娱乐的概念。"超级女声"的主要参与者和观众都是80后，她们都可以通过短信、互联网反馈给媒介，互动性强，观众参与热情高。跟以往的歌唱比赛不同的是，观众有现场发言权，他们的发言直接影响了比赛结果，而评委实际的作用并不大。这些完全迎合了80后的诉求。湖南卫视、蒙牛酸酸乳都借此赢得了80后的市场，这就是新娱乐时代的成功代表。

娱乐方式通过消费者的视觉、听觉、味觉、触觉或者感觉等体验，给消费者带来更真切的精神愉悦和心理满足，相应地更能让消费者对企业留下深刻印象，拉近了产品和服务与消费者之间的距离；与广告、促销等传统营销方式相比，更能打动顾客，引人入胜。不知道你有没有发现：现在的每个人都有着各种各样的烦恼和忧虑，物质的丰富丝毫没有让他们快乐起来；相反，每个人都在积极寻求一种精神的愉悦和心情的快乐，这是一个渴望欢乐的世界。

娱乐营销首先体现的是一种营销思维。快乐不是拿钱买来的，但买的东西可以给人以快乐。只要娱乐拨动了广大消费者的心弦，消费者就会乐滋滋地掏钱消费。娱乐不是一种营销方式，但是营销加入娱乐的元素，便会成为一种新颖而独特的营销力量，对品牌形象和商品销售起到事半功倍的作用，带给消费者超值的附加价值。让营销插上娱乐的翅膀，它会飞得更高更远！

九、绿色诉求，社会关心

绿色，代表生命、健康和活力，是充满希望的颜色。国际上对"绿色"的理解通常包括生命、节能、环保三方面。21世纪是绿色世纪，人们越来越关注人与自然的共同发展问题，环保成了最时尚的字眼。伴随着这样一种势态发展，"绿色营销"开始成为新世纪营销的一大趋势。绿色营销是指在整个营销过程中，贯穿一种"绿色"概念，体现出深厚的环保意识；绿色需求是人类社会发展的产物。"绿色需求"是现代人类最基本的需求，并转化为绿色消费行为，以"绿色、自然、和谐、健康"为主题，积极主动地引导和创造有益于人类身心健康的生活环境；它不仅是一种消费行为，更是一种理念与哲学。

随着资源短缺、环境的进一步恶化、淡水的枯竭、大气层的破坏、地球变暖等生态及环保问题的加剧，人们开始将生态观念，健康、安全、环保观念根深蒂固地扎根于人类的思维理念中，继而形成习惯，也就是绿色习惯，从而由绿色习惯催生出绿色需求。消费者行为对市场起着重要的诱导作用，市场通过价格涨落的信号传递给生产者。"文明人跨越过地球表面，在他们所过之处留下一片荒漠。"养育了人类的地球母亲，已经是伤痕累累。我们一方面享受着现代文明的成果，一方面在制造毒害自身的苦果。当人类社会认识到这种苦果的危害性时，绿色成为最现实的需求，全球范围内兴起了"绿色浪潮"，冠以"绿色"的新名词多如牛毛。据说，老百姓买菜都爱买带虫眼的，证明这菜没经过农药污染，属于绿色食品。市场这只"看不见的手"会促使千千万万的生产者不断调整资源配置和利用方式，调整生产结构。既要金山银山，更要绿水青山。坚持生产发展、生活富裕、生态良好的文明发展，促进人与自然的和谐可持续发展。从这个角度来认识消费对于生产的导向作用，就可以更好地认识和提倡"绿色消费"。"拥抱青山绿水，走进健康天地"是现代生活需求及市场营销发展的一个重要方面，对于协调家庭乃至整个社会与自然的关系并对构建和谐社会有重大的现实意义。

据统计，全国每年生产衬衫约12亿件，其中8亿件要用包装盒，相当于每年要耗用168万棵碗口粗的大树。上海华联为此打出"少用一个包装，多留一片森林"的公益广告，鼓励大家购买无盒衬衫。在华联商厦销售衬衫的20多家企业，已经表示赞同这一"绿色消费理念"；而许多消费者也明确表示，自己穿的衬衫，原本并不需要豪华的包装。为了鼓励更多的消费者购买无包装的"环保衬衫"，华联商厦还规定，每购买一件无盒衬衫，即送一瓶"衣领净"。

上海华联商厦的这一举措，受到来自社会各界的广泛好评，起到倡导绿色消费观念的积极作用，其公益行为为华联的品牌形象增加了光彩。

十、铸造品牌，用户放心

国外许多著名的营销学家多次强调："在当今以消费者为主导的激烈的市场

竞争中，消费者购买的是商品，但选择的是品牌。"品牌绝不仅仅是一个概念，它是一种无形资产。一位日本工商业界人士曾说过："代表日本脸面的有两半：左脸是松下电器，右脸是丰田汽车。"还有一位英国品牌专家说："在当今的工商界，品牌是增长和获利的主发动机。"可见，品牌有巨大的魅力，它是无价之宝。犹如一个聚宝盆，驰名商标将企业的智慧、效率、资金效益等聚集一身。尽量将社会大众的期待需求、消费也都聚集于一身，并释放出强大的动力，推动企业和社会前进。

无锡小天鹅股份有限公司是我国最大的全自动洗衣机制造商，为进一步提高质量，推行了质量的"四化"措施，即质量标准国际化、质量管理标准化、质量考核严格化、质量系统规范化。通过这些质量管理手段，小天鹅公司不仅开拓了广阔的市场空间，也在消费者心目中树立了自己的良好品牌形象和概念，使企业的发展走上了良性循环的道路。

小天鹅的经营数学是："0+0+1=100"。该公式的含义是："0"缺陷，"0"库存，用户第"1"。只有做到"0"缺陷，用户才能满意；只有用户满意，企业的销量才会增长。只有做到"0"库存，企业的成本才能降低；只有成本降低，企业才能取得价格优势，才能有效战胜竞争对手。只有同时做到了"0"缺陷和"0"库存，企业才能赢得一个圆满的结果，用公式表示就是"0+0+1=100"。

小天鹅在实践中形成的经营数学，凝聚品牌营销理念；透视小天鹅成功的背后，观念比资金更重要。以质量开拓市场、以品牌占领市场是现代企业提高产品竞争能力的行动准则，品牌营销已是新时代营销的最强音。工厂创造产品，心灵创造品牌，品牌沉淀文化。文化弘扬国粹，振奋民族精神。名牌是挡不住的诱惑、写不完的史诗。

（资料来源：张国良，企业战略管理，浙江大学出版社 2011）

【诗语点睛】
品牌精髓真美善
名牌精工出匠心
精品生命在质量
狠抓源头不放松
命名扬名有学问
新颖别致求通用
暗示属性要巧妙
超越时空不雷同

第九章

企业家领导艺术与人格魅力

【先导案例9-1】 西游记为什么选唐僧当头？

暑假里，电视台正重播《西游记》。这一天，小李和小王就《西游记》中谁最厉害展开了激烈的争论。小李说："明摆着，孙悟空最厉害！一路上降妖伏魔功劳最大。唐僧肉眼凡胎，连点儿自卫能力都没有。要是让悟空挑头取经，一个筋斗就把经取来了，还用费这个劲？"小王却不以为然，他说："唐僧虽没有武功，可他懂经，悟空懂吗？再说了，唐僧取经信念坚定，哪个能比？要是悟空当了头，底下人一定心服口服吗？"两人谁都不服气对方。

分析：唐僧当领导当之无愧，原因有三个。

第一，对事业的坚定信念。取经目标明确、坚定，矢志不移。不管是豺狼虎豹、妖魔鬼怪，还是女儿国国王的真情诱惑，都挡不住他西行的脚步。相比较而言，大徒弟孙悟空曾两度含冤离职（被师傅误解后回到花果山），二徒弟猪八戒更是动辄要回高老庄。

第二，善于用人。最突出的是能让一个非常之人（齐天大圣）为他所用。而其控制手段既包括职位权力——紧箍咒，又包括非权力因素——关心疼爱徒弟的个人魅力，尤其是救员工于水火之中（五行山下解救孙悟空）。

第三，良好的人脉。直接上司——观音菩萨大力支持唐僧，为他们西行提供便利。

分析：取经团队成员优点突出，但缺点也很明显。

第一，唐三藏。优点是：人品好，且具备相应的企业家素质；缺点是：肉眼凡胎，不识真人，自我保护能力差。

第二，孙悟空。优点是：忠诚，业务素质出众；缺点是：生性好动，不受拘束，组织纪律性稍差。

第三，猪八戒。优点是：乐观开朗憨厚，是团队开心果，且充当调和剂（上花果山请大师兄归队）；缺点是：号称八戒，具备常人所有的大部分缺点。

第四，沙悟净。优点是：工作踏实，老实肯出力；缺点是：过于保守，缺乏创新精神。

因而，一个成功团队并不要求成员个个完美无缺（也不现实），只要成员的优点恰好是团队所需要的，而缺点不足以影响团队精神，就可以了。

第一节　新时代企业家领导艺术

毛泽东同志曾经指出：领导的责任，归结起来，主要是出主意、用干部两件事。这里的"出主意"，就是指领导决策。[①] 领导决策是领导科学理论研究的基本范畴，不仅要遵循决策的一般规律，按照一系列程序进行，而且还要讲究决策艺术，因为它往往是决策成功的要件。科学决策是现代管理的核心，企业家决策贯穿于管理过程的始终。决策质量与水平的高低会直接影响具体的工作，甚至会影响企业的生死存亡。"决策理论大师"西蒙曾指出："决策是管理的心脏，管理是由一系列决策组成的，管理就是决策。"拿破仑说："做决定的能力最难获得，因此也最宝贵。"企业家制定和实施决策，既是一门科学，也是一门艺术。

一、决策的艺术——科学决策，程序精准

新时代随着新技术、新理论的迅速发展和各种新问题、新情况的不断出现，科学决策、程序精准日益成为企业家必须直面的重大课题。基于科学管理决策程序如下。

（一）厘清问题，确立目标

发现问题，这是决策的起点。所谓问题就是应有状况和现实状况之间的差距。问题发现以后，就要确定目标。确定目标是领导活动的起点和落脚点。目标是领导决策的基础，没有目标，就没有所谓领导决策；而目标选择的正确与否，则直接关系到决策的成败。这是一个将问题具体化和明确化的过程，是领导决策的出发点和归宿点。但是，目标的确立不能随心所欲。确定目标，需要对有关事物进行定性、定量、定时的分析。为此，必须采用行之有效的科学预测方法和调研技术。一般来讲，它有以下四个特征：

1. 单一性。目标是单一的，只能作为一种理解。
2. 定量性。你的成果或程度是可以预测的。

[①] 晓山，知事识人是领导干部的基本功，来源：光明日报，2017年06月02日09：07。

3. 明确性。目标的成果和程度是可以计量的。

4. 目标必须区分主次。当决策目标不止一个的时候，企业家就要权衡轻重，列出主次次序。决策目标分为"必须达成"和"希望达成"的目标。

确定目标，必须从实际出发，实事求是，符合客观实际，既要有先进性，又要有可行性，不可保守，也不可冒进，使目标建立在客观的基础之上。目标一错，一错百错，不仅无法解决问题，又可能产生新的问题。确定目标，还要尽可能地予以量化，明确实现的步骤与期限，这就要反复论证，使目标建立在科学的基础之上。明确领导目标，同时要明确责任范围和责任者，使责、权、利统一起来，给所属人员以压力和动力，使目标建立在可靠的基础之上。一个企业家每到一个新的岗位，首先就应该在调查研究明确领导环境的基础上，确定自己任期内的近期目标、中期目标和远期目标，并把整体目标划分为若干个具体目标，围绕着目标的实现，确定指导思想，制定方针政策，规定具体措施，开展一系列领导活动。领导目标贯穿于领导活动的全过程。在目标实施过程中，要进行目标控制、目标考评、目标调整等工作，及时排除实现目标的障碍，以保证所定目标的实现。

那么，决策目标如何确定呢？简言之，在选择中体味，在路径中揭示，在行动中明确，在变化中修正。其思考路径是：

辨明问题的性质，是反复发生的老问题，还是偶然发生的事件。前一类问题的发生一般有较为固定的原因，可根据已有的规则进行决策；偶然事件则应根据实际情况具体问题具体分析并做个别处理。

确定决策的目标，最低要达到的目的，或主要目的。在确定目标时要抓住主要矛盾；切忌被一些琐碎的事务缠绕，头绪不清，致使偏离正确决策的方向。

不要以"能否被人接受"来影响决策过程。讨论决策时，只要别人的意见不妨碍达到最低的目标，就可以采用折中的决策。但如果不以实现目标为核心，而以能否被人接受为宗旨，这样的决策必然是无效的。

（二）掌握信息，未雨绸缪

把握信息，科学决策。领导将针对什么问题进行决策，在决策前需要清晰、明确。因此，界定问题是领导决策的第一步。搜集信息要使领导的决策有效，搜集信息是必不可少的条件之一。搜集信息在领导决策过程中有极其重要的地位。

调研掌握信息是科学决策的基础，科学预测是决策的前提和依据。毛主席曾对指挥员的决策精辟阐述：指挥员的正确部署来源于正确的决心，正确的决心来源于正确的判断，正确的判断来源于周到的、必要的侦察和对于各种侦察材料的连贯起来的思索。一切结论应产生于调查的结尾而不在它的先头。因此，做调查工作，要做到不偏听偏信，不先入为主，不带主观偏见；要不怕吃苦，不厌其细，不放过任何一个重要环节、有用细节，细致入微；通过调查研究与预测分析，实事求是，科学分析和把握客观规律与现有的客观条件，是科学决策的关键环节，也是提高决策执行效果的根本前提。未雨绸缪，防患于未然，才能制定切实可行的战略和策略。抓住时机，当机立断。在大好时机面前，决策者要当机立断。失落黄金有分量，错过时机无处寻。《三国演义》中诸葛亮借东风也恰好说明了这一点。诸葛亮是借助自己丰富的天文知识，掌握最新信息；如果没有大量的最新信息，没有大胆的科学预测，最终进攻的时间是定不下来的。

（三）集思广益，拟订方案

天下大事，多谋善断。"谋之贵众，断之贵独，虑之贵详，行之贵力。"众谋是决策的民主化问题，也是决策中思想碰撞原则的体现。任何好的决策都不是在众口一调下、求同思维中得到的，而是在众说纷纭的思维碰撞之中做出的正确判断和选择。"水尝无华，相荡而成涟漪；石本无火，相击而发灵光。"不同意见的相互碰撞，可以发人深省，拓展思路，也可以暴露出各个方案的优缺点，便于权衡利弊、好中选优。详虑则要求企业家要思虑全局、思虑时势、思虑民意、思虑利弊。善弈者的成功在于谋势而不谋子，善谋者的成功来自对利害的取舍和对机会的选择的智慧和勇气。决策是一个选优的过程。优中选优，实现决策效益的最大化。管理者当机立断，决策的关键在于"善断"，创新思维。多谋善断，详虑力行，处置自如。就主观愿望而言，每个决策者都希望选择前者而避免后者，趋利避害是每个人的本能。良好的愿望必须以良好的素质为基础，否则，只能是好心办错事，自己吃后悔药，群众不满意，不仅造成了人力、物力和财力的浪费，也会直接影响领导的威信和上下级关系。所以，这是不能轻看的大问题。领导素质，领导能力第一条就是筹划和决策能力。筹划就是谋略运用。

要想搞好科学决策，企业家要勤于思考，总览全局，注意以下几点：一是要有良好的领导素质。不仅要有强烈的事业心和责任感，还要具备良好的素质和能力。这就要勤奋学习，多掌握知识。二是要在实践中努力提高自己的谋略水平，加强分析判断等思维能力的训练，克服凭个人老经验，在"三拍"中轻率决策的不良习惯。三是要搞好调查研究，掌握有关信息。决策的基础，情况不明不能拍板。

（四）分析评估，方案选优

方案优选是领导决策过程中决定性的一个步骤，即在对各种方案分析、评估的基础上，依据目的性、可行性、时效性、信息性等原则，选定一个最佳的方案。这个工作应当由企业家来完成。在这里，企业家通常依据经验、实验和分析安排进行最后的选择。在所选择的方案中，企业家要听取各方面不同的意见，包括一些尖锐的意见。因为，不少好的方案是根据对立面来提出的。高明的企业家往往不是在众多的方案中选取一个方案，舍弃其他方案，而是善于摄取各种方案的优点和长处，综合一个最佳的方案。需要注意以下几点：

1. 充分发挥民主，允许有不同的声音，营造畅所欲言的氛围；
2. 要求汇报者如实汇报，不得弄虚作假；
3. 发扬民主，广开言路，善于归纳，优先组合；
4. 果断坚决，该出手时就出手。

按现代决策的概念，就是要对备选方案进行可行性论证和评价等。分析评估选定方案比较备选方案的利弊得失，多种方案选优，择其善者从之。抉择或选定方案是决策程序中的关键步骤。而方案的评估与选择应以实现决策目标为最主要的评选标准。要运用价值准则进行评估。价值标准就是建立价值评价标准，以此作为方案选择的衡量尺度。价值评判标准是领导决策的规划依据、论证准则和检查标准，因此价值标准应当尽可能地科学、规范和可行。这需要企业家和专家商量与协商，进而保证领导决策依据的客观性和可行性。确定价值标准一般以这两个原则为依据："进取创业"和"守成行动"。由这就产生了计划和政策两种不同的决策类型。只有在这样的范式里，各决策者和参与者才可以明确地制定适合本身实际情况发展的科学标准。

引滦入津工程的成功，就是绝好例证。当时对南线与北线两方案进行了价值评估和可行性评估。选定方案需要决断者不仅有科学的态度，而且有高超的决策艺术，善于综合平衡，统筹考虑，及时决断。选定方案是决策过程中最重要的环节，真可谓"一着不慎，满盘皆输"。在做出决策前一定要慎重，需要做到：一是拓展思维空间，二是缩短选择时间，三是排除个人情绪的影响。

（五）试验实证，稳扎稳打

"智者千虑，必有一失"。正式实施方案之前，小范围内或就其关键部分进行试验，以验证其运行的可靠性。如不可靠，则对上述各步骤进行反馈，择其失误的步骤进行修正。为了保证决策的实施效果，一般来说，方案选定之后必须进行局部试验，以验证方案运行的可靠性。特别是在重大决策上，要坚持未经试点不执行。

在国企改革时，实行厂长（经理）负责制试点，扩大企业经营自主权试点，承包租赁经营试点，国有企业股份制改革试点，等等，都是先通过试点之后，然后普遍推广的。这与人的思维的至上性与非至上性、认识上的有限性与无限性是辩证统一的。这是认识发展的基本过程和规律。因此，对于重大决策必须先进行试验实证，然后再贯彻实施。通过局部试验证实，取得对方案运行的可靠性分析验证。有些领导在工作中遇到难题，碰上新情况，往往贻误时机，影响工作，造成扯皮推诿，办事效率低下。要防止两种倾向。一种是情况明了，不敢拍板。其原因有三：一是心理素质欠佳，办事优柔寡断，缺乏魄力，缺乏决断力；二是私心重，怕负责任，怕担风险；三是有依赖思想，缺乏工作主动性，遇事等靠，实质上也是怕负责任的表现。另一种是情况不明，乱拍板。有些领导点子不多，胆子大，主观武断，草率行事，心中无数，鲁莽蛮干，给工作带来损失。

（六）方案实施，步步为营

任何决策方案都必须经过在实践中实施，才能达到预期的目的，才能体现决策的价值，从而使决策具有实际意义。制定决策的最终目的是贯彻实施。所以，决策制定以后，开始进入实施阶段。当方案选定以后，开始进入实施阶段。当方案选定以后，必须进行局部的实验，来验证其可行性与可靠性。通过模拟实验，进一步证明最佳方案切实可行后，就应当不失时机地进行大规模的实践。只有付诸实践，才能最后检验决策是否合理与有效，才能发现新问题。如果实验成功，就可以普遍实施。在普遍实施的过程中，要做好以下几个工作：

1. 组织好具体的工作计划，把决策方案具体化。
2. 动员一切可以动员的力量，调动组织成员的积极性、主动性和创造性。
3. 落实责任，建立严格的责任制。
4. 建立检查监督制度。要少想少说多做，将经验注入具体的工作，不能徒有其表，更不能夸夸其谈。而需要务实，关注工作效率与点滴的积累。

效率与时间都要与谋略中的设想规划相符合，执行是实打实的努力，来不得半点商量的口气。讲求协作，与其他执行环节密切配合。任何事情都是系统工程，都是在别人成果的基础上，为别人奠定基础的环节。要有风险意识，要充分保证绝对安全，防微杜渐，不给自己的现在与未来留隐患。

（七）反馈跟踪，修正方案

美国管理大师杜拉克说过："战略家要在索取信息的广度和深度之间做出某种权衡，他就像一只在捉兔子的鹰，鹰必须飞得足够高，才能以广阔的视野发现猎物，同时它又必须飞得足够低，以便看清细节，瞄准目标进行进攻。不断地进行这种权衡正是战略家的任务,一种不可由他人代替的任务。"

在领导决策付诸实践以后,要随时检查验证。这是因为在决策的实施阶段,由于外部情况的急剧变化,或者由于决策本身的严重错误,原有决策方案在实施中已脱离实际,甚至危及决策目标的实现。这时就必须对原有方案进行根本性的修正,这叫作决策追踪。按照科学决策的步骤,一步一步地进行检查,对没有能达到预期效果的项目要找出原因。决策是人做的,不能保证每一次都是完美的。所以,领导在追踪决策时要有一定的勇气,敢于承认现实,克服困难,弥补过失。克服阻力,尽可能地减少失误、弥补损失。要在找出原方案不合理部分的同时,注意发现原方案合理的成分,扬长避短,不断完善。及时修正决策,以确保决策更好地执行。决策只是手段,解决问题才是最终目的。

(八)通权达变,务实创新

通权达变,在于审时度势,巧妙灵活,不拘常法。"水无常形,兵无常势"说的就是万事万物皆在动态变化之中。特别是现代社会,科技迅猛发展,情况千变万化,矛盾错综复杂,企业家做决策更应随机应变,不失时机,因时制宜地处理问题。务实创新,是以一种创新精神制定出创造性的决策。

首先,任何一种形式或模式的创新,都必须基于务实的创新观念。离开了务实,好高骛远,追求宏大,往往都成不了大事。创新其实并不高深,而是蕴涵着朴素道理的一种经营方式,其核心在"务实"二字。不因循守旧,不囿于常规。

其次,创造本身就是想象力和概括能力。创造性思维既是突发的、偶然的,又是渐进的、必然的,它是突发和渐进、偶然与必然的辩证统一。创造性思维往往以突然爆发的形式出现,即所谓"豁然开朗""茅塞顿开"。

最后,在创造性决策中,直觉灵感起着极其重要的作用。创造性思维对人的行为和决策有着直接的、重要的影响。人们往往认为理性思维或逻辑分析比依据非理性过程做出的决策能够得到更好的结果,因而忽视或低估非理性思维的作用。实际的情况是,人类的决策既依赖理性或逻辑分析,也依赖非理性的分析。在一些场合,决策主要是依靠非理性过程做出的。因此,企业家要做到:既要敢于拍板,又要善于拍板。第一,要提高自身素质,尤其是领导能力素质,提高决断能力,加强实践锻炼。第二,要出以公心,增强工作责任心,敢于负责,克服自己的私心杂念。第三,要明确自己的职权范围。知道哪些是自己权限范围内该干的,哪些是越权不能干的。第四,要心中有数,使拍板有个坚实的基础。这就要搞好调查研究,运筹规划,缜密决策,要深入掌握信息,做到"对上明,对下清,左右灵",善于比较分析,科学论证,以利于定下决心。

现代管理者必须遵循科学的决策程序，这里的每一个环节的综合就是一个科学决策的基本步骤。每一步都很重要，不可以相互替代，缺少哪一个环节都不能构成一个有效的整体，从而直接影响到领导决策的科学性。这些步骤中的某些环节的顺序是可以调动的，但是最后必须将其有效地串联在一起，从各个部分的微观层面上升到总体的宏观层面。只有这样，才能让决策的正能量得到最大程度的发挥。只有把决策建立在科学程序基础上，才能最终实现决策的民主化与科学化。

二、一着不慎，满盘皆输——新时代企业家管理决策十大戒律

西蒙曾说："管理的核心在经营，经营的核心在决策，决策的核心在创新。"管理的核心是决策，是事业兴衰成败的关键因素，也是企业家最基本、最频繁、最重要的活动，战略决策更是影响最重大、最深刻、最长远的活动。正确的决策决胜千里，错误的决策南辕北辙。为此，特提出了领导管理决策十大戒律。

（一）主观武断，刚愎自用

企业家决策果断，善于抓住实质，胆识并举，迅速决断，往往有"快刀斩乱麻"之效。果断是一种作风。它是一个人胆识、学识与气质的外在表现，作风影响办事效率。而武断是指处理事情主观盲断，或仗势欺人，以权压众，或独断专行，我行我素，其结果常常是事与愿违。果断是当机立断，不等同于主观武断。武断者，主观轻率地判断，独自决策，无视集体意见。大凡刚愎自用的人，都非常顽固、守旧偏执、难以回头，一旦出现新事物、新人物、新现象，总是持反对、否定、指斥的态度，压抑持不同意见者，离真理越来越远，不仅易导致决策错误，而且会导致众叛亲离。

老子曰："知不知，尚矣；不知知，病也。圣人不病，以其病病。夫唯病病，是以不病。"知道自己还有所不知，这是很高明的。不知道却自以为知道，这是很糟糕的。有"道"的"圣人"没有缺点，因为他把缺点当作缺点。正因为他把缺点当作缺点，所以他没有缺点。企业家只有善于激发部属的智慧和力量，并把来自各方面的意见和建议结合起来，形成集体的智慧和目标，才是科学的决策，这才是作为一个企业家应该拥有的态度。刚愎自用是一种非常可怕的坏毛病。它可以使人越来越不知道天高地厚，离自己身败名裂越来越近，必须引以为戒。

（二）心中无数，不讲战略

孙子曰："夫未战而庙算胜者，得算多也。""多算胜，少算不胜，何况无算

乎?"企业家只有"善算""巧算""妙算",才能在竞争中精于计谋,技高一筹,运筹帷幄,决胜千里。俗话说:"人无远虑,必有近忧。"领导要高瞻远瞩,面向未来,把握主动,应当把自己的主要精力集中在制订和实施战略规划上。"兵者,国之大事也,死生之地,存亡之道,不可不察。"战略决策事关事业之成败。"战略"一词源于军事术语,指在敌对状态下将军指挥军队克敌制胜的方法和艺术。战略决策是关系全局的、长远的、重大问题的决策,影响面大,持续时间长。因此,要保持其相对的稳定性,不能朝令夕改。只有外部环境和内部条件发生重大变化后才能做战略性调整、转移。然而,许多领导尤其在事业发展的关键时期,都要强调做强做大,经常处在一种急躁冒进、焦虑和不平衡的心态之中,从而导致了决策的盲目性。片面决策有之,危险决策有之,错误决策亦有之,后悔决策更有之。

(三)嫉贤妒能,任人唯亲

古人云:"政以得贤为本,为政之本在于任贤。"善决策者善用人。决策之道有三:用人、用物、用法。用人为决策之关键。嫉贤妒能者,畏贤、妒贤、排斥能人,让其三缄其口。能人每出一策,嫉贤妒能者或不理之,或斥之,或反其道而行之。而反能人之道也就是反真理之道。违背规律,远离真理,决策必失败无疑。楚汉之争,项羽大败,败在固执己见,刚愎自用,以亲疏论英雄;刘邦成功,成在超凡脱俗,驭才有术,用才有道。人才问题历来为政治家和思想家所重视。"我劝天公重抖擞,不拘一格降人才。"这是龚自珍发自内心的呼喊。

(四)犹豫不决,坐失良机

当抉择来临的时候,一部分人优柔寡断,另一部分人当机立断,他们的区别就是处事作风的优劣和果敢。做事喜欢拖延的人,往往犹豫不决,贻误战机;做事喜欢效率的人,总会先声夺人,快人一步赢得先机。行事果断是一种能力,也是一种习惯。果断的人勇敢、自信、坚强,思考问题迅捷,追求目标明确,懂得努力不一定成功,但放弃肯定失败。

总之,领导在进行管理决策时,应牢固树立渔夫式的机会观念,不墨守成规,不自我约束。领导要不断捕捉机会,不断超越自我,只有突出局限才能有所收获。

(五)静态思维,墨守成规

静态思维方式的特点是按照固定的、程序化了的、单一性的直线性的思维程序思考问题,看待事物墨守成规、不思变革。动态思维方式的特点是不拘泥于僵化的思维路径去思考问题、看待事物,而是以敏锐、灵活的思维触角把握事物发展的变化，做出新判断、得出新结论。决断艺术的生命力在于它的创造性。创造性思维必须有新意，敢于想前人所未想，做前人所未做。决策时要尽量以新取胜，做到人无我有，人有我新，人新我特，人特我再创新。管理者决策时一定要突破旧的思维定式，确保新的决策富于生命力。

静态思维者，思维僵化，眼光狭窄，沿袭旧习，墨守成规，把"以不变应万变"视为万灵妙药，用旧对策应付新环境，用老方法处理新问题。而现代决策者应具动态思维，用"相对论"克服决策问题，因地制宜、因时制宜，"以变应变"与"以不变应变"两相结合，在管理方法上则继承与创新相结合，于万变之中出应变奇策。自古以来，有识之士就非常重视决策。人们钦羡"多谋善断"，蔑视"优柔寡断"，反对"主观臆断"，都是人们对决策的评论。墨守成规这种做法是指因循过去成功的决策方法，在开拓新业务时，不加创新，采取守株待兔的做法，希望能够再次取得成功，结果往往是令人失望的。由于外部环境是不断变化的，如果决策思维活动不能随着外部环境的变化对其内容进行协调，以修正思维的方向和目标，就很难获得正确的决策。

企业家做决策时，千万不要犯墨守成规的错误。不要以为你以前成功过现在还会成功，照搬照抄成功的前例最终只能使决策走向死胡同。许多人在做决策的时候往往只凭经验，不去研究环境发生了什么变化。他们死死抱住以前的规矩，不敢越雷池一步。他们顽固地认为，这个方法以前有效，现在当然还有效，在他们眼里世界是静止的。有的管理者在制定决策时，总爱用老办法、老经验来处理新问题、应对新局面。决策缺少新意，将难以应对新的形势和新问题。

（六）急功近利，好大喜功

企业家做任何决断，都要权衡利弊。两利相较取其大，两弊相较取其小，做到不以小利害大利，不以小局害大局，不以眼前害长远。企业家在权衡利弊时一定要保持清楚的头脑，做到情况明、事实清，不能被一些假象迷惑；不以个人好恶做决断，不做一厢情愿的事，不搞好大喜功；要抛开私心杂念，不得以个人得失论危害，不凭个人利益做决断。目的比目标更重要，结果比过程更重要，效益比效率更重要，价值比成本更重要。急功近利，决策失误的症结在于"三盲"：一为"盲目"。自我认识不足，战略分析不清，好高骛远，好大喜功，超越现实，盲目行动。这种人典型的特征是搞跨越式大发展、超常规大跃进。动不动就上大项目，而忽略其中的细节。二为"盲从"。自己没有主见，听风便是雨；听到自己不知道的信息，便自认高明。在狭窄的视线里去追求所谓"高端"与"时髦"，自我感觉良好，可效果越来越差。最终，项目落空，元气大伤。三为"盲动"。心中无数,四面出击;急于求成,朝令夕改。有村夫之勇,却无谋人之智;看似头头是道,却是满脑糊涂,这种人从来没有清晰的目标和流程规划。好大喜功决策者,不扎实练内功,而是喜好打大战役、做大计划、上大项目、占大市场,不顾实际情况毕其功于一役,导致结果全军覆没。

(七) 信息不灵,预测不准

出门看气候,决策识环境,生意知行情,信息抵万金。把握信息,科学决策,必须借助一定的方法,调查与预测是主要的方法。调查是了解历史和现状,预测则是推测未来。调查—预测—决策应该是三位一体的,没有调查和预测就没有决策的自由,没有调查就没有发言权。"一切结论应产生于调查的结尾而不在它的先头。"凡事预则立,不预则废。在我国古代,如计然、范蠡就留有"旱则资舟,水则资车""贵出如粪土,贱取似珠玉"等警句。兵书上的料敌方法有:以己度敌,反观而求,平衡推导,观往验来,察迹映物,投石问路,顺藤摸瓜,按脉诊痛。一位精明的领导要有"月晕而识风,础润而知雨"的眼力。信息是决策的依据,是决策成功的关键。信息的使用是信息管理的目的与归宿,支持决策则是信息使用的落脚点。准确地把握信息和决策的关系,理解决策过程中信息的作用,掌握信息处理方法,才能更好地指导决策。有些决策者不善于利用信息,或者舍不得花精力和时间去搜集信息,便匆匆做出决策,致使决策建立于不可靠的基础上,造成决策偏误。情况不明决心大,知识不多办法多,不经调研,盲目决策,必然要失败。在现代管理决策中,信息至关重要。决策依赖充分的信息。在信息的基础上首先产生直觉,直觉是否准确尚需进一步判断,然后集中群体智慧,利用科学的决策理论与方法进行分析,最终制定出决策。其核心价值是:结果导向,系统思考,一次做对,不断创新。

(八) 违反程序,逆理而行

天无时不风,地无时不尘,物无所不有,人无所不为。智者顺势而动,愚者逆理而行。天地万物都是时时刻刻在发生着变化,这是一个不变的规律和道理。只有顺应变化发展的潮流的人才是智者;倘若违背常理,逆向而行,就是愚蠢的人。也就是说,事物是变化发展的,人要用变化发展的眼光来看问题。所谓决策程序,一言以蔽之,就是决策过程中所应遵循的步骤、顺序和方法。

科学决策程序是:先进行大量的调查、分析、预测工作,然后在行动目标的基础上确定各种备择方案,再从可行性、满意性和可能后果等多方面分析、权衡各备选方案,最后进行方案择优,执行该方案,并收集反馈信息。

决策程序化是现代决策管理的基本准则之一。它要求各级领导和干部在日常决策过程中,要运用科学的决策程序、法定的决策规范,来确保决策行为依据科学程序、依据法律程序运行。决策程序的违法，必然致使决策失当。在当前社会现实中，由于盲目决策、草率决策，导致决策失误的例子比比皆是，而人民群众对那些不按法制化、科学化程序办事的主观决策，更是深恶痛绝。

（九）盲目从众，人云亦云

一个独立性强、思维清晰、有主见的人是绝不会盲目从众的。决策者是孤独的，就是说决策者一定要有自己的判断力，而不是人云亦云，一定要形成自己理性的判断。正因为你最后是要自己做判断的，所以你带着这种角色，听更多人意见的话，才会更有效。依赖性思维主要表现为：不能独立自主地思考问题，人云亦云，照抄照搬。独立思维方式的特点是：依靠个人的主观能动性独立自主地思考问题，独树一帜，与众不同。大文学家韩愈曾说："业精于勤，荒于嬉；行成于思，毁于随。"独立思考能力含义有三：一是分析和判断问题时不为他人所左右，有主见，不人云亦云。二是能深思熟虑，慎明思辨。在众多复杂的关系中发现它们的相互联系，并能抓住问题之关键，牵"牛鼻子"。三是独特的创新思维方式。不受习惯势力和惯性思维的束缚，对决策议题从各个不同角度进行全面考察后得出结论的思维方式。该方式的特点是从点、线、面不同的战略层次上进行全方位思考，形成立体思维，从而具有灵活多变、消除死角的优点。从各个侧面、各个角度、各个层次考察审视决策，把决策作为一个有机整体站得高，看得远，想得全，从而制订出驾驭全局的方案，指导决策制胜。

很多领导习惯于当下流行的思维定式，而且不自觉地推至极端，把上面领导的指令或意见奉若神明，却缺乏自己的独立思考与行动，显然会极大地阻碍经济发展方式的转变。领导要抛弃这种从众心理，不能思维定式，要有创新精神。

（十）事无巨细，事必躬亲

领导要想大事、抓大事、不出事，应当做出高水平的有效的决策。所谓有效的决策应定位准确，提高执行者认可程度。在纷繁复杂的事务面前，领导及主管不能事无巨细、眉毛胡子一把抓。有效的决策不是解决当前需要的短期行为，而是战略性的大手笔、大文章，是高层次的、例外的重大决策。一项有效的决策，必须具有明确的目标，但事物的复杂性往往使决策的目标不限于一个，如何选准目标则成为决策有效与无效的分水岭。事必躬亲者有两种类型，一种是精力充沛，而又对下属放心不下，从而事无巨细均要亲自过问；另一种是大权独揽，或越权插手下级决策事务。前者分散决策者精力，使之不能专注于重大决策，导致决策效率低下；后者损害下级决策者的积极性，压抑其主动性和创造性，不仅影响决策效率，而且易导致盲目决策。有效的决策者应能做到：

集权有道，分权有序，授权有章，用权有度，群策群力，集思广益，从而做出正确决策。

居庙堂之高，需要有宏观的视野。抓大顾本，胸有成竹，才能有科学合理的决策。不能仅仅安逸于"事必躬亲"，要善于从"巨细"中提炼、总结、评判、归纳，逐步使自己跳出小视野，迈向大境界。按照"利利相交取其大、弊弊相交取其小、利弊相交取其利"的原则，适时进行决策，不能未谋乱断，不能错失决策良机。决策后狠抓落实，决策一旦定下来，就要认真抓好实施，做到言必信、行必果，决不能朝令夕改。

处江湖之远，要看主流、看整体状况，把握管理决策中的主要矛盾和总体发展态势，看到优势，抓住机会，充满自信。在看主流的同时还要学会看细节、看日常工作、看小事微事，领导要学会发现工作中的薄弱环节与问题症结，从小事入手，防微杜渐，要把握"管理无小事、决策是要事"的理念，发现问题，规避威胁。管理决策中眼光要长远。既能近看，又能远看，近看教人注重当前、脚踏实地、埋头苦干，远看让人把握战略、目光长远，同时不要盲目蛮干；除了近看、远看，还要粗看、细看，既要看到事物的主要矛盾和优势，提高自信，又能看到次要矛盾和威胁、挑战，要能学会规避，不因满足现状而故步自封。

总之，战略决策，要纵观全局；战役教材，要稳扎稳打；战术决策，要机动灵活；民主决策，要群策群力；果断决策，要毫不犹豫；科学决策，要尊重规律。管理决策全局中有重点，重点为全局服务，方为正确决策之道。过于强调重点，则易顾此失彼，于全局不利；过于考虑全局，则主次不分、精力分散，因而降低决策效率；"独立思考"走向极端，则趋向于独断专行；"集思广益"走向极端，则造成盲目从众；"稳重行事"走向极端，则导致决策难产、错失良机，因而必须先稳重行事而后当机立断。独立思考渗透于集思广益之中，创造性地发挥群体智慧，乃决策者制胜之道也。能不能当领导取决于素质，会不会当领导取决于艺术。每一个领导干部都渴望能有高超的领导决策艺术，但是高超的领导决策艺术不是唾手可得的。提高领导决策艺术水平，需要知识铺垫，需要实践历练，需要经验累积，还需要灵感和顿悟。科学决策要求企业家既要有韧性、悟性、理性，更要有学识、胆识、见识。只有实践才能使决策者丰富阅历，拓展才能，砥砺品格，锤炼作风，成就事业，完美人生。要达到此目的，最根本的途径是学习—实践—总结—再学习—再实践—再总结，循环往复，才能不断提高企业家管理决策艺术水平。

（资料来源：张国良. 现代企业管理决策十大戒律 [J]. 科学管理研究，2013）

三、用度艺术——把握火候，心中有数

用度艺术是一种常用的领导艺术。成熟的企业家虽然都会用度，但不同的企业家因其个性和阅历的差别，对用度艺术的理解和运用会表现出各种各样的偏好：有的企业家基于经验来用度，有的企业家基于个人价值观来用度，有的企业家把用度艺术简单化，有的企业家把用度艺术狭隘化。这些局限性不仅减少了用度艺术的用武之地，而且导致用度艺术缺乏精密度，使领导效能大打折扣。因此，必须正确理解和把握用度艺术，确保用度能到位。

（一）适度的艺术

适度的艺术，指的是做任何事情都要注意到质和量的界限，善于根据质和量的关系把握最佳适度。我们常说的"乐极生悲""物极必反""欲速则不达"等，说的就是事情超过了一定的限度，就会改变原来的状态，就会走向自己的反面，发生根本性的变化。所以，有经验的人都懂得，说话办事要注意一定的分寸、火候。这就是适度。一般来说，运用适度艺术要注意以下几点：

一是胸中有"数"。就是说对情况和问题一定要注意到它们的数量，要有基本的数量分析。这是注意分寸、把握火候、防止多跨"一小步"的前提条件。

二是选取最佳适度。所谓最佳适度，是指事物发展过程中，最有利于保持事物的稳定性，且与"质"相统一的一定量的界限。选取最佳适度，不仅仅是把握事物发展过程一般的速度，而是从一般的度中选取和把握最为适当的度。这是注意分寸、把握火候、防止多跨"一小步"的关键，是使领导工作获得最佳效果的重要条件。各种事物都具有特殊性，它们的最佳适度点各不相同。即使是同一事物，在不同的时期、不同的发展阶段，最佳适度点也是不一样的，必须具体分析，不要"一刀切"和凝固化。

三是走一步看一步。对许多事情，一时难以做到胸中有"数"，更难以选取最佳适度，只能走一步看一步，摸着石头过河。"摸"字表明人们认识和实践过程的探索性、实践性。每块"石头"，好比客观事物的一个方面、一个层次。每"摸"一块"石头"，也就是对客观事物认识的一次深化、飞跃。只有"摸着石头"，才能逐渐由此及彼、由表及里、由浅入深，找到做好某项工作的火候、分寸，最后达到"过河"的目的。走一步看一步也是边实践边总结，逐步做到心中有"数"的好方法。只走不看，不回顾、不总结，或者不研究前一步对后一步的影响，就达不到对新事物的认识，就会陷入盲动，就会给事业带来巨大的损失。

(二) 调度的艺术

我们在社会实践活动中,一方面要不断地接收信息,另一方面又在不断地发出信息。从一定意义上讲,工作过程也是一个发出信息、接收信息、处理信息的过程。企业家凭借这些信息,就可以把握事物的度,进而进行调度。由于任何事物、任何工作总是处于复杂的联系之中,有内部联系和外部联系,也有纵横的空间联系和先后顺序的时间联系,由此便有纵向调度和横向调度之分。围绕预测方向从不同的角度去考察,及时获得尽可能多的信息,从而把握其多种可能性,这是纵向调度。横向调度则是对事物各种因素同步发出的信息进行处理。无论是纵向调度还是横向调度,都要做到反馈及时,以便实现可持续的调度。

(三) 让度的艺术

在领导工作中,自己向别人提出的要求,度是可控的。而别人向自己提要求,这个度在对方手里,对方完全有可能提出过度的要求。面对这种情况,企业家要善于让度,而不是一味地拒绝。让度不是简单的退步,科学让度的目的是维系交往双方的关系或局势。让度有这样几种情况:一是折中让度,即部分满足对方的要求,既给对方面子,又给对方下台阶的梯子;二是缓解让度,即梯度满足对方的要求,通过多次的让度满足对方的要求,或许随着时间、条件的变化,后续让度可能会消解;三是转嫁让度,即让第三方去满足对方的要求,帮助对方从其他地方获得利益;四是推迟让度,即不马上承诺让度,这样会使对方反省自己的要求,从而降低要求的"度";五是修正让度,即以新方案"修正"对方的要求,其实是巧妙地否定或拒绝对方的要求;六是变通让度,即在数量上让度,在质量上坚持原则,或在形式上让度,在内容上不退步。让度艺术特别适用于上级对下级的关系处理。上下级之间的矛盾,都可以分别采取"部分满足""逐步满足""转嫁满足""回避答复""巧妙否定""形式上满足""看似满足、实则拒绝"等多种方式来解决。当然,企业家这样做的目的绝不是为了耍手腕,而是为了整体和全局利益,为了更好地协调上下级的关系,造成互相信任、互相支持的和谐气氛,也为了避免因为一些具体要求得不到满足而使下级的情面和自尊心受到不应有的伤害,从而损害了相互之间的长远关系。

(四) 用度艺术

把握事物发展进程需要用度,通过用度的变化,使得进退有度。在进与退的关系上,我们总希望在领导工作中少走弯路,尽早实现目标。但是,在大多数情况下,工作的开展总会有曲折。因此,在领导活动中必须处理好进与退的关系,要为进而退,为起而伏。退和伏是手段,进和起是目的。退要为前进做准备，这是退的目的。

首先，退要适度。因为退是为了进，所以任何退的领导行为，必须根据进的需要来确定度。需退则退，不该退的绝对不退；否则，必然会背道而驰，越驰越远。对于符合矛盾发展规律的退路必须走，否则会因舍不得小倒退而变成大倒退。

其次，在后退时要为前进做准备。积极的退步，是前进的必备条件。为前进做准备，要求企业家在退的过程中积聚力量，包括人、财、物等。在退的过程中创造进的条件，捕捉前进的契机，为此可能需要牺牲部分利益。

最后，在后退中要有部分的前进。领导活动中的进和退，本来就是相对的、相互包含的、相互渗透的，在前进的过程中会有部分的退，在退的过程中也会有部分的进。追求后退中的部分前进，既是完成后退任务的需要，又是取得更大成果的需要。

（五）梯度艺术

这是通过不断用度把事物推向高潮的领导艺术，可以使事物由静变动，由动成势，形成某种氛围，从而实现从低调低度向强势运作的转变。一是低调低度的艺术。低调低度是在自己力量不足，或竞争对手的力量正处于高峰时期，或自己虽有一定实力，但时机尚未成熟等情况下采取的用度艺术。低调并非无所作为，消极等待，而是休养生息，养精蓄锐，等待时机。企业家要利用这段时间，加强基础性工作，做好统一思想、统一认识、培育士气的工作。这时，表面上处于平静状态，实际上工作在加紧进行，所以是一种临战前的平静。一旦形势发生有利变化，或机会来临，企业家就要敏捷地抓住时机大干一番。二是随机用度的艺术。随机用度要观察对方的情势，如看到对方错失的机会即"乘虚而入"，看到对方做出客观上有利于我的行为则"顺水推舟"。总之，要千方百计使形势朝着有利于自己的方向转化。三是强势运作的艺术。这是利用形势的最好形式。孟子说："虽有智慧，不如乘势。"乘势就是强势运作，就是把本组织的工作同大形势结合起来，借大形势的力量，推动本组织的工作。这种做法，动力大，阻力小，能收到事半功倍的效果。强势运作还要同自己的努力结合起来，如果要完成某项重要的任务，当士气已鼓起来时，要立即行动。打了"胜仗"要再接再厉，乘势而进，形成"破竹"之势。强势运作同样要观察竞争对手的情势，寻找可乘之机，在优胜劣汰的竞争中，甚至可以兼并对手，壮大自己。（试论领导用度艺术，作者：李一，领导科学 2004 年 06 期）

四、用人的艺术——天生我材必有用，但要用到恰当处

（一）用人艺术概述

政以得贤为本，为政之本在于任贤。古今中外，有作为的企业家无不注重用人之道的研究。"治国之道，唯在用人。"企业家能否成就事业，关键在于用人。用人艺术的含义及其体现如下。

管理者用人艺术的内涵是指用人的智力、能力、体力和潜力等，让其充分发挥聪明才智，为企业获取经济和社会效果的一种特殊的管理技巧。主要体现如下：

（1）知人。知人就是要知道谁是我们需要的适合人才。企业家正确选用人才的关键，在于正确识别人才。"世有伯乐，然后有千里马""用人难，知人更难""试玉要烧三日满，辨材须待七年期"。

（2）任人。任人就是企业家一旦确定某个人是人才，就要信任他，不拘一格、不故步自封，敢于大胆起用新的力量，充分授权，为我所用，让其在工作中锻炼自己的工作能力。

（3）育人。育人就是企业家要不断教育、培育现有的人才和潜在的人才，而且是在知人和任人的基础上，提高组织的综合能力，为公司或组织做强做大凝集力量。对下属来说，育人是授权的根本意义，即通过授权给下属提供一个锻炼的机会，可以增进下属的才干，有利于培养干部；也可以加强下属的责任心，提高工作情绪，增进工作效率。

（4）励人。励人就是企业家要不断健全和完善公司或组织的激励和鼓励机制，激发员工或下属全力以赴，调动部下的工作积极性，公司或组织上上下下和方方面面都左右逢源，每个人都活在期望中。

（5）聚人。聚人就是企业家要聚集各种人才。要想留住人才，就要发挥人才的作用，让各种人才在组织或公司中都能自我实现。"要想让轮船靠岸，就要修建足够大的码头"。

我们之所以要把知人、任人、育人、励人及聚人统一因素进行探讨，是因为知人、任人、育人、励人及聚人是相互联系、相互促进的，而且是不可分割的统一用人的一个完整整体，否则便是一盘散沙，做什么事情都不可能成功。先知人，再任人和育人，以及在励人的基础上进行聚人，吸引更多的人才慕名而来，何乐而不为？

（二）用人艺术应遵循原则

用人艺术体现在管理过程的方方面面，但无论在任何方面和过程中都要注

意以下原则：

1. 知人善任。"知人"的最终目的，就是为了"善任"；反之，也只有做到"善任"，企业家才算是真正"知人"。"知人善任"是关系到企业家个人以及组织事业成败的大事，因此"知人善任"应是企业家用人之道的核心。坚持知人善任的原则，既可以充分发挥人的积极性和主动性，也量才而用、适才适所。

2. 用其所长。用人就是用其所长。用其所长就是着眼于人的长处和优点，让英雄有用武之地，在开创事业的过程中帮助其克服自身的弱点。企业家着眼于人的长处和优点，才能发现人才、敢用人才，才能留得住人才，才能造就出一个人才辈出的局面。

3. 求人勿全。在用人问题上，某些企业家"因暇掩玉""因疵废人"的现象还是比较严重的。这种现象对于惯用"放大镜"看人的人自不必说，可对那些连自己也承认"被用者"是个人才，就是因"争议太大"而迟迟不敢拍板起用的企业家来说，这样做也实在太不应该。事业发展所需要的是"人才"，而不是"全才"。事实上，世上不可能有"全才"。

4. 用人不疑。"用人不疑，疑人不用"，历代励精图治的明君贤相都曾把这句话作为一条不成文的用人准则。在当今社会，用人不疑仍然是企业家必须坚守的一条重要准则。尤其在改革开放中，"用人不疑"则显得特别重要。这是因为站在改革前列的最容易受到攻击，所以保护他们就成为各级企业家义不容辞的责任。用人不疑的原则，不但可以用来保护和支持人才，也是一种强大的激励手段，因为信任是一种催化剂，它可以加速蕴藏在人体深处的自信力的爆发。人们如果被信任，一种强烈的责任感和自信心便油然而生，自信力也会如火山一样爆发出来，从而在工作中达到忘我的程度。

5. 乐意授权。授权就是企业家将其所属权利的一部分授予下属，从而使下属获得完成任务所必需的客观条件。当然，授权也意味着赋予下属相应的责任，即下属为该项任务的完成所应承担的责任（一脑变多脑）。

对下属来说，授权的根本意义在于"育人"，即通过授权给下属提供一个锻炼的机会，可以增进下属的才干，有利于培养干部；也可以加强下属的责任心，提高工作情绪，增进工作效率。

对企业家来说，授权可以使自己从烦琐的事务中解放出来，还可以补救企业家自身才能的不足，充分发挥下属的专长，同时可以发挥企业家本身的专长。此外，授权也是企业家本身的一种领导艺术。

6. 合理导向。合理导向是指企业家对下属的使用，并不是完全根据工作需要和组织服从，更不是简单地强迫命令，甚至以权势压人，而是根据下属的能力、兴趣、潜力、发展方向，进行意向性的岗位选择。这种选择应当有较大的自由度。企业家要充分考虑环境的作用，要理解和支持个人的兴趣，要注意积极个性的发展，还要促进个性与共性有机地结合。

坚持合理导向原则的目的，在于使人们与环境和工作相适应，而不是使环境和工作适应人。也就是说，随着时代的发展，越来越多的人开始关心"和谁一起工作"，而不是关心"自己干什么工作"；开始关心工作是否能发挥自己的才能，而不是关心工作报酬的多少。

7. 讲究时效。讲究时效就是企业家使人才在最少时间、最佳环境中发挥更大的作用，取得更大的效益。因此，讲究时效的用人原则具有三层含义，一是用人贵在及时，不能久拖不决；二是被用者一定要有强烈的时效观；三是坚持不用多余的人。

8. 结构合理。结构合理是指用人得当与否，要视其所在的群体结构中的位置，并通过最佳的优化组合使各个"偏才"集合后共同组成"全才"，达到适才适用，人尽其才，才尽其用。坚持结构合理原则，要求企业家要使群体结构具有组织的自我调节功能，有利于人才的自我训练和自我更新；同时，按照组织的目标使组织结构在动态过程中实现优化。善于用人所变。鲁迅、郭沫若原来都是学医的，后来却成了中华民族的文坛巨人。很多名人名家的成功人生告诉我们：人的特长是可以转移的，能产生特长转移的人，大都是一些创新思维与能力较强的人。对这种人才，企业家应倍加珍惜，应适时调整对他们的使用，让他们在更适合自己的发展空间去施展才华。

五、用人之道，引以为戒——企业家点将用兵之戒

经济是颜面，文化是灵魂，知识是力量，人才是关键。人世间万事万物，人才是最宝贵的。只要有了高素质的人，什么人间奇迹都能创造出来。财智时代国力的竞争是经济，经济的核心是企业，企业的核心是人才。企业要想生财、聚财、发财，首先企业家就必须得识才、用才、育才。企业家欲驾驭好企业的命运之舵，除了出主意，定方略，带队伍之外，还必须掌握好统御之道，其关键是：点好将，用好兵。为此，笔者就企业家点将用兵的几个误区和在实践中选才用人的几种不良倾向阐述己见，使企业引以为戒。

（一）优才劣用，压抑能人

企业家应该创造优秀人才脱颖而出的环境和机制，不要怕部下超越自己。

"青出于蓝而胜于蓝"，企业才能后继有人，兴旺发达。一些优秀人才往往个性突出，优点很多，缺点亦明显。头脑灵活，反应灵敏，接受新事物快的人免不了爱发"牢骚"；才华出众，能力超群者，免不了有些娇气；年轻有为者免不了缺乏经验。企业家要独具慧眼，看到别人的长处。俗话说："看人之长，则天下无不可用之人；看人之短，则天下无可用之人。"若按图索骥，用人求纯，求全责备，求之过苛，不能扬其所长，避其所短，则因瑕掩瑜，埋没人才。就像交友一样，你要想得到一个没有缺点的朋友，你就永远得不到朋友。"人至察则无徒，水至清则无鱼。"对不因循守旧，敢于创新，不人云亦云，有独到见解的人而弃之不用，总想把人才压抑成奴才，甚至搞"武大郎开店"，宁用无瑕之顽石，则不用有瑕之玉，错把贤才当庸才。这样做，是搞不好人才选用工作的，更做不到人尽其才。因此，必须引以为戒。

（二）专才杂用，骏马耕田

俗话说"尺有所短，寸有所长""骏马能历险，力田不如牛；坚车能载重，渡河不如舟"。每个人都有自己的长处和短处，正确地使用人才就应该用人之长，扬长避短；用人之短，变短为长。"天生我材必有用"，但要用到正当处。是"砖"的料就让它上墙，是"瓦"的料就让他上房。在用人问题上由于官本位思想根深蒂固，把许多专家提成行政领导，使他整日事务缠身，疲于奔命，迎来送往，浪费精力和时间；本来是专才，结果变成了"杂才"，最后失去了自己的优势。在某企业有位学神经内科的医学博士搞经营管理，不是开会就是出差，结果是学业荒废，用非所学，十分可惜。现在不少地方企业竞相开发招聘人才，费了很大财力和精力，却忽视了人才的合理使用，没有安排到合适的岗位（如专才杂用，大材小用），造成了人才的浪费。

（三）庸才重用，害己害人

有道是："兵熊熊一个，将熊熊一窝。"有些企业家对那些平平庸庸，唯唯诺诺，会拍胸脯，但无点墨，言听计从，只会围着自己转，没有一点开拓精神的人视为可靠对象，加以重用。这些人善于搞"三从四得"，"三从"是：一从过去，轻车熟路；二从条件，不畏风险；三从上级，不担责任。"四得"：一得省心省事，二得稳妥可靠，三得中庸平和，四得领导欢心。对上阿谀奉承，吹吹拍拍；对下装腔作势，借以吓人。早请示，晚汇报，看上去是至诚至忠，实际上是害己害人。对事业及企业家本人危害最大的恰恰是这种人，成事不足，败事有余，切不可重用。

（四）"败将"屡用，易地做官

有的企业家在用人问题上往往以对自己的态度为准绳，对奉承者，即便无才也是有才，无用也要用；不同己见者，有才也是无才，再有能力也不用。殊不知人才有用不好用，奴才好用没有用。已经选用的人，搞垮一个企业或部门再调往他处，异地做官。"败将"屡用，屡用屡败，长时期什么工作都学不好，干不好。因为这些人即使经营管理不善，甚至巨额亏损，也没有任何人追究其责任。而其本人"三十六计，走为上计"，一走了之，甚至官运亨通，还要高升。对不称职的干部调来调去，这样的干部成了"不倒翁"，这山望见那山高，搞垮企业再跳槽。富了方丈穷了庙，这样搞下去如何得了？所以，此患不除，国企难以振兴。

（五）任人唯亲，圈内圈外

古人云："政以得贤为本""为政之本在于任贤"。企业家要任人唯贤，不能搞任人唯亲。然而，现在一些企业进行人才选拔，说是"公开、公平、公正"面向社会，其实大部分是内招。即使个别招聘进去也让你不好受，难以重用。结果是"唯亲是举"，任人唯亲。"亲朋老友是亲，顺我之心是亲，护我之私是亲，助我攻他人更是亲。"以"我"为圆心，以"亲"为半径画圈。这圈又有内圈外圈、大圈小圈、圈内圈外之分别。小圈之内是"直系""嫡亲"，大圈之内是"旁系""朋亲"。因为亲有远近，友有薄厚之分。对圈内人恩宠有加，对圈外人冷酷无情，来个"排排坐，吃果果，你一个，我一个"。内圈大，外圈小，圈内有，圈外无。搞"近亲繁殖"，一句顺口溜讥笑道："父子处，夫妻科，外甥打水舅舅喝，孙子开车爷爷坐，亲家办公桌对桌。"除血缘亲姻之外，还拉老乡、同事、同学、战友等关系，树山头、结朋党、搞裙带关系，使企业邪气上升，正气消失，职工士气低落，如同一盘散沙。企业缺乏凝聚力，丧失了战斗力。这也是群体犯罪、腐败现象滋生的温床。现在许多企业的经济犯罪案件就是案中案、连环案，一旦"东窗事发"就"拔出萝卜带出泥"，糖葫芦儿，穿一串儿。

（六）度量太小，人才难容

海纳百川，以容为大。宽容、容忍、容人、容事，是一种美德。容人的实质是容才的问题。兼容并包，指能团结不同能力的人一道工作。战国时代著名的思想家荀子提出：在选拔人才时，应能"贤而能容罢，知而能容愚，博而能容浅，粹而能容杂"。意思是说：有才能的人，要能容纳弱不胜任的人；有智慧的人，要能容纳愚笨的人；知识渊博的人，要能容纳孤陋寡闻的人；有专才技能的人，要能容纳杂而不精之人。这里已提出了"兼容并包"的原则。当今企业家要有尊人之心、容人之量；要宽人小过，容人小短，"胸中天地宽，常有渡人船"。企业之主应像弥勒佛一样，大肚能容，容天容地，容天下难容之事，特别要容纳异己。对那些敢提不同意见的人,应抱着"闻过则喜""忠言逆耳利于行"的态度,有则改之,无则加勉。善于交几个敢于说"不"字的朋友大有益处,有时真理往往在少数人一边。从表面上看不好使用和不好驾驭的人,一旦使用得当,却能帮你成功。然而,由于领导地位的特殊性,企业家最容易犯一个毛病,就是喜欢听顺耳之言,总爱听什么"形势大好而且越来越好"之类高调,甚至喜欢阿谀奉承,互相吹捧。而对逆耳之辞,则听不进去,甚至对异己者搞残酷报复、无情打击,搞"顺我者昌,逆我者亡"。无论古今,许多英雄伟人在这个问题上铸成失误或大错。

（七）晕轮效应,情绪用人

晕轮效应,它指人们看问题,像日晕一样,由一个中心点逐步向外扩散,成越来越大的圆圈。某人第一印象好或一次表现优,就认为他一切表现皆优;犯了一次错误,就说他一贯表现差,甚至一无是处。晕轮效应的危害是一叶障目、一孔之见、以点带面、以偏概全。领导用人跟着感觉走,更有甚者感性用事,情绪用人,利用手中的权力排除异己,"保护"自己。企业中无民主可言,对不同己见者,要么调高岗位,要么解除职务,"走马灯"式换将用兵。员工们人人自危,个个担心。有的投其所好,看领导的情绪与脸色行事;有的是与领导面和心不和,甚至产生对立情绪和逆反心理。有道是:天时不如地利,地利不如人和。企业一时的亏损并不可怕,最可怕的是职工的感情亏损;一旦职工对企业失去了信心和热情,这个企业的生存与发展是绝对没有希望的。试想:在一个"窝里斗"的企业里工作,人际关系紧张,人心难测,人性难知,情绪不定,不是人琢磨工作而是工作折磨人。这不仅破坏了企业的团队精神,而且滋长了溜须拍马之风。因此,企业家应该注重自身素质和职业道德修炼,不能感情用事。把"明礼诚信"作为企业的基本行为准则,努力形成干实事、务实效、守信誉、比奉献的良好职业道德风尚。让职工感到:人格有人敬,成绩有人颂,诚信有人铸,正义有人护。在具有良好企业形象的企业内工作,相互尊重、关系融洽、心情愉悦、氛围温馨。只要职工士气高昂,就会在其位、谋其政、尽其责、效其力、善其事。

（八）缺乏信任,叶公好龙

信任是动力,是荣誉,也是最高的奖赏。在一个企业里唯有善于运用信任武器的领导才能最终胜出,这也是被人们公认的有效的激励方法。以人为本,以信待人,才能充分调动人的积极性。领导对自己能使用的人才给予充分的信任,这样才能最大限度地发挥其积极性。然而有些领导对人才是既用又疑,总觉得:"能干的人不忠实,老实的人又不能干。"这必然会使其下属失去安全感、认同感和责任感。领导怀疑下属，下属猜疑领导，这种互相猜疑必然导致工作情绪不稳定，造成领导顾虑重重，事事不放心，或者使下属提心吊胆，得过且过，这既不能形成一种和谐的人际关系环境，更不能发挥人才应有的作用。或许企业在引进人才后，对人才的期望值很高，并且急功近利，但人才工作的环境不够宽松，缺乏施展才能的场所、机会和条件。具体表现在：一是学非所用、用非所学。二是英雄无用武之地，没有施展工作才华的平台。三是许多企业把人才看作企业的成本，只注重员工对企业的价值，而忽视了对人才的待遇，造成公司员工不稳定，频繁招聘，频繁跳槽。国内一家知名人力资源公司最近一项调查显示：一个普通员工每年2~3次考虑离职，有相当一部分人与老板的关系紧张，有超过50%的人认为老板是靠不住的。在职业测评公司接受咨询案例中，80%的人对老板很有看法，调查显示最不受员工欢迎的老板大致有三种类型：一是吝啬型。令人难以忍受，不可理喻。二是嫉贤妒能、目光短浅型。三是任人唯亲型。还有许多企业，在人才使用上，调换频繁，上下太快，人心不稳，士气不振，这样的"以人为本"只能是叶公好龙而已。

（九）只用不养，缺乏后劲

十年树木，百年树人。企业家不仅要有识才之眼、爱才之心、容才之量，更应该有育才之责，要用养结合，树人为本。日本理光社长大植武夫的座右铭是："与其种田不如种树，与其种树不如树人。"内蒙古鹿王集团总经理高丰便是一个惜才如命的人，所以鹿王的人才大门始终向社会敞开着。招贤纳士，重用人才，现有400多位专业技术人员走向领导岗位。还不断挖掘集团内部潜在的人才，把一些有培养前途和发展潜力的技术人员送到国内院校或国外深造学习。多方聘请国内外专家来企业讲学，对职工进行短期培训等。还对人才实行"能者上、庸者下"的激励机制，给每个人增长和展示才华的机会。这样既用才又育才，用养结合，既稳定了人心又增强了企业发展后劲。而有些企业是用养分离，只用不养，甚至互相挖墙脚，使现有人才不能"再充电"，结果是"江郎才尽"。舍不得在人才培养方面下本钱，就像只种田不施肥一样，地力下降。这样做，使企业人才结构变得年龄老化、头脑僵化、没有"文化"、爱传闲话。久而久之，企业缺乏发展后劲，必然被激烈的市场竞争淘汰。

（十）备才不用，窒息精英

杜绝浪费是科学管理的基本目标，杜绝浪费的关键是杜绝人力的浪费。一个人的工作两个人干，其中有一人必然是多余的，这叫"二次浪费"。如果人浮于事，无事生非产生内耗，还会有"多次浪费"。而人才的浪费是最大的浪费。"中国现在10个不景气的企业里有8个正在到处找英雄；而同时10个不景气的国有企业里又有8个正在浪费它的队伍……"中国企业的人才，一少半被企业用上了，一多半被企业浪费了，但是我们在骂外资企业把我们的人才挖走了，我们也正在忙着引进人才。一里一外对照明显，"墙内开花墙外香"。还有一些企业或部门有好多后备干部，称二、三梯队人选。本来培养人才作为后备干部是用人的一大良策，但如果长期备而不用，窒息人才，那就是人才资源的一种浪费。人才不同于煤炭石油，埋没千年，挖出来自然可以发光发热，有的人耽误几年可能永远失去发挥才能的时机了。因此，后人有"颜驷易老，人生短暂"的感慨。所以，单位企业家和人事部门在人才选用上，要有时间上的紧迫感。"盛年不重来，一日难再晨。"选错人是过错，耽误和浪费人才也是错误。如今世界科技迅速发展，知识更新周期越来越短，信息沟通越来越宽广。对于后备干部应给其压担子，在实中练内功、长才干，并应适时适地提拔重用，在人才成长的最佳时期发挥其效应，真正做到人尽其才，才尽其用。

六、协调的艺术——干群关系误区及其矫正

沟通与协调的目的是想方设法获取动力。让反对你的人理解你，让理解你的人支持你，让支持你的人忠诚你，让忠诚你的人捍卫你！承认有人会不喜欢你，但不能让他恨你，进而跟随你，支持你，同心同德共创美好未来！

（一）企业家与员工关系的误区

领导与员工的关系一直以来都是很头痛的问题，经常会听到管理者说，现在的员工真的是太难管理。企业家如果处理不好与员工的关系，可以说是一种管理失败。在管理实践中存在领导与员工关系的以下误区。

1. 主观武断，刚愎自用

领导决策果断，是一种作风。它是一个人的学识、胆识与气质的外在表现，作风影响办事效率。而武断是指处理事情主观盲断，顽固、偏执、一意孤行、拒不接受他人的意见。主观武断，喜欢感情用事，自以为是，自以为穷尽了世界上的真理。果断是当机立断，不等同于主观武断。武断者，由于主观，往往就固执己见。一旦固执，就刚愎自用，缺乏民主作风，既听不进下级的意见，也很难达到与他人心理上的沟通。大凡刚愎自用的领导，都顽固、守旧、偏执。对于某种理念，过于专注，认准了的就坚持到底，死不回头，一个劲地认为自己是在坚持原则，坚持真理，实际上认的却是死理，是死抱教条。一旦出现新事物、新人物、新现象，总是持反对、否定、指斥的态度。凡刚愎自用的人也都是好大喜功的人，只喜欢听好话，听吹捧的话，不喜欢听不同的意见，更不喜欢听反对意见，压抑持不同意见者，因而在他的周围聚集着一帮献媚于他的人。这些人会投其所好，在他的面前搬弄是非。结果呢？这类有权势的刚愎自用者，离"忠良"就会越来越远，离真理越来越远，不仅易导致决策错误，而且会导致众叛亲离。

2. 高高在上，目无下属

高高在上，孤陋寡闻，不了解下情，不调查研究，脱离实际。不尊重员工的领导永远无法获得员工的信任，这样的企业家也是不称职的。他认为自己的能力很强，常常用一种优于普通员工的态度和员工说话，在管理的过程中，滔滔不绝地发表自己的意见，不断地反驳员工的意见，以显示自己的能力。有的领导习惯了对下属员工颐指气使、指手画脚、呼来喝去；有的领导喜欢让员工唯命是从，员工稍有不同意见，他便横眉竖目、态度粗暴，甚至常常以"你不愿意干，有的是人愿意干"之类的话相威胁。试想，这样的企业家怎么能得到员工的认同和信任呢？

曾经有一位美国经理负责管理印度尼西亚海洋的石油钻井台，一天他看到一个印尼雇员工作表现比较糟糕，就怒气冲冲地对计时员说："告诉那位混账东西，让他搭下一班船滚开！"这句粗话使这位印尼雇员的自尊心受到极大的打击，他被激怒了，二话不说，操起一把斧子，就向经理杀来。经理见状大惊，连滚带爬地从井架上逃到工棚里。那位雇员紧追不舍，追到工棚，恶狠狠地砍倒了大门。这时，幸亏井台的人及时赶到，力加劝阻，才避免了一场血光之灾。这位美国经理为自己极不尊重员工的态度付出了代价。

3. 深居简出，脱离群众

有的领导"深居简出"，靠打电话、听汇报了解下情；有的领导即使去了基层，也是"身入心不入"，走马看花，蜻蜓点水，只在会议室"调查"，在招待所"蹲点"，偏听偏信、好喜恶忧。有的领导工作基本上就是开会，整天沉湎于文山会海之中，常常不是"一个会开几天"，就是"一天开几个会"，他们总是喜欢常开会、开长会，会而有议，议而不决，决而不行，行而不果。一项任务下来，动脑筋、花时间、费精力最多的就是层层开会、发文件，一传达、二指示、三讨论、四总结、五汇报，从文件到文件，从会议到会议，层层开会抓落实，层层落实抓开会，忙得不亦乐乎，根本没有时间和精力深入实际了解情况，解决问题。

在现实生活中，领导脱离群众有四种表现：一是看不起群众。认为群众无知、野蛮、不懂理、不讲理。二是不愿接触群众。认为我是干部，群众有事自然会找上门来。三是不善于听取意见。认为群众反映的问题是些不带普遍性、支离破碎的问题，甚至是不具客观性的，对工作没有指导性。四是对群众反映的问题漠不关心，不及时解决。有些事情，就干部看来是小事情，然而群众认为是大事情。干部没有把群众的大问题快速解决，群众对干部就会失去信心。长期下去，干群关系就不和谐。有的由于脱离群众，讲的话是大话、空话、套话，甚至是假话；有的由于脱离群众，官气十足，霸气冲天，严重伤害了群众感情；有的由于脱离群众，不知道自己应该做什么事情，饱食终日，无所事事，怨天尤人；有的由于脱离群众，弄虚作假，办事不公，招致群众怨恨。

4. 先入为主，无心倾听

有的领导"先入为主"，凭以往印象和主观臆想，随意编撰和剪裁"所需情况"。先听进去的话或先获得的印象往往在头脑中占有主导地位，以后再遇到不同的意见时，就不容易接受。如果领导先定了基调，多数情况下，对下属不会做出与之差异太大的评价。除非这个团队有非常好的沟通文化，不管谁先说，大家都敢讲真话，否则很难听到真实的声音。要想倾听，就不能先入为主。当别人在你面前评论一件事情或者一个人的时候，我们可以去认真倾听，但是切勿产生不必要的共鸣，因为对方的评论可能会和我们的印象重合一部分，所以要从客观思考！养成公正、客观、平静的心态！

倾听是沟通过程中最重要的环节之一，良好的倾听是高效沟通的开始。这里所指的倾听，不仅仅是用耳朵来听，也包括要用眼睛去观察对方的表情与动作，用心去分析对方的话语，用脑去研究对方话语背后的动机。在做到"耳到、眼到、心到、脑到"的前提下，综合地去"倾听"。倾听不仅需要具有真诚的心态，还应该具备一定的倾听技巧。居高临下，好为人师；自以为是，推己及人；抓耳挠腮，急不可耐；左顾右盼，虚应故事；环境干扰，无心倾听；打断对方，变听为说；刨根问底，打探隐私；虚情假意，施舍恩赐；等等都是影响倾听的不良习惯，应该注意避免。

5. 沟通不畅，缺乏反馈

人生无处不交流，生活事事有沟通。沟通是人类信息交流、观点互换、情感互动、利益互惠的人际交往活动。沟通是协调人际关系的润滑剂、消炎剂、兴奋剂、凝聚剂，沟通是组织系统的生命线。有一部分人自己虽然也是企业家，但是非常怕见自己的上司，遇见上级领导则绕道走。这种人或怕接近上级企业家有"拍马之嫌"，或因有"自我防卫心理"，害怕上级发现自己的短处，或因与上级之间有心理间隙，等等。不管其原因如何，此种交往不利于上下级之间心理沟通。沟通双方身份平等，则沟通障碍最小，因为双方的心态都很自然。例如，与上司交流时，下属往往会产生一种敬畏感，这就是一种心理障碍。另外，上司和下属所掌握的信息是不对等的，这也使沟通的双方发生障碍。

沟通的参与者必须反馈信息，才能使对方明白你是否理解他的意思。反馈包含了这样的信息：有没有倾听，有没有听懂，有没有全懂，有没有准确理解。如果没有反馈，对方以为他已经向你表达了意思，而你以为你所理解的就是他所要表达的，造成误解。在员工进行了与管理者的沟通之后，如果员工没有得到及时的反馈，他们往往会向坏处设想，再加上员工之间的相互沟通和猜测，往往会将上级的意思曲解。

普林斯顿大学对1万份人事档案进行分析，结果是："智慧""专业技术""经验"只占成功因素的25%，其余75%决定于良好的人际沟通。哈佛大学调查结果显示：在500名被解职的职员中，因人际沟通不良而导致工作不称职者占82%。为了消除误解，沟通双方必须反馈信息，避免臆测。

（二）领导与员工关系的误区矫正

管理的核心是处理好人际关系，结合群力，达致目标。人才起用和人心顺逆，是决定事业成败的关键。人心所向，无往而不胜；人心所背，则会一事无成。领导必须善于用人、管人，努力凝聚人心，调动人才的主动性和创造性，提高员工的向心力和凝聚力。那么，领导身居帅位，如何处理好与员工的关系，提高员工凝聚力呢？

1. 真诚相见，平等待人

俗话说："精诚所至，金石为开。""谈心要交心，交心要知心，知心要诚心。"因此，真诚与实际决定了信度，有信度才会有说服力。真诚对做人来讲是人格，对领导作风而言也是至关重要的：言而有信，下属放心。以心换心，以诚相待就能营造良好的人际关系氛围。真、善、美既是人类社会永恒的话题，又是多么令人向往的字眼！而"真"位居其首。真是道德的基石、科学的本质、真理的追求。"伟大的人民教育家"陶行知先生的名言是："千教万教，教人求真；千学万学，学做真人。""要教人求真，首先要教己求真，求真的知识、真的本领、真的道德。"人格就是力量，诚信则是无价之宝。诚实守信。诚实，就是待人处世真心实意、实事求是、不三心二意。守信，就是恪守诺言、言行一致、说到做到。诚实守信是做人的基本准则，也是建立良好人际关系的基本要求。只有诚实守信，才能在交往中互相了解，彼此信任，和谐相处。特别是来到一个新单位，同志之间无论职位高低都应平等相待，不要有亲疏、厚此薄彼，不要冒失地卷入单位的人事纠纷中，切忌拉帮结派、搞小圈子，而要以平等、诚恳的态度待人接物，尽力与每个同志建立各种正常友好的关系。因此，领导在执行制度时必须注意做到：

第一，平等待人，以诚相见，增强感染力。只有这种平等、真诚而朴素的情感交流和思想沟通，才能使领导准确地把握员工的思想脉搏，详细掌握和了解员工的现实思想状况，实现管理者与被管理者之间心灵上的谐振、思想上的同步和情绪上的共鸣，为做好工作奠定坚实的基础。

第二，身先士卒，现身说法，寓理于事，增强说服力。管理者要站在"旁观者清"的高度，用自身或成功者的范例引导员工客观地审视自己的过失或错误，用一些反面的经历感化、劝告他们形成共鸣和共识，点燃其奋进之火，调动其积极动因，直面过失和错误，对其寓情于理、寓理于事和事理结合的教育和帮助，增强其改正错误、克服困难的信心。

第三，委婉含蓄，方式得当，增强渗透力。俗话说："浇花浇根，交人交心。"企业家应"藏颖其间，锋露言外"，借用委婉隐蔽的语言，用弦外之音表达原意，让教育者和受教育者思而得之，可收到如同春风化雨，润物无声之功效。

2. 信任下属，尊重他人

善治必达情，达情必近人。以人为本，以信待人，才能充分调动人的积极性。人与人之间的交流，都应建立在信任与尊重的基础上。信任是动力，是荣誉，也是最高的奖赏。唯有善于运用信任武器的领导才能最终胜出，这也是被人们公认的有效的激励方法。中国有句俗话："三个臭皮匠，顶个诸葛亮。"企业家只有善于激发部属的智慧和力量，并把来自各方面的意见和建议结合起来，形成集体的智慧和目标，才是科学的决策，这才是企业家应该拥有的态度。

企业家唯有尊重他人，才能尊重自己，才能赢得他人对自己的尊重。尊重他人不仅仅是一种态度，也是一种能力和美德，它需要设身处地为他人着想，给别人面子，维护他人的尊严。人的一生中谁也不可能离群索居，都要与人相处。在与人相处中，要想受到欢迎，就应以诚待人、尊重别人。有道是"人敬我一尺，我敬人一丈"。送人玫瑰，手有余香。

尊重，是一种品格，更是一种修养，是对他人人格与价值的充分肯定。尊重别人就是尊重自己。尊重也是一门学问。那么，怎样才能学会尊重别人呢？

首先，要有谦虚的态度，学会欣赏他人的长处。孔子说："三人行，必有我师焉。"他人渊博的知识、敏捷的思维、善辩的口才、杰出的才华、精湛的艺术、完美的人格、丰富的爱心、奉献的精神等都是值得我们仰慕与学习的。我们只有时时、处处保持谦虚的态度，才能尊重他人，才能虚心地向他人学习，取长补短，进而丰富和发展自己。欣赏是一种积极的乐观向上的人生态度，只要我们学会了欣赏他人的长处，我们就学会了尊重。

其次，要给别人以理解和宽容，从小事做起。要学会尊重别人，就先从点滴小事做起，提高个人修养，处处为别人着想，彼此理解，彼此宽容。我们要学会换位思考，与人为善。做到"己欲立而立人，己欲达而达人""己所不欲，勿施于人"，这是待人接物的技巧，也是一个人人格的体现。

最后，我们要懂得日常交往的礼仪，学会使用常用的文明用语。要讲究仪表和言行举止，自己要做到衣着整洁、朴素大方、语言亲切、举止文明，这既体现了一个人自己有修养，也是尊重别人的表现。

3. 换位思考，认真倾听

企业家要学会换位思考、换心思考、换脑思考。换位思考是人对人的一种心理体验过程。将心比心，设身处地，是达成理解不可缺少的心理机制。它客观上要求我们将自己的内心世界（如情感体验、思维方式等）与对方联系起来，站在对方的立场上体验和思考问题，从而与对方在情感上得到沟通，为增进理解奠定基础，它既是一种理解，也是一种关爱。换位思考的实质，就是设身处地为他人着想，即想人所想，理解至上。人与人之间少不了谅解，谅解是理解的一个方面，也是一种宽容。我们都有被"冒犯"、误解的时候，如果对此耿耿于怀，心中就会有解不开的"疙瘩"；如果我们能深入体察对方的内心世界，或许能达成谅解。一般来说，只要不涉及原则性问题，都是可以谅解的。谅解是一种爱护、一种体贴、一种宽容、一种理解！

生活中总有人需要我们的倾听。倾听父母的唠叨，能体会到"慈母手中线，游子身上衣"的挚爱；倾听同学的心声，能感受到"海内存知己，天涯若比邻"的情意；倾听身边人的故事，能抒发"同是天涯沦落人，相逢何必曾相识"的感慨。学会倾听，能让我们感悟生活的真谛，善于倾听的人常常会有意想不到的收获。蒲松龄因为耐心听取路人的述说，记下了许多聊斋故事；唐太宗因为兼听而成明主；齐桓公因为细听而善任管仲；刘玄德因为恭听而鼎足天下。倾听是最好的礼貌，是人与人相处的润滑剂，一个懂得倾听的人一定是一个受欢迎的人。倾听是获取声音的一种姿态，含有尊重、重视的意思。企业家能够经常倾听下属和员工的声音是双方都高兴的事。企业家能从声音中获取信息，了解情况，帮助决策；下属和员工能从倾诉里感觉自尊，明了位置，增加归属感和成就感。倾听应该是经常的事，不能心血来潮，不能漫无边际，更不能搞花架子，要形成制度。学会倾听，要具体做到如下几点：

（1）积极主动地听。要心胸开阔，抛弃先入为主的观念。在对方发言时，为了摸清对方的底细要保持积极的态度，以便在谈话中获取较多的信息。

（2）有鉴别地听。要全神贯注，努力集中注意力，在专心致志的基础之上，听者要去粗取精，除伪存真，由此及彼，由表及里，听话听音、锣鼓听声。

（3）有领会地听。企业家在交流中必须谨慎行事，关键性话语不要随意出口，要细心领会对方提出问题的实质，才有可能找出摆脱难题的办法来。

（4）注意察言观色。对对方的一言一行、举手投足都不放过，并通过目光、脸色、手势、仪表、体态等来了解对方的本意。

（5）及时做出反馈性的表示。如欠身、点头、摇头、微笑或反复一些较为重要的句子，或提出几个能够启发对方思路的问题。

（6）做好必要的记录。好记性不如烂笔头，从而也可使对方产生被重视感，有利于气氛的融洽、上下级关系的和谐。

4. 兼容并包，随和大度

企业家要有尊人之心、容人之量。要宽人小过，容人小短，"胸中天地宽，常有渡人船"。领导在处理人际关系时，首先应该豁达大度，要气量宽宏，能够容人。气量和容人，犹如器之容水，器量大则容水多，器量小则容水少，器漏则上注而下逝，无器者有水而不容。气量大的人，容人之量、容物之量也大，能与各种不同性格、不同脾气的人处得好；能兼容并包，听得批评自己的话；也能忍辱重负，经受得起误会和委屈。

大度，表现为对他人能求同存异，不是以自己的特殊个性或癖好律人，唯以事业上的志同道合为交友基础；也表现为能听得进各种不同意见，尤其能认真听取相反意见。同时还要容忍别人的过失，尤其是别人对自己的过失，能不计前嫌，一如既往。特别是自己同别人发生矛盾时，能够主动检查自己，而不文过饰非，推诿责任。大度者，能够关心他人，帮助和体贴他人。

宽容是力量和自信的标志，是事业成功的得力助手，更是提升人生境界的一种良好心态。对人宽容，将赢得他人的尊重，成就美好的事业。在与同事领导交往时，平易近人，随和主动，会给人一种亲切感，人们自然会愿意跟你相处。相反，清高自负，自命不凡，或性格孤僻，不合群的人，别人自然会对你敬而远之。彼此交往中难免会产生一些摩擦或误会。当自己受到委屈或误解时，要胸怀大度，宽以待人，不要斤斤计较，不要感情用事。同时，这也是搞好人际关系的良策。

首先，在交往中，要热情、真诚。热情的态度会使人产生受重视、受尊重的感觉。相反，对人冷若冰霜，会伤害别人。如果过分热情，会使人感到虚伪、缺乏诚意。

其次，要给人留面子。所谓面子，就是自尊心。每个人都有自尊心，失去自尊心对一个人来说，是件非常痛苦的事。伤害别人的自尊是严重的失礼行为。

维护自尊,希望得到他人的尊重,是人的基本需要。

最后,允许他人表达思想,表现自己。当别人和自己的意见不同时,不要把自己的意见强加给对方。当你和与自己性格不同的人交往时,也应尊重对方的人格和自由。

5. 不卑不亢,心态阳光

企业家处理好上下级关系,是人际关系中的重要方面,明智的做法是不卑不亢。不能因为是你上司就一味阿谀奉承献媚讨好,这样既有损人格,也会使正直的领导和同事反感。另外,下属必须尊重上司,服从领导。领导布置的工作要认真完成,有不同意见,应该用恰当的方式提出,不能自行其是,更不要当众拒绝,损伤上司脸面。待人处世人性化,多发现下属的优点,多理解下属的难处,多帮助下属排忧解难。古语说:"君之视臣如手足,则臣视君如腹心;君之视臣如犬马,则臣视君如国人;君之视臣如土芥,则臣视君如寇仇。"

心态阳光。阳光是世界上最光明、最美好的东西,它能驱赶黑暗和潮湿,温暖我们的身心,而心态对我们的思维、言行都有导向和支配作用。人与人之间细微的心态差异,就会产生成功和失败的巨大差异!阳光的人视失败为垫脚石,消极的人视失败为绊脚石。阳光的人在忧患中能看到机会,消极的人在机会中看到忧患。阳光的人用心态决定成败,消极的人用成败决定心态。阳光的人用心态驾驭命运,消极的人被命运驾驭心态。狄更斯曾说:"一个人的阳光心态,比一百种智慧更有力量。"

一个人的心态往往决定其干事与处世的状态,领导尤其如此。实践反复证明,作为手中握有各种各样权力的领导,心态不好必出问题。一些领导腐化堕落,往往始自心态变坏。因此,领导要时刻保持阳光心态。阳光心态是一种积极、知足、感恩、达观的心智模式。保持阳光心态,是信念的基点、力量的源泉、开启人生之路的探照灯、打开成功之门的金钥匙。

七、沟通的艺术——和谐沟通是管理艺术之精髓

人生无处不交流,生活事事有沟通。沟通是人类信息交流、观点互换、情感互动、利益互惠的人际交往活动。当今世界就是一张巨大的沟通平台,不管你喜欢不喜欢、愿意不愿意、接受不接受,你都扮演一个沟通者的角色。不论人与人之间建立什么样的关系,只要生活在这个社会中,总会产生这样或那样的矛盾。小到家庭纠纷,大到国际争端,都需要沟通来解决实际问题。你事业的如愿,理想的实现,生意的成功,意图的表达,情感的交流,家庭与社会关系的和谐,生活的美满与幸福,都与有效的沟通密切相关。英国作家萧伯纳指

出:"假如你有一个苹果,我有一个苹果,彼此交换以后,我们每个人都只有一个苹果,但是,如果你有一种思想,我有一种思想,彼此交换后我们双方都有了两种或两种以上的思想。""快乐与别人分享,快乐的效能就能增加一倍;痛苦与别人分担,别人的痛苦感受将减轻一半。"话是开心的钥匙,事理通达才能心气平和,沟通是协调人际关系的润滑剂、消炎剂、兴奋剂、凝聚剂。沟通虽然不是万能的,但没有沟通是万万不能的!

(一)和谐是管理沟通之精髓

沟通是组织系统的生命线,管理精髓在沟通,沟通核心和为本,天地之道美于和,沟通之道和为美。和谐沟通技巧对我们每个人都有极其重要的意义。心与心的沟通,灵与魂的认同,你与我的双赢,才有利于管理目标的实现。修身、齐家、治国、平天下,用心体悟"和"文化。中华"和"文化源远流长,博大精深,为我们提供了最高真理和最高智慧,它是真善美的内在统一。至诚至真,至善至美,达己达人,和为帅也。"和"文化是中国传统文化的核心,也是当代先进文化之精髓。上升为哲理,"和"文化超越时空,福泽民众,达善社会,具有普遍的指导意义。

放之于世界,"和平与发展"是时代主题;放之于国家,构建和谐社会,政通人和是发展的根本前提;放之于民族,和谐相处、"和平崛起"是必由之路;放之于社区,讲睦修和,安定祥和是人心所向;放之于企业或单位,和气生财,事以人为本,人以和为贵;放之于家庭或个人,事理通达,心平气和,父慈子孝,兄友弟恭,夫妇和好,家和万事兴……国家、民族、社会、企业、家庭和个人是一体相统,互为影响的。国以和为盛,家以和为兴,人以和为贵,企以和为本。以企业为例:日本佳友生命公司1985年调查了日本3600家公司,其中用"和谐、团结"为意的企业基本理念有549个。松下公司企业精神是"产业报国、光明正大、和亲一致、奋斗向上、礼节谦让、适应同化、感激报恩"。再如日本日立公司的企业理念是"和,诚,开拓"。和,广开言路,上下沟通,和谐团结;诚,讲信用,守信誉,重承诺;开拓,积极进取,自我超越,勇于挑战,不断创新。"和"文化始终是企业文化的核心。"和"文化就是生产力,使日本大和民族迅速崛起,成为世界经济强国。

管理的核心是处理好人际关系,调动职工的积极性,结合群力,达致目标。人的成功实际上是人际关系的成功,完美的人际关系是个人成长的外在根源,环境宽松、和谐协调、关系融洽令人向往;生活安定,心情愉悦,氛围温馨,人的激情就能得到充分的发挥。试想,在一个"窝里斗"的企业里工作,人际关系紧张,人心难测,无所适从,甚至让人提心吊胆,为自己担心,不是人琢磨工作,而是工作折磨人,这种环境是留不住人才的,"以人为本"也只能是"叶公好龙"而已。

企业内部亲和力的存在,才会使员工具有强烈的责任心和团队精神,组织富有朝气和活力,才能营造人格有人敬,成绩有人颂,诚信有人铸,和睦有人护的良好文化氛围。企业善待员工,职工效忠企业,以和为贵,以诚相待,才能激发员工的积极性与创造性,增强企业向心力。企业暂时的困难甚至亏损并不可怕,最可怕的是职工感情的亏损;一旦职工对企业失去了希望和热情,没有了愿景,失去了人心,这个企业绝对是没有希望的。有道是天时不如地利,地利不如人和,人和更离不开沟通。"和"文化就是企业的凝聚力,也是企业的核心竞争力。

(二)沟通是企业组织系统的生命线

沟通是管理活动和管理行为中最重要的组成部分,也是企业和其他一切管理者最为重要的职责之一。人类的活动中之所以会产生管理活动,人类的种种行为中之所以会产生管理行为,是因为随社会的发展产生了群体活动和行为。而在群体中,要使每一个群体成员能够在一个共同目标下,协调一致地努力工作,就绝对离不开有效的沟通。在每一个群体中,它的成员要表示愿望,提出意见,交流思想;群体领导只要了解人情、合情合理发布命令,都需要有效的沟通。

可以说,组织成员之间良好有效的沟通是任何管理艺术的精髓,其核心价值是认知互动、上下同欲、以和为本。管理的核心是:协调人际关系,调动职工的积极性,结合群体达到目标。面对现代社会日益复杂的人际关系,你希望自己能获取和谐、融洽、真诚的客户、朋友、同事以及上下的关系吗?在愈演愈烈的市场竞争中,你希望自己能够锻造出一支和谐协调、上下同欲的精诚团队吗?你希望自己的企业能够生活在一种关系良好的"外部生态环境"中吗?你的企业能在顾客、股东、上下游企业、社区、政府及新闻媒体的交往中,塑造出良好的企业形象吗?

上述问题的答案是由一系列相关要素构成的,但沟通是解决一切问题的基础。对管理者而言,沟通是企业管理中的基础性工作。在一个有共同目标的群体或组织中,要协调全体成员为实现目标而努力工作,有效沟通是必不可少的。据统计:一个成功人士75%靠沟通,只有25%靠天才。一个大公司的经理每天都将70%~80%的时间花费在沟通活动上,尤其在企业发生重大情况时。例如,当企业实施重大举措时,当员工士气低落时,当企业内部发生重大冲突时,当企业遇到重大危机时,当员工之间的隔阂加深时,当部属对主管有重大误解时,等等，有效的管理沟通都将会发挥其巨大的威力。沟通对企业的作用如下。

1. 传递信息

交流实际上是信息双向沟通的过程。托夫勒说："信息革命实质上就是沟通革命，大到国家发展，小到个人前途，都有赖有效沟通的能力。"知识的运用比知识的拥有更重要。出门看气候，经营识环境，生意知行情，信息抵万金，从内部来讲，可以了解职工的意见倾向、需求，处理好人际关系，调动职工的积极性。从外部来讲，处理好企业与外部的关系，适应环境，以变应变，谋求生存和发展。组织的生存和发展必然要与政府、社会、顾客、供应商、竞争者等发生各种各样的联系，组织要按照客观规律和市场的变化要求调整产品结构，遵纪守法，担负社会责任，获得供应商的合作，并且在市场竞争的环境中获得优势，这使得组织不得不与外部环境进行有效的沟通。由于外部环境永远处于变化之中，因此组织为了生存和发展就必须适应变化，不断地与外界保持持久的沟通。

2. 改善人际关系

管理是结合群力，达致目标，让人做事并取得成效。无论是在人们的日常生活中还是在工作中，人们相互沟通思想和感情是一种重要的心理需要。沟通可以消除人们内心的紧张和怨恨，使人们感到心情舒畅而且在相互交流中容易使双方产生共鸣和同情，增进彼此间的了解，改善相互之间的关系，减少人与人之间不必要的冲突，保证企业内部上下、左右各种沟通渠道的畅通，有利于提高企业内部员工士气，增进人际关系的和谐，为企业的顺利发展创造"人和"条件。通过沟通，协调各个体、各要素，组织成为一个整体。当组织内做出某项决策或制定某项新的政策时，由于各个体的地位、利益和能力的不同，对决策和制度的理解和执行的意愿也不同，这就需要互相交流意见，统一思想认识，自觉地协调各个体的工作活动，以保证组织目标的实现。因此，沟通可以明确组织内员工做什么、如何来做，没有达到标准时应如何改进。可以说，没有沟通就不可能有协调一致的行动，也就不可能实现组织的目标。

3. 改变行为与态度

在沟通过程中，信息接收者收到并理解了发送者的意图，一般来讲会做出相应的反应，表现出合作的行为，否则交流是无效的。通过交流可以调整心态乃至平心静气，以达到"心气平和、事理通达"，改变行为与态度。比如，伊利集团独董风波之后，为了不影响企业的正常生产经营与管理，保持良好的人际关系，公司高层领导及时召开新闻发布会，并于2004年年底在内蒙古饭店召开顾客订货会，与客户交流沟通使企业经得住风险的考验，企业重振雄风，并在消费者心目中树立了良好的形象。

4. 增强企业创新能力

西蒙说:"管理的核心在经营,经营的核心在决策,决策的核心在创新。"在有效的沟通中,沟通者积极讨论,相互启发,共同思考,大胆探索,往往能迸发出有神奇创意的思维火花,产生新的创意。主意诚可贵,思维价更高,思路决定出路,出路决定财路。金点策划可点石成金,创造性思维是企业发展之母。许多经营决策与方案的设计,无论事先考虑得多么合理,往往会在实践的时候暴露出这样那样的缺陷。职工是企业实践工作的主体,对决策的优劣和方案的实施最有发言权。同时群众在劳动实践中会总结出许多生产管理与技术诀窍,管理者听取非专门人员的合理化建议,可以发现问题,开阔视野,寻找构思,采取措施。创意,是策划的灵魂,它是一个美妙的幻想,是一束智慧的火花;策划,是创意的实施,它是一个完美的方案,是一道闪亮的电光。群众智慧的创意与策划是企业发展的加速器,是经济效益增长的推动力,因此要虚心倾听职工的合理化建议,集中职工的智慧和力量。好的创意策划能力挽狂澜,扭转败局;它能出其不意,转危为安;它能奇峰突起,独领风骚;它能快马加鞭,不断前进。集体的创意与策划能使企业的经营管理蒸蒸日上,产值利润滚滚而来,从而不断提升企业的核心竞争力。

5. 更有效的决策

沟通是科学决策的前提和基础,它可以激励员工的工作热情和参与管理的积极性,使员工提高工作激情,把"要我做变成我要做",积极主动地为本企业的发展而献计献策,增强企业的凝聚力,提高职工的工作积极性,职工工作富有成效,企业向前蓬勃发展。一人不如两人计,三人出个好主意,"三个臭皮匠顶个诸葛亮"。在激烈的市场竞争环境中,决定企业经营成败的关键往往不是企业内部一般性的生产管理,而在于重大经营方针的决策。为使组织决策科学合理和更加有效,需要准确可靠而又迅速地收集、处理、传递和使用情报信息,这里信息情报包括组织内外经济环境、市场、技术、资源、文化等内容。事实证明,许多决策的失误是由于信息资料不全、沟通不畅造成的。因此,没有沟通就不可能有科学有效的决策。

此外,沟通对个人的好处有:第一,善解人意,互相尊重,志同道合;第二,家庭和睦,融洽相处,生活幸福;第三,化解冲突,理解信任,事业成功;第四,学习经验,汲取智慧,产生创意;等等。

(三) 有效管理沟通的途径

1. 态度诚恳，氛围和谐

在沟通中营造开放的沟通氛围。首先要明确沟通的重要性，创造一个相互信任，有利于沟通的小环境。管理人员不仅要获得下属的信任，而且要得到上级和同事们的信任，缩短信息传递链，拓宽沟通渠道，保证信息的畅通无阻和完整性；加强平行沟通，促进横向交流；定期加强上下级的沟通。

当事者相互之间所采取的态度对于沟通的效果有很大的影响，只有当双方坦诚相待时，才能消除彼此间的隔阂，从而得到双方合作。增加沟通双方的信任度在沟通中创造良好的沟通气氛，保持良好的沟通意向和认知感受性，使沟通双方在沟通中始终保持亲密、信任的人际距离，这样一方面可以维持沟通的进行，另一方面使沟通朝着正确的方向进行。

2. 充分准备，明确目的

沟通要有认真的准备和明确的目的性，发讯者在沟通前要先对沟通的内容有正确、清晰的理解，如沟通要解决什么问题，达到什么目的。重要的沟通最好事先征求他人的意见。此外，沟通不仅是下达命令、宣布政策和规定，而且也是为了统一思想，协调行动。所以，沟通之前应对问题的背景、解决问题的方案及依据和资料、决策的理由和对组织成员的了解要做到心中有数。沟通的内容要有针对性，语意确切，尽量通俗化、具体化和数量化。一般一件事情，对人有利处易被记忆。所以，管理人员如希望下级能记住要沟通的信息，则表达时的措辞应尽量考虑到对方的利益和需要。

3. 多听少讲，用心感悟

上帝给了我们双耳一口就是让多听少讲，但少讲不等于不讲，讲要讲到点子上，切不可漫天乱讲。沟通中的倾听，不仅指运用耳朵这种听觉器官的听，而且还指运用眼睛去观察对方的表情与动作。这种耳到、眼到、心到、脑到的听，称为倾听。对管理人员来说，倾听绝不是一件轻而易举的事情。如何更好地倾听呢？

第一，积极主动地听。在对方发言时为了摸清对方的底细要保持积极的态度，以便在谈话中获取较多的信息。

第二，有鉴别地听。听话听音，锣鼓听声，必须建立在专心致志的基础之上。听者要去粗取精，除伪存真，由此及彼，由表及里。

第三，有领会地听。沟通者在谈判中必须谨慎行事，关键性话语不要随意出口，要细心领会对方提出问题的实质，才有可能找出摆脱难题的办法来。

第四，及时做出反馈性的表示，如欠身、点头、摇头、微笑或反复一些较为重要的句子，或提出几个能够启发对方思路的问题，从而使对方产生被重视感，有利于沟通气氛的融洽。

第五，注意察言观色。对对方的一言一行、举手投足都不放过，并通过目光、脸色、手势、仪表、体态等来了解对方的本意。

第六，做必要的记录。好记性不如烂笔头。

4. 有声无声，话度适中

沟通不仅是语言的交流，也是行为的交流，内有所思，外有所表。体语、态势语等作为一种语言形式，也在传递着各种各样的信息。沟通不仅需要语言技巧，而且需要非语言技巧，即通过察言观色以揣摩对方。你可以仔细观察对方举止言谈，捕捉其内心活动的蛛丝马迹；也可以揣摩对方的姿态神情，探索引发这类行为的心理因素。运用这种方法，不仅可以判断对方思想，决定己方对策，也可以有意识地运用行为语言传达信息，促使沟通朝着有利于己方的方向发展。

在沟通中有时需要沟通者伶牙俐齿，或如小溪流水，潺潺东流；或如春风化雨，随风潜入夜，润物细无声；或如暴风骤雨，倾盆而下；或如冲锋陷阵，爆竹连响。有时需要沟通人员一言不发，沉默是金。从语言概念来讲，沉默也是一种语言，或点头摇头，或耸肩摆手，或装聋作哑，或以坐姿表现轻蔑，或以伏案记录表示重视。眨眼摸耳皆含深意，一颦一笑皆成曲调。恰到好处的沉默不仅是一种语言艺术，而且有时能做到此时无声胜有声，达到语言艺术的较高境界。

此外，在沟通提问中还要看提问的对象。谈判对手的性格不同，提问的方法就应有所不同。对手直率，提问要简洁；对手内向，提问要含蓄；对手严肃，提问要认真；对手暴躁，提问要委婉；对手开朗，提问要随意，不可千篇一律。

5. 把握时机，及时反馈

由于所处的环境、气氛会影响沟通的效果，所以信息交流要选择合适的时机。对于重要的信息，在办公室等正规的地方进行交谈，有助于双方集中注意力，从而提高沟通效果；而对于思想上或感情上的沟通，则适宜于在比较随便、独处的场合下进行，这样便于双方消除隔阂，要选择双方情绪都比较冷静时进行沟通，更让人接受。

在沟通中及时获得和注意沟通反馈信息是非常重要的。沟通要及时了解对方对信息是否理解和愿意执行，特别是对企业中的领导，更应善于听取下层报告，安排时间充分与下层人员联系，尽量消除上下级之间的地位隔阂及所造成的心理障碍，引导、鼓励和组织基层人员及时、准确地向上层领导反馈情况。

对合理化建议在具体实施过程中的进展和出现的问题跟踪检查，应及时反馈给所提供建议的人，对实际实施的情况应及时沟通，保护职工的积极性，有利于形成齐心协力、精诚团结、认知互动、上下同欲的团队精神。努力形成讲诚信、守信誉、献良策、比奉献的文化氛围。让职工感到：人格有人敬，成绩有人颂，信誉有人护，良策有人听，就能信心百倍，振奋精神。

实践证明，当一个组织内的成员都深信其所从事的事业有广阔的前景和崇高的社会价值，并有拓展才能、提升自我、成就事业、完美人生的发展空间时，他们就会充满热情、才思敏捷、锲而不舍、积极进取，就会最大限度地发掘自己的才能，为企业的生存和发展思奇谋、想良策而绞尽脑汁，为实现自己和企业的共同目标而做出不懈的努力，并与企业同舟共济，夺取更大的胜利。

管理沟通，以和为贵；屹立世界舞台，展现民族风采；构建和谐社会，彰显自我价值，"和"文化始终是管理的主线与灵魂。企业组织生命系于沟通，核心理念以和为本，体悟沟通，和谐永恒。

八、激励的艺术——基于和谐治理的企业激励兼容艺术

管理重在人本管理，人本管理的核心就是重激励。企业家要调动大家的积极性，就要学会如何去激励下属。激励注意适时进行。美国前总统里根曾说过这样一句话："对下属给予适时的表扬和激励，会帮助他们成为一个特殊的人。"一个聪明的企业家要善于经常适时、适度地表扬下属。这种"零成本"激励，往往会"夸"出很多为你效劳的好下属。激励注意因人而异。企业家在激励下属时，一定要区别对待，最好在激励下属之前，要搞清被激励者最喜欢什么，最讨厌什么，最忌讳什么。尽可能"投其所好"，否则就有可能好心办坏事。激励注意多管齐下。激励的方式方法很多，有目标激励、榜样激励、责任激励、竞赛激励、关怀激励、许诺激励、金钱激励等，但从大的方面来划分主要可分为精神激励和物质激励两大类。企业家在进行激励时，要以精神激励为主，以物质激励为辅，只有形成这样的激励机制，才是一种有效的激励机制，才是一种长效的激励机制。

管理科学，博大精深。修道弘德，取义明理，激励兼容，和谐治理，为我们提供了管理理论与实践的最高真理和无限智慧。管理的核心是处理好人际关系，结合群力，达致目标。在企业里，环境宽松，和谐协调，心情愉悦，氛围温馨，员工的主动性就能得到充分的发挥。否则，人心难测，钩心斗角，不是人琢磨工作，而是工作折磨人，这种环境必然导致人人自危，职工士气低落，人心涣散，更留不住人才。

人以和为贵，企业以和为本。企业内部要有亲和力，组织才能充满活力，更能营造成绩有人颂，人格有人敬，诚信有人铸，和睦有人护的良好文化氛围。天时不如地利，地利不如人和，人和更离不开沟通，和谐治理就是能增强内部的凝聚力，也是企业的核心竞争力。基于和谐治理的企业激励兼容艺术现探讨如下。

(一) 目标激励，励精图治

目标激励是根据人们物质和精神利益的正当需求，设置一定的目标作为一种诱因，作为人们对未来的期望，鼓励人们去追求、进取。激励的意义在于让每个人"踮踮脚够得着"，用目标激励大家进入状态，奋力奔跑。一位哲人曾经这样说过："目标和起点之间隔着坎坷和荆棘；理想与现实的矛盾只能用奋斗去统一；困难，会使弱者望而却步，却使强者更加斗志昂扬；远大目标不会像黄莺一样歌唱着向我们飞来，却要我们像雄鹰一样勇猛地向它飞去。只有不懈地奋斗，才可以飞到光辉的顶峰。"这句话告诉我们这样一个深刻的道理：目标的实现不会轻而易举，但目标的确立又让我们明确了前进的方向，可以引导克服艰难险阻，坚定我们的行动。管理者在决策过程中，要具有高度的民主化作风。从员工中来，到员工中去。集思广益的结果，将使决策更科学、更完善、更可行，最终更有益于目标的实现。

企业家在和谐治理中发挥目标激励的作用应注意：第一，个人目标尽可能与集体目标一致，才能调动员工的积极性，使大家心往一处想，劲往一处使，为实现共同的愿景和组织目标而做出不懈的努力。否则不利于组织目标的实现。第二，设置的目标要注重社会效益。社会效益越明显，有利于形成共同的愿景，目标的吸引力就越大，越能激发人们内心的激情，增强企业的凝聚力与向心力。第三，目标要符合实际，切实可行。目标要难易适度，否则起不到激励的目的与效果。第四，目标内容要具体明确，能量化的尽量要量化，切忌模棱两可、笼统抽象。第五，近期目标与远期目标相结合。既有战略性目标，又有战术性目标。既有近期的阶段性目标，又有远期的总体目标。俄国大文豪托尔斯泰说，人"要有生活的目标：一辈子的目标，一个阶段的目标，一年的目标，一个月的目标，一个星期的目标，一天的目标，一小时的目标，一分钟的目标，还得为大目标牺牲小目标"。有了目标，才有前进的动力和方向。

(二) 公平激励，客观公正

公平激励的过程，实际上就是人与人之间进行比较，做出判断，并以此指导行为的过程。人们在企业中判断公平与否，并不完全取决于他所获得的报酬的绝对值，而是与他人相比较的相对值。公平感指的就是人们对报酬的分配，尤其是涉及自身利益的分配，是否公正合理的个人判断和感受。它是一种强有力的激励因素，对人的工作积极性能产生很大的影响。公平能起到激发人的积极性的作用，不公平会起消极的作用。人能否得到激励，不仅是他得到了什么样的报酬，更重要的是与别人相比，这样的报酬是否公平。公平的实质是平等，它体现在对人格及其权利的尊重上。运用公平激励，就要做到努力满足激励对象的公平意识和公平要求。

在和谐治理过程中运用公平激励要做到努力满足激励对象的公平意识和公平要求。在和谐治理中要克服以下几种不公平：

1. 收入分配不公，甚至不劳而获。一种是付出与所得不成比例。付出的智力体力很多，而收入不高，这是绝对不公。另一种是工作岗位不同、贡献大小不同、责任大小不同，而收入几乎相同，这是相对不公。更有甚者，不劳而获，坐享其成。其后果导致心理失衡，生产效率或工作效率下降。

2. 处罚不公，畸轻畸重。一种是对直接责任人处罚过轻，不能以儆效尤；另一种是处罚过重，给他人造成严重的心理压力，没有人敢承担责任。

3. 做事不公，因人而异。在管理激励中，要对事不对人，而现实中往往存在对人不对事、因人而异的现象。"手眼通天"的人，往往是"近水楼台先得月"，好处多多。评价不公，老实人往往吃亏，人心失衡，好人也会变坏。正如邓小平所言："坏的制度使好人变坏，好的制度会使坏人变好。"

4. 用人不公，任人唯亲。古人云："政以得贤为本""为政之本在于任贤"。民企企业家要任人唯贤，不能搞任人唯亲。然而，现在一些家族制企业进行选拔人才，说是"公开、公平、公正"面向社会，其实大部分是内招。即使个别招聘进去的，也让你不好受，难以重用。

（三）关爱激励，以情感人

一些心理学家认为，对人类影响最大的是情感，而不是理智。情感推动人去行动，而理智则阻碍人的活动。企业家关心支持下属的工作，是关怀激励的一个重要的方面。关爱激励法就是对员工进行关怀、爱护来激发其积极性、创造性的激励方法。它属于情感方面的内容，是"爱的经济学"，就是不投入资本，只要注入关心、爱护等情感因素，就能获得产出。用关爱来激励员工，是管理者常用的激励方法。它要求把对员工的关心体贴体现在日常的一些细小环节上，让员工感觉到真诚，更能激发出正能量。

时时处处尊重人，细微之处见真情。运用情感激励于和谐治理管理工作中，就必须从大处着眼、小处着手，关心人、理解人。在和谐治理过程中企业家干部要做到用欣赏的眼光看待员工，其关键是要对员工怀有关爱之心。一个企有众多的员工，每个员工各有不同的个性、特点和兴趣爱好，其长处和短处也不尽相同。我们所有各具特色的员工，不正是企业这个大花园中的朵朵鲜花吗？从关心、培养员工的角度来说，企业家就是那爱花、护花的园丁。不论从哪个角度讲，在企业家的眼中，每个员工都应该是一朵花，绝不是豆腐渣。因此，企业家没有任何理由不欣赏员工、不关爱员工、不信任员工。在和谐关爱激励过程中，应注意以下几点：第一，在企业所有工作中贯彻爱的精神，体现人文关怀，仁者爱人；第二，要与下属面对面地进行正面交流，推心置腹；第三，应在危难之时多显关爱，雪中送炭；第四，要多关爱员工的家庭，大爱无疆。必须对员工怀有深厚的感情。用干部和员工相互欣赏的眼光，编织成一张温馨和谐的人际关系网络，使企业内部形成宽容、团结、稳定的良好氛围。

（四）尊重激励，以诚相待

善治必达情，达情必近人。以人为本，以信待人，才能充分调动人的积极性。人与人之间的交流，都应建立在信任与尊重的基础上。信任是动力，是荣誉，也是最高的奖赏。唯有善于运用信任武器的领导才能最终胜出，这也是被人们公认的有效的激励方法。一个管理者能否恰当地运用尊重激励法，是他修养素质的体现。为人谦逊、随和、低调、有礼貌是管理者必备的素质修养，无论管理者的权力、学历、职位再高，也要靠自己的团队协作，单枪匹马是不可能做好工作的。所以，管理者一定要尊重员工。这样才能促使他们积极思索，锐意进取。

尊重，是一种品格，更是一种修养，是对他人人格与价值的充分肯定。尊重别人就是尊重自己。尊重也是一门学问。那么在和谐治理中，怎样才能学会尊重别人呢？首先，要有谦虚的态度，学会欣赏他人的长处。欣赏是一种积极的乐观向上的人生态度，只要企业家学会了欣赏他人的长处，就学会了尊重。其次，要给别人以理解和宽容，从小事做起。要学会尊重别人，就先从点滴小事做起，提高个人修养，处处为别人着想，彼此理解，彼此宽容。企业家要学会换位思考，与人为善。做到"己欲立而立人，己欲达而达人""己所不欲，勿施于人"。这些待人接物的技巧，也是一个人人格的体现。最后，在日常交往中，注重礼仪礼节。尊重上司是一种天职，尊重同事是一种本分，尊重下级是一种美德，尊重客户是一种常识，尊重对手是一种风度，尊重所有人是一种教养。

尊重激励法是一种最人性化、最有效的激励方法。管理者要发自内心地去尊重每一位员工，对待员工有礼貌，不嘲笑、不轻视员工，尊重员工的人格，认真听取员工的建议，让员工感到自己对组织的重要性。

（五）危机激励，催人奋进

一个具有强烈忧患意识的民族，是一个最有希望的民族。一个具有忧患意识的企业，也一定是一个充满着希望的企业。对企业来说，最大的风险就是没有危机意识。所有的成功企业，都是注重危机意识的企业。比如，海尔的"战战兢兢，如履薄冰"的理念，小天鹅的"末日管理"，使企业居安思危，警钟长鸣。

企业家在和谐治理过程中，通过以下措施，可以有效地树立员工的危机意识。第一，向员工灌输企业前途危机意识。要有"怀抱炸弹"的意识。在成绩面前不能沾沾自喜，更不能故步自封。成功是一个过程，不是结果。因为过程是永恒的，努力是永恒的，结果是暂时的。在竞争激烈的市场中，企业随时都有被淘汰的危险。要想规避这种危险，道理只有一个，那就是全体员工都努力工作，才能使企业更加强大，永远处于不败之地。第二，都要树立"人人自危"的危机意识，无论是公司领导班子还是普通员工，都应该时刻具有危机感。要主动营造出一种积极向上的工作氛围。第三，向员工灌输企业的产品危机。要不断进行产品创新。要想让消费者对企业的产品情有独钟，就要做到"人无我有，人有我优，人优我特。"

（六）正负激励，相辅相成

正负激励法，顾名思义，即正激励和负激励。"赏不可不平，罚不可不均"。从性质上划分，激励有正向激励和负向激励两种类型。正向激励是一种通过强化积极意义的动机而进行的激励，负向激励是通过采取措施抑制或改变某种动机。正向激励与负向激励的目的都是要对人的行为进行强化。负向激励也是一种激励行为，是对行为的否定，使人们从想做某种事转变为不想做某种事，奖要光明正大和服众，才能起到榜样作用。正激励和负激励作为两种相辅相成的激励类型，它们从不同的侧面对人的行为起强化作用。正激励是主动性的激励，负激励是被动性的激励。在企业和谐治理行为中负激励难度也较大。水激石则鸣，人激志则宏。正确运用逆反激励，常常能收到积极的效果。在和谐治理过程中，运用逆反激励一是要掌握时机。出言过早，时机不成熟；出言太迟，错过良机。二是要把握有度。使用"反话"，应体现出对同志的尊重、爱护和信任，要把褒贬抑扬有机结合起来。这样，逆反激励才会产生积极的效果。

（七）行为激励，率先垂范

企业家的行为对激励制度的成败至关重要。榜样的力量是无穷的，就是通过典型人物的示范，能够激发人们的情感，引发人们的"内省"与共鸣，引导人们的行动。

第一，企业管理者要做到公正廉洁。古人言："其身正，不令而行；其身不正，虽令不从。"面对困难，企业家应身先士卒，冲锋在先。第二，要做到公正用人，不任人唯亲。公平竞争，唯才是用，做到有什么能力上什么岗位，在什么岗位拿什么薪酬。第三，以身作则。要求员工做到的自己首先要做到，不准员工做的自己坚决不做，自觉把自己置于员工的监督之中。

九、用时的艺术——当代企业家的时间价值观

时间，对企业家来说是最特殊的资源，也是最稀有的一次性资源。企业要经营，时间最贵重。懂经营，会管理，珍惜时间数第一。时间是什么？时间就其概念而言是指物质运动的持续性和顺序性。昙花一现也好，寿比南山也罢，总要经历一定的时间。时间具有一维性，机不可失，时不再来。因此，当代企业家一定要树立现代时间观念。

（一）时间多感慨

古往今来许多圣人君子、文人墨客留下了不少警世之言，对时间发出了无限的感慨。早在2000多年前就有"子在川上曰：逝者如斯夫，不舍昼夜"之慨！"盛年不重来，一日难再晨。及时当勉励，岁月不待人。"晋代的陶渊明早在1500年前就有如此强烈的时间观念。至唐朝诗人李白有"君不见高堂明镜悲白发，朝如青丝暮成雪"之佳句。北宋岳飞精忠报国又有"莫等闲，白了少年头，空悲切"之警句！明朝文嘉有首《今日诗》："今日复今日，今日何其少！今日又不为，此事何时了。"明朝钱鹤滩又有一首《明日歌》："明日复明日，明日何其多；我生待明日，万事成蹉跎。"一代伟人毛泽东在诗中感慨道："多少事，从来急；天地转，光阴迫。一万年太久，只争朝夕。"文人朱自清说："洗手的时候，日子从水盆里过去；吃饭的时候，日子从饭碗里过去……"一切都是匆匆而过。很多企业家十分辛苦，每天早出晚归，疲于奔命，忙忙碌碌，抱怨没有时间，其实时间正在叹息声中稍纵即逝。董必武同志在诗中写道："逆水行舟用力撑，一篙松劲退千寻。古云此日足可惜，吾辈更应惜秒阴。"经济的发展，社会的进步，竞争的加剧，使人们的日常生活节奏与频率普遍加快。企业家更应该倍加珍惜时间，光阴好比河中水，只能流去不复回。

（二）时间有哲理

时间的伟大之处就在于它的公平性，对谁都一视同仁，就像食盐一样，皇帝和贫民都离不开它。有件东西每个人都有，数量完全相等，那就是时间。有谜语道："人人见我懊恼，个个落我圈套。待时辰一到，谁也逃不掉！""时间是

我们生活中最无情和最无伸缩性的要素",然而时间道是无情却有情,在同样多的时间里,有识之士能有许多建树。时间里充满了辩证法。莎士比亚有句名言:"抛弃时间的人,时间也在抛弃他。"不会利用时间的人总是事倍功半,会利用时间的人事半功倍。有人说:"你不杀时间,时间会自杀。"其实是时间在杀你,时间就像无情的锉刀,悄无声息地锉得你皮肤折皱,老态龙钟。生命在时间里磨损!鲁迅先生说得好:"无端地空耗别人的时间,其实无异于谋财害命;浪费自己的时间等于慢性自杀。"然而时间既是绝对的又是相对的。高尔基说:"世界上最快而又最慢、最长而又最短、最平凡而又最珍贵、最容易而又最令人后悔的就是时间。"我国著名的思想政治工作者刘吉对时间的回答充满了哲理:"聪明者——利用时间,愚蠢者——等待时间,劳动者——创造时间,懒惰者——丧失时间,有志者——抓紧时间,闲聊者——消磨时间,勤奋者——珍惜时间,自满者——糟蹋时间。"

（三）时间是资本

在财务管理上要以较少的资金办更多的事,取得更多的效益要考虑资金的时间价值。但是,很少有人称到时间的资金价值,其实时间是一种最宝贵的资源和最浪费不起的资本。资金的运用,不能只重视其投向、大小,而且要重视时间周期的长短。有道是:"一寸光阴一寸金,寸金难买寸光阴。"时间就是财富,时间就是希望,赢得了时间就赢得了成功。马克思曾指出:"一切节约归根到底归为时间的节约。"商品的价值量也是由社会必要劳动时间决定的。随着现代生活节奏的加快,时间的价值越来越明朗化:照相,快相比慢相要贵;坐火车,快车比慢车要贵,高铁比火车贵,坐飞机又比高铁贵。时间就是希望,效率就是生命,赢得了时间就赢得了胜利,就赢得了一切。然而时间抓起来就是金子,给勤奋者以智慧和财富;抓不起来就是沙子,给懒惰者以枉费和悔恨。因此,每个企业家都应该珍惜光阴。失落黄金有分量,错过光阴无处寻。

（四）巧用时间有学问

有的企业家"两眼一睁,忙到熄灯",整日忙忙碌碌,却收效甚微;有的企业家精明强干,周密细致,有限的工作紧张有序,在时间里创造出许多有价值的事情来,注重实效,既珍惜时间又能合理利用时间,真可谓"运用之妙,存乎一心"。善于运筹和利用时间大有学问,既是一门科学,又是一种艺术。在利用时间时,应该注意以下几点:

第一,应抓住重点,照顾一般。企业家应有自己的时间安排,抓住关键,掌握重点,科学安排,合理使用时间,有张有弛、游刃自如。在利用时间时要学会"弹钢琴",对自己眼前的工作应分清轻重缓急、大小主次,分类排队,把主要时间与精力放在解决关键问题上。实行 ABC 分类法，因为人的时间和精力毕竟是有限的，绝不能眉毛胡子一把抓，更不能捡了芝麻丢了西瓜。

第二，要实行目标管理，成本控制。在市场经济中，时间就是金钱，效率就是生命，企业家对时间的使用也要实行目标管理。大文豪托尔斯泰说得好："要有生活的目标：一辈子的目标，一个阶段的目标，一年的目标，一个月的目标，一个星期的目标，一天的目标，一小时的目标，一分钟的目标，还得为大目标牺牲小目标。"对时间的使用也要计算成本，凡是劳而无功、得不偿失的事尽量不做。少花时间多办事，时间就是资本，资本的经营哲学就是少投入，多产出，高效益。

第三，要零存整取，提高效率。要把零碎时间利用起来，就像存款一样，积少成多，积沙成塔。鲁迅先生说："时间就像海绵里的水，只要挤一挤总会有的。"要发扬雷锋同志的钉子精神，有挤劲和钻劲才行。比如，学外语每天记 3 个单词，全年就是 1000 多，有五六年时间就可达四级或六级水平。锲而不舍，金石可镂，抓住时间做任何事情都要集中精力，以便缩短时间，提高办事效率。有一个效率公式可供参考：有用功＝时间×效率。因此，办事应提高单位时间的利用率。效率越高，功值越大。"时间是个常数，但对勤奋者来说，是个变数。用'分'来计算时间的人，比用'时'来计算时间的人，时间多五十九倍。"（俄·雪巴科夫）

第四，要计划运筹，杜绝浪费。企业家对时间实行计划管理就是要把完成的任务按小时、天、周、月、年的顺序安排好，然后按计划逐个完成。要有时间日程安排表。虽然进行计划需要时间，但是最后它能节省时间，而且取得更好的效果。苦干不如巧干，要尽量避免"汗水淋漓综合征"，要强化时间意识。有人做了统计：一个人一生的有效工作时间大约 1 万天，一个企业家的有效当"官"时间就是 10～15 年。一旦错过这个有效时间，你思想再好、能力再高，也常常是心有余而力不足。所以，企业家要利用这宝贵的时间多做点有意义的事。企业家管理时间应包括两方面：一是要善于把握好自己的时间。当一件事摆在企业家眼前时，应先问一问自己"这事值不值得做？"然后再问一问自己"是不是现在必须做？"最后还要问一问自己"是不是必须自己做？"只有这样才能比较主动地驾驭好自己的时间。二是不随便浪费别人的时间。有人做过统计：某企业家有 3/5 的时间用在开会上。企业家要力戒"会瘾"。不要动不动就开会；不要认为工作就是开会，万一要开会，也应开短会，说短话。千万不要让无关人员来"陪会""浪费别人的时间"。

养成惜时习惯。人才学的研究表明：成功人士与非成功人士的一个主要区别，就是成功人士年轻时就养成了惜时的习惯。要像比尔·盖茨那样：能站着说的事情就不要坐着说，能站着说完的事情就不要进会议室去说，能写个便条的东西就不要写成文件，只有这样才能形成好的惜时习惯。不要说无用话、开无用会、做无用功、办无用事。

第五，还要用好今天，规划"明天"。科学地利用时间。如何以较少的时间完成更多的工作，关键在于用好今天。革命先驱李大钊同志说："我以为世间最可宝贵的就是'今'，最易丧失的也是'今'。"一个人抓不住"今"天，他就等于丧失了明天；因为当明天到来的时候，又转化为"今天"了。应当今日事今日毕，今天是生活，今天是行动，今天是行为，今天是创作。日本的效率专家桑名一央说："昨日是过期支票，明日是空头支票，只有今日才有流通性。"企业家在利用好"今天"的同时还要有战略眼光规划"明天"，机不可失，时不再来；莫道君行早，更有早行人。富兰克林说："你热爱生命吗？那么别浪费时间，因为时间是组成生命的材料。"我们要用时间之砖，构生命之大厦，创辉煌之业绩，这才是当代企业家之人生真谛。

第二节　魅力型企业家的心智品格

魅力型企业家是指人生态度正确，心理素质优良，经营观念清晰，思维方式科学，能使企业的产值、利润、市场、形象、人才等在特定的时空中具有强大影响力、扩散力、辐射力的决策者、组织者、指挥者。魅力型企业家就是成功的企业家+强烈的道德心+公益服务事业。与商业企业家相比，他们追求的并非利润，而是将企业家精神和创造力投入社会问题的解决上，译为"魅力型企业家"或者"公益主办人"也许更合适一些。一个企业团体要获得成功，关键不在人员的多少，而在管理者如何在自我发展与成就中找寻立足点，使企业组织里的每一成员都能同心同德、尽心尽力坚守自己的岗位。

魅力型企业家只要有"五心"品质，并在经营管理过程中要始终如一，持续发展，从不间断，边学边做，在实践中成长。"五心"品质是不可或缺的，即求真心、事业心、进取心、责任心与和谐心。

一、求真心

求真务实，是辩证唯物主义一以贯之的科学精神，是党的思想路线的核心内容。因此，魅力型企业家脚踏实地，诚实苦干，以"内强素质、外树形象"

为工作中心,坚持求真务实,是一生的修养,因为它是一种品格、一种境界、一种追求。

二、事业心

所谓事业心,就是有理想,有抱负。事业心是推动人们前进的巨大动力和精神支柱。正由于有着事业的不懈追求,人们方能在实现理想的过程中自觉地增强责任感和使命感,做到遵章守纪,对工作兢兢业业、踏踏实实,明白自己该干什么、不该干什么,力求把工作做实做好。事业心是一种精神,是一种力量,是一种动力。强烈的事业心可以影响、带动、感染其他人。事业可以凝聚人心,事业可以增强积极性,事业可以催人奋进。任正非为什么能够从家电公司副经理的位子上到一家濒临倒闭的小厂去当厂长?柳传志为什么能够领着几个人从头创业?吴仁宝为什么可以把华西村领导成为天下第一村?是什么动力?是什么原因?就是他们都有一颗金不换、银不换、最最珍贵的事业心。如果我们的村支书都像吴仁宝,如果我们的企业家都像张瑞敏、任正非等,我们国家的伟大复兴指日可待。

事业心更是敬业奉献精神,敬业爱岗就是热爱生命,岗位职业是企业家生活的重要组成部分。要有敬业的精神。《周易》云:"天行健,君子以自强不息。"成功的企业家,要有一种自强不息的事业心,要给自己一股内在的压力,兢兢业业,为国为己。把自己有限的生命投入为社会、为人民创造福祉的事业中,才是一个标准的企业家风范。

现代的企业界已经有自省的意识,无论是"执行力"或是"学习力"各方面,皆能不离专业与敬业的观念及态度;也大多明白唯有健全职业道德,才能完成事业理想。

魅力型企业家必须具有崇高的职业道德,在一行,爱一行。下岗职工是多么渴望上岗再就业啊!不能在行嫌行、出行想行,这山望见那山高,企业未跨先跳槽,这种心态太浮躁。七十二行,行行出状元。职工要忠诚企业,企业要善待员工,奉献在先,索取在后。个人的价值是通过其社会行为而实现的,对企业与社会的贡献越大,个人的价值就越高。

三、进取心

进取心指突破自我实现、自我超越、不断进步的精神。进取心,人人都有,只不过程度不同罢了。魅力型企业家要率领一个企业或一个团队在激烈的市场竞争中获胜，管理者不仅要有雄心、信心、真心，更需要有强烈的进取心，将自己的工作看成神圣的事业，以认真努力工作为过程，以追求完美为目标。

常言道：学无止境，艺无止境，自我超越的意义在于创造。高度自我超越的人是不断学习、提升自我、成就事业、拓展才能、完美人生的人，也是一个自我磨炼的人，即能吃苦耐劳、勤奋努力，不断自我否定、自我完善，是永不满足现状的人。他志向高远，以勤为径，好学上进，工作主动。自我超越，它是一个过程，更是一种终身修炼。任何事物的发展都需要一个过程，成功是一个过程，而不是结果，不可以因为结果而放弃过程。过程是永恒的，努力是永恒的，结果是暂时的。

企业要发展，要做大、做强，各级管理者的作用最为关键。能否整合团队完成预定经营目标，能否在与同行的竞争中取得领先地位，这就对管理者的综合素质提出了很高的要求。当然，每个管理者的能力和水平不同，优缺点不一，但工作态度是至关重要的。前国家足球队教练米卢有句名言：态度决定一切。而是否有强烈的进取心是衡量一个管理者工作态度的最好标准。具有了强烈的进取心，可以弥补先天能力和水平方面的不足之处。企业管理者没有持续的、强烈的进取心，哪怕有再好的先天条件，也会被激烈的市场竞争淘汰。企业之间相互竞争不仅要有先进的技术，更需要有科学的管理理念。管理者除了需做好日常性的工作之外，更需要经常进行反省、总结，对不足之处着力思考如何改进，已有成效的工作需着力做到精益求精；思考如何将管理水平、工作效率提高到一个更高的台阶。

魅力型企业家应该以开放的心态放眼世界，纵览古今；以宽广的心态，熔铸新知；以大无畏的心态，敢为人先，勇于创新；以诚挚的心态，追求真理，永不停息。

人类发展永无止境，科学永无止境。人们常说，境界源于修养，修养源于知识，知识源于学习，学习源于追求，追求源于信念。魅力型企业家要适应知识经济的需要，就要时时更新自己的观念，及时获取相关的信息，不断进取，锐意进取，发展自己，完善自己。

四、责任心

魅力型企业家用心灵塑造心灵，以人格造就人格。"爱心、事业心、责任心"必须同举并重。责任，是一种使命；责任心，是一种使命感，是自觉地把分内的事做好的一种心态。使命领导责任，责任完成使命，是魅力型企业家应承担的义务与应尽职责的内心体验。这种责任心是魅力型企业家在完全没有外部压力和监督情况下，自觉地去完成经营任务，实现社会和企业对魅力型企业家提出的新要求。

责任心促使魅力型企业家高标准、严要求，在日常工作中创造出不平凡的业绩，在其位、谋其政、尽其责、效其力、善其事。

五、和谐心

和谐心就是善于沟通，与人友善，富有团队合作精神。孔子讲"君子和而不同，小人同而不和"，是从道德修养的层面阐述"和"与"同"的关系。孟子讲"天时不如地利，地利不如人和"。天地之道美于和，沟通之道和为美，和谐沟通技巧对于我们每个人都有极其重要的意义。心与心的沟通，灵与魂的认同，你与我的双赢，才有利于经营目标的实现。修身、齐家、治国、平天下，用心体悟"和"文化。中华"和"文化源远流长，博大精深，为我们提供了最高真理和最高智慧，它是真善美的内在统一。至诚至真，至善至美，达己达人，和为帅也。"和"文化是中国传统文化的核心，也是当代先进文化之精髓。

企业家要具有一流的沟通力。因为沟通是塑造良好人际心境、激发人的创造性思维的重要途径。良好的沟通的要素＝听＋说，良好的沟通－理解＋合作，沟通的基本法则＝知己知彼＋保持个性＋尊重差异＋其乐融融，沟通的润滑剂＝赞赏＋幽默＋委婉＋寒暄。

团队协作精神就是和谐的协调的人际关系，人的成功实际上是人际关系的成功。完美的人际关系是个人成长的外在根源，环境宽松、和谐协调、关系融洽令人向往；生活安定，心情愉悦，氛围温馨，人的激情就能得到充分的发挥。自古以来就有"文人相轻"的说法。试想，在一个"窝里斗"的企业里工作，人际关系紧张，人心难测，无所适从，甚至让人提心吊胆，不是人琢磨工作，而是工作折磨人，这种环境是留不住人才的。以人为本，也只是"叶公好龙"而已。企业内部亲和力的存在才会使职工具有强烈的责任心和团队精神，组织富有活力和朝气，它既能激发职工工作的积极性与创造性，又能增强企业凝聚力、生命力，提升核心竞争力，有利于形成齐心协力、精诚团结、认知互动、上下同欲的团队精神。构建和谐企业要努力形成：崇道德、尚伦理、讲人格、守信誉、献良策、比奉献的文化氛围。让员工感到：人格有人敬，成绩有人颂，质量有人护，诚信有人铸；员工就能信心百倍，振奋精神，在认识上形成共同一致的企业愿景，在组织上形成富有合作精神的团队群体，在行动上行成雷厉风行的执行合力。

企业内部的和谐在很大程度上取决于一致的目标与高度的团结。因此，首先要用通过努力可以实现的发展目标来统一思想，凝聚人心；其次是要做到四个"尊重"，即尊重知识、尊重劳动、尊重人才、尊重创造，以增强企业员工的主人翁感。再次要通过思想教育和开展交心谈心活动，以增进相互之间的理解，做到思想通、感情通、关系顺、人心顺。最后要提倡相互支持。企业虽有分工，但要努力做到相互配合；工作中也可能发生分歧，但要努力做到相互理解。

管理沟通，以和为贵，屹立世界舞台，展现民族风采。构建和谐社会，彰显自我价值，"和"文化始终是企业文化的主线与灵魂。组织生命系于沟通，核心理念以和为本。诚信沟通，和谐永恒。

第三节　新时代魅力型企业家的辩证思维

魅力型企业家必须有许多常人没有的才能和素质，在经营管理中只有精于计谋、技高一筹，才能够在竞争中高瞻远瞩，面向未来，把握主动。魅力型企业家在新时代应正确处理好以下几个辩证关系。

一、做人与做事

诚信是做人之本，人无信则不立。真、善、美是多么令人向往的字眼！而真位居其首，真是道德的基石、科学的本质、真理的追求。诚信对做人来讲是人格，对企业而言是风格。人格就是力量，在一种更高的意义层次上说这句话比"知识就是力量"更为正确。没有灵魂的精神，没有行为的才智，没有善行的聪明，虽说也会产生影响，但是它们都会产生坏影响。具有高尚品质的人一旦和坚定的目标融为一体，那么他的力量就惊天动地，势不可挡。

崇道德、尚伦理、讲良心、守信誉是一种良好的职业道德修养，而且是企业家精神文明的重要表现。他既能树立良好的企业形象，又能对市场经济的健康发展起到良好的促进作用。"德，国家之基也，才之帅也。"道德文明是社会整体文明的基石，经营道德是企业文化之魂。常言道：先学做人，后学做事。人的价值有三等：一等人，由于你的存在，使别人生活得更美好。为官一任，造福一方，有口皆碑，万世流芳。二等人，由于你的同行，使别人开心不烦恼。机智幽默，能与人和谐相处。三等人，由于你的作为，使单位、亲友、同事生活、学习受干扰，成为害群之马。"更美好、不烦恼、受干扰"，主动权掌握在自己手中。事在人为，要做品质优秀的人，干道德高尚的事。

二、战略与策略

战略强调"要做对的事情",战略是解决长远性、方向性、全局性、纲领性的问题,影响面大,持续时间长。"它关心的是船帆航行的方向而不是眼下遇到的波涛。"经营战略就是企业的命运之航。战术是指解决局部问题的原则和方法。它强调的是"把事情做对",它具有局部性、短暂性、灵活性、机动性等特点。战略是战术的灵魂,是战术运用的基础。战略如果错了,就无所谓战术上的对与错。战术的运用是战略的深化和细化,它要体现既定的战略思想。二者的出发点相同,都是为了制定和实现企业的既定目标。

三、学识与践识

一次创业是鲁莽,二次创业凭胆量,三次创业靠理智。处于21世纪的中国"一不小心就发了财的时代已经一去不复返了"。当今社会,知识更新速度加快,知识折旧率提高,知识保鲜期缩短。国力的竞争是经济,经济的竞争是科技,科技的竞争是人才,人才的培养靠教育。随着信息时代的到来,尊重人才、尊重知识、重视智力投资已成为强烈的愿望,追求高学历已成为一种新的时尚,文凭成了通向白领阶层的通行证、铺路石、敲门砖,这是社会进步的标志之一,也是民族的希望之所在。然而实践证明有文凭不等于有水平、有能力、有效率、有胆略。企业家不仅要有韧性、悟性、理性,更要有学识、胆识、见识,要与时俱进,开拓创新。仅有学识还不够,必须把知识转化为能力,而这就需要实践。实践出真知,"纸上得来终觉浅,绝知此事要躬行",既要注重学识和理论,更要注重"实践"。直接经验是源,间接经验是流,只有源远才能流长。要大胆实践,先发展,后规范;先试行,后判断;对的坚持,错的纠正;丢掉的是贫穷,得到的是发展。

四、竞争与合作

在市场经济条件下,只有与顾客普遍联系,与对手公平竞争,企业才能得到永恒的发展。成功的合作应该是双赢,在合作中应树立正确的胜负观。"欲取先与"应该是合作的一大谋略。"欲致鱼者先通水,欲栖鸟者先树木";水积而鱼聚,林茂而鸟集。企业与他人要做"合作的利己主义者"。然而,在实行市场经济以来,企业之间竞争有余,合作不足。有的甚至搞不正当竞争。在联系与合作中总想猛咬对方一口,甚至欺诈胁迫,这是十分危险的!经营者要以信为本，青山似信誉，绿水如财源。财自道生，利缘义取，这样的竞争与合作才会有情有义，地久天长。顾客和企业，共惠解难题；顾客是上帝，信赖成朋友；顾客的满意度、忠诚度、美誉度是企业的生存之根、立命之本。

五、可能与现实

可能性是尚未实现的现实性，现实性是已经实现的可能性，现在是过去的延续，未来是现在的先导。俗话说："人无远虑，必有近忧。"从企业发展的角度来看，企业今天的行动是为了执行昨天的战略，企业今天制定的战略正是为了明天更好地行动。在制定经营战略的过程中要对各种可能性的情况加以区分：第一，区分可能与不可能；第二，区分具体的可能性和抽象的可能性；第三，区分好的可能性和坏的可能性；第四，从量的方面考虑区分可能性的大小叫"概率"。对项目的可行性应该认真分析研究。中国的企业存在着"三盲"现象：一是"盲目"。战略目标不清，超越实际，好高骛远。二是"盲从"。一听什么赚钱便一哄而上，盲目跟风，赶时尚、追潮流。三是"盲打"。心中无数，不讲战略，四面出击，急于求成。经营者的素质有四种，也有四种结局：一是眼高手低；二是眼低手高；三是眼低手低；四是眼高手高。眼高手低者，自命不凡，虚晃一枪，力不从心，半途而废；眼低手高者，智商平庸，起点不高，手法高明，品位贬值；眼低手低者，思路浅浮，人云亦云，随波逐流，一事无成；眼高手高者，高屋建瓴，大胆细心，敢为人先，大度能容，大获全胜。

在社会上，企业界有一些人专爱说空话、大话，他们总是喜欢常开会，开长会，会而有议，议而不决，决而不行。有些与会者"当面不说，背后乱说，开会不说，会后乱说"……这就是自由主义的表现形式之一。毛泽东同志曾号召全党要"反对自由主义"。再有一些人干说不练，夸夸其谈。"……然而中国人讲起话来头头是道，上可以把太阳一口气吹灭，下可以治国平天下"（柏杨先生语），但就是"动口不动手"。全国政协主席原任天津市委书记李瑞环同志在"'十谈'少说空话多干实事"一文中针砭时弊，抨击陋习，做了十人形象的概述："我们有些同志沾染了一些坏风气，他们习惯于坐在屋子里，豪言壮语，气吞山河，听起来似乎决心很大，道理很多，但只有唱功，没有做功，嘴行千里，屁股在屋里。高谈使他们浪费了很多时间，阔论使他们耽误了许多事情。有些同志'茶碗一端，说话无边；香烟一点，专说人短'。他们习惯于说这也不对，那也不对，就是不说怎样才对。他们总喜欢说这人不行，那人不行，就是不说自己不行。他们不当运动员，只当裁判员，只吹哨，不下场。你在前边干，他在旁边看。干好了，他说'早该如此'；干错了，他说在'意料之中'。污染了周围的风气，误人、误事、误国，此患不除，四化难矣。"还有些人是：水平不高酒瓶高，醉眼蒙眬称英豪，别人有能不服气，"怀才不遇"发牢骚。这使企业邪气上升，正气消失，职工士气低落，如同一盘散沙。

六、顺境与逆境

鲁迅先生说："世界上本来没有路，走的人多了，也便成了路。"踏平坎坷成小道，小道也能变大道。人的一生，盛衰荣辱，喜怒哀乐，变化无常，有顺境，也有逆境，关键要保持良好的心态、坚定的信念。"前途是光明的，道路是曲折的"，这符合事物发展的前进性和曲折性相统一的原理。人有的时候，面对困难一定要横下一条心，咬紧牙关，坚持到底就是胜利，这需要自信的气质、顽强的毅力、执着的追求、拼搏的劲头。否则，凡事遇到挫折裹足不前，撒手不干，半途而废，这才是真正的失败。市场风云，变幻莫测——高峰低谷、繁荣疲软交替出现。繁荣有繁荣的好处，低谷有低谷的作用——繁荣期加快发展，低谷期调整蓄力。经济大潮，潮涨潮落，顺流善变者生，逆流不善变者亡。经营者要辩证思考，学会在对立中把握同一，在同一中把握对立；只有把握千变万化的市场行情，以变应变，先谋后战，才能在商海中避风浪，绕暗礁，越激流，过险滩，直挂云帆济沧海，夺取最后的胜利。

七、时间与机遇

时势造英雄，机遇盼人杰。机指时机，遇指对象，时机就看遇到了谁，只有时刻准备的头脑才能立即与机遇发生共振，产生共鸣；时机碰到了没有见识的头脑，就会与之擦肩而过。时机好比河中水，只能流去不复回。中国的四个成语说明了时机的四大特性：千载难逢，指时机的稀缺性；机不可失，说明时机的客观性；时不我待，说明时机的短暂性；时不再来，说明时机的不可逆性。抓紧时间，捕捉商机，可以创造财富。有时抓住一个机会可以使企业起死回生，大展宏图；而失去一个机会则企业可能由盛而败，一落千丈。在企业实践中许多人也能看到机会，但往往患得患失，不敢去抓，结果时机与之擦肩而过，令人后悔莫及。

面对机遇有人讲运气，有人看手气，有人发脾气，这些都是无济于事的。有人把抓机遇的心态分为四种：

一是农夫式的。关心的是过去，轻车熟路，传统农民的机会意识最为淡薄。

一年之计在于春，多少年来安于谷雨前后，点瓜种豆，一年一次，坐等天年。

二是医生式的。医生的特点是：坐等病号，门诊挂号，你来找我，我不找你。这是一种被动做工法，其心态把机会视为守株待兔。

三是火车司机式的。严守两点一线，从甲地到乙地一条线，不敢越雷池一步。只可看看两边的风景，但也仅局限于很窄的范围之内。

四是渔夫式的。渔夫的作业特点是：注意鱼汛变化，而且从不限制自己的作业领域。四处撒网，哪里鱼多往哪里跑。这种人的机会观念最强，机会也最多。

总之，企业家在战略选择时应树立渔夫式的机会观，不自我约束、作茧自缚，要敢于超越自我，不断捕捉机会，只有突出"敢"字才能有所收获。邓小平同志在提出摸着石头过河的同时提出要敢闯呀、冒呀、试呀，不能当小脚老太太，这表达了同样的哲理。市场应变有术，经营时机选择也有策：若人缺，我则补，满足需求，增加销售；若人有，我则好，以优取胜，精益求精；若人好，我则多，市场热门，大量投放；若人多，我则廉，薄利多销，吸引顾客；若人廉，我则转，伺机转让，开拓新路。

企业家如果识别了时机，也有抓住时机的胆量，却没有把握时机的能力，同样等于零。机遇是偏爱时刻准备夺取胜利的人。

第四节 提升素养，锤炼品格——企业家人格魅力塑造

腹有诗书气自华，形象良好更伟大。人之强大源于内心之强大、精神之强大。个人内务整洁是一种生活习惯，更是个体精神状态的外在表现。仪容整洁、朝气蓬勃、积极阳光、乐观向上、规范有序的生活状态可以感染别人，更能感染自己。知人者智，自知者明。播下一种行动，你将收获一种习惯；播下一种习惯，你将收获一种性格；播下一种性格，你将收获一种命运。

魅力型企业家，不仅要有高尚的人格和渊博的知识，而且还要有一个美好的形象。如何树立个人人格魅力？要为人正直，待人诚恳，处事公平。不自私自利，不搞小团体，不小肚鸡肠。正人先正己，带头遵守游戏规则。避免越级指挥，避免接受越级请示，不要与下级争功。保持良好的职业形象，做一个好的倾听者。慎于言而敏于行，宽以待人，严于律己，赞美和鼓励身边的人。

魅力型企业家必须有许多常人没有的才能和素质，应具有以下五种修养。

一、一个法宝

企业家以企业兴旺为己任，职工效忠企业，企业善待职工。愿景的"愿"字是我的心，是我的一种愿望，企盼是出自内心的动力，也就是信念。信念是世界上最伟大的力量，信念是生命，也是企业的使命。使命领导责任，责任完成使命。企业使命就是企业在社会进步和经济发展中应担当的角色，它为企业定基调、指方向、拓思路、树形象。其核心价值是树人为本、认知互动、上下同欲。一个企业如果不能设计出令人充满信心、深受鼓舞的使命，将失去对社会尽责、为公众尽力、为员工尽心的机会，持续发展就会成为"泡影"。实践证明，那些继往开来，走向辉煌的企业，关键是有一个全体员工共同高举的战略旗帜——企业使命。有了共同的愿景，职工才能留得安心，学得用心，干得舒心。心往一处想，劲往一处使，在其位、谋其政、尽其责、效其力、善其事。大家都认准一个正确方向，树立信念，高擎战旗，群策群力，不达目标，绝不罢休，还有什么是不可战胜的呢？因此，企业家必须在战略思考、使命定位、凝聚人心方面多用些心思。因为它是企业长远发展的纲领和灵魂，也是企业的立身之本。

二、两项技巧

（一）经营策划技巧

企业要经营，策划是引擎。策划是人们十分熟悉而又非常神秘的字眼，数万年来，它伴随着人类社会的实践而产生，伴随着人类思维的进化而发展。一个漫长的人类发展史，也就是一个策划的创造史和实践史，策划无时无处不闪烁着人类智慧的火花，从战天斗地求生存到国家的治理、民族的振兴；从领兵作战到克敌制胜，从企业经营到发展经济，从人际交往到外交活动，从创作构思到体育竞技。一个高明的策划所起到的作用和带来的影响，其价值是无限的。现代社会，人人都离不开策划，你不策划别人，别人就要策划你。策划既是一门科学，又是一种艺术，其含义是思维主体运用知识和能力进行思考运筹的过程，"凡事预则立，不预则废"。"预"实际上是事先做好准备，并进行必要的策划。金点策划，可点石成金。具体地讲，策划的作用有以下几点：

（1）策划是实践活动取得成功的重要保证。运筹帷幄，决胜千里。例如，20世纪70年代中国联产承包是农民的精心策划；中美历史性的建交是周总理的"乒乓外交"策划，小球推动大球！

(2) 策划为行动提供指南纲领。"三思而后行",先谋后事者昌,先事后谋者亡。从哲学原理上看,策划是思维与行动、主观与客观必不可缺少的联系环节。策划的过程就是认识的过程,就是发挥人的主观能动性的过程。符合客观实际的策划,正确指导人们的实践,最终走向成功。

(3) 策划是对各种有利因素、有利资源进行了优化组合,可以使这些因素、资源发挥更大的效用,也提高了竞争力。洛杉矶奥运会策划净赚1.5亿美元;"泰坦尼克号"大策划收入20亿美元;法国世界杯大策划,地球围绕足球转;中美乒乓球大策划,架起了太平洋桥梁,伸出了大洋彼岸友谊的手。

(二) 谈判沟通技巧

人生无处不谈判,生活处处有沟通。谈判与沟通是双方或多方观点互换、情感互动、利益互惠的人际交往活动,事理通达才能心气平和。一个职业人士成功的因素80%靠沟通,20%靠天才和能力。当今世界就是一张巨大的谈判桌,不管你喜不喜欢,愿意不愿意,接受不接受,你都扮演了谈判与沟通的角色。总之,不论人与人之间建立什么样的关系,只要生活在这个社会中总会产生这样那样的矛盾——小到家庭纠纷,大到国际争端,都需要通过谈判或沟通来解决问题。因此,谈判与沟通技巧对我们每个人都有极其重要的意义。你的意图的表达、事业的如愿、生意的成功、理想的实现、人际关系的和谐、生活的美满和幸福都与此相关。心与心的沟通、灵与魂的认同、你与我的双赢才有利于管理目标的实现。

三、三种精神

(一) 自我超越精神

自我超越指突破自我实现,不断进取的精神。常言道:"学无止境,艺无止境,自我超越的意义在于创造。"高度自我超越的人是不断学习、提升自我、成就事业、拓展才能、完美人生的人;也是一个自我磨炼的人,即能吃苦耐劳、勤奋努力,不断自我否定、自我完善,是永不满足现状的人。他志向高远,以勤为径,好学上进,工作主动。自我超越,它是一个过程、一种终身修炼。

(二) 敬业奉献精神

敬业爱岗就是热爱生命,岗位职业是你生活的重要组成部分。职工要忠诚企业,企业要善待员工,奉献在先,索取在后。个人的价值是通过其社会行为而实现的,对企业与社会的贡献越大,个人的价值就越高。

(三) 团队协作精神

管理的核心是处理好人际关系,调动职工的积极性。人的成功实际上是人际关系的成功，完美的人际关系是个人成长的外在根源。环境宽松、和谐协调、关系融洽令人向往；生活安定，心情愉悦，氛围温馨，人的激情就能得到充分的发挥。试想，在一个"窝里斗"的企业里工作，人际关系紧张，人心难测，无所适从，甚至让人提心吊胆，不是人琢磨工作，而是工作折磨人，这种环境能够留得住人才吗？以人为本也只是"叶公好龙"而已。企业内部亲和力的存在才会使企业员工具有强烈的责任心和团队精神。组织富有活力和朝气，既能激发员工工作的积极性与创造性，又能增强企业凝聚力、生命力，提升企业的核心竞争力。

四、四种眼光

第一，远看。看宏观、看企业的远景，即看企业的战略规划。战略管理强调的是"做对的事情"。要注重科技开发、技术改造、人才培养，增强企业的发展后劲，实施可持续发展战略。要有战略眼光，不要鼠目寸光，不要"一叶障目——不见泰山""两耳塞豆——不闻雷霆"。

第二，近看。看微观、看近景，即看企业的目前经营状况。搞好日常生产经营管理，管理有序，经营有方，抓好市场营销及企业管理基础工作。

第三，粗看。看主流、看企业整体素质和经营状况的主流，把握经营管理中的主要矛盾和总体发展态势，看到优势，抓住机会，充满自信。

第四，细看。看细节、看日常经营管理中的薄弱环节与毛病，防微杜渐。管理无小事，发展是大事，看到劣势，规避威胁。

这近看、远看可以使人既注重脚踏实地的埋头苦干，又有今后的战略营销目标，防止盲目蛮干；这粗看、细看，则既看到主流和优势，抓住机遇，提高自信，又能规避威胁，迎接挑战，不因满足现有的成绩而故步自封。在战略营销中要当一个勇敢而明智的将军，而不当胡撞乱碰的鲁莽家。

重视战略不能放弃细节，每个人都把细节做好，才是对战略的最大支持。否则，细节失误，执行不力，就会导致营销战略的面目全非。细节中的魔鬼可能将把营销果实吞噬。从营销的角度看，细节的意义远远大于创意，尤其是当一个战略营销方案在全国多个区域同时展开时，执行不力，细节失控，都可能对整体形成一票否决。"三株"集团总裁吴炳新在 1995 年 10 月 15 日的新华年会上，宣读了《争做中国第一纳税人》的报告，可这些话还没有从人们的耳畔散去，"三株"就被一场官司击倒了。一位企业家用"十天十地"来形容三株后期："声势惊天动地，广告铺天盖地，分公司漫天漫地，市场昏天黑地，经理花天酒地，资金哭天喊地，经济缺天少地，职工怨天怨地，垮台同行欢天喜地，还市场蓝天绿地。"

如果把企业比作一棵大树，基础是树根，管理是养分，战略是主干，品牌是果实，细节就是枝叶。放弃细节就等于打掉枝叶，没有光合作用，企业这棵大树再也无法结出品牌的果实。天下难事，必做于易；天下大事，必作于细。从大处着眼，小处着手，感悟战略，体验营销，细节制胜，不可不察。

五、五种意识

（一）市场意识

出门看气候，战略识环境，市场知行情，信息抵万金。企业的重点应着眼于创造市场。而不仅仅是瓜分市场，现代消费不仅有多样性、发展性、层次性，而且还有可诱导性、启发性。一个善于开拓市场的经营者应该明察秋毫，捕捉和发展潜在的需求并主动去满足它。企业应该围着效益转，效益应该围着市场转。

（二）品牌意识

企业家只有将品牌提升到战略的高度，不断挖掘名牌精品的文化内涵，才能竞争取胜。名牌是挡不住的诱惑、写不完的史诗。名品精品是来之不易的，它是企业形象的象征。它具有经济价值。其产品特征是：品种适销对路，质量优良可靠，市场久畅不衰，企业服务周到，而且家喻户晓，信誉卓著。一个国家、地区拥有名牌产品的多少，可反映其综合经济实力和社会地位。名牌是信誉，是瑰宝，是人类文明的精华，是一个国家和一个民族素质的体现，既是物质的体现，又是文化水准的体现。因此，它往往成为一个国家和民族的骄傲。驰名商标比企业其他有形资产更加宝贵，它可以"创造"更多的价值。美国可口可乐公司经理曾夸口说："如果可口可乐公司在全世界的所有工厂一夜之间被大火烧得精光，那么可以肯定，大银行家们会争先恐后地向公司贷款，因为'可口可乐'这牌子进入世界任何一家公司，都会给它带来滚滚财源。"

（三）质量意识

质量是一个品牌成功的首要保证，也是名牌产品的生命线。品质就是市场，品质就是利润，品质就是信誉。一个真正的名牌不是靠政府评比出来的，也不是靠铺天盖地的广告选出来的，而是以自己的优秀品质在消费者的心目中逐步树立起来的。以质量开拓市场、以品牌占领市场是现代企业提高品质竞争能力的根本途径。可见，充分认识市场经济条件下商品质量的作用，落实"质量兴国"的战略思想，抓质量创名牌是当务之急。

（四）效益意识

经营获利是企业的宗旨，利是经济建设资本，利是富国强民之源。万众一心奔小康，聚精会神图发展，这是新时代精神的主旋律。经商获利是企业的天职，利之得，人心聚；利之丰，企业强；利之聚，社稷兴。不拿钱赚了钱是商界奇才，以小钱赚大钱是人才，拿了钱不赚钱是庸才，拿了钱赔了本是蠢材。企业无利，意味着亏损；职工劳而无利，意味着人心涣散。这不仅是一个经济问题，而且是一个政治问题，它关系到经济的发展、社会的稳定和国家的长治久安。

（五）生态意识

绿水青山就是金山银山。实施可持续发展战略，企业必须要有环保意识。我国耕地、水和矿产资源的人均占有量都比较低。今后，随着人口增加和经济发展对资源总量的需求更多，环境保护的难度更大，必须切实保护资源和环境；不仅要安排好当前的发展，还要为子孙后代着想，绝不能吃祖宗饭、断子孙路、走浪费资源和先污染后治理的路子。要根据我国国情，选择有利于节约资源、保护环境的产业结构和消费方式。坚持资源开发和节约并举，克服各种浪费现象，综合利用资源，加强污染治理。绿色环保、生态平衡已引起社会的关注，人类唯有与大自然维护和谐共生的平衡关系，建立资源再生系统，才能缓解因经济增长所带来的环境破坏和资源耗尽的困境。保护环境就是保护人类自己！

【诗语点睛】

人生无处不交流
生活事事有沟通
行健不息须自强
营造和谐方为本
修身齐家平天下
开心钥匙巧运用
天地人道美于和
政通人和万事兴

和商赋（代跋）

张国良

中华文明，源远流长，利己达人，和为灵魂。天道和，地祥和，人平和，商贵和。和合力，胜金玉；和生祥，彩云追。金鸡啼晓，百鸟和唱；和风细雨，百花齐放。春风拂面，激和畅之气；润物无声，荡祥和之情。和生春光，鸟语花香；和生夏日，丹凤朝阳；和生秋风，五谷飘香；和生冬雪，北国风光。宇宙和以生，天地和而成；星空和以灿，日月和而明；山川和以秀，江河和而清；草木和以生长，百花和而芬芳；自然因和以美，商贾以和而富。顺应天理，善择地利，凝聚人和，和应时势，因势利导，会通和合，政通人和，和商正道，业兴财旺。

万物清济和为源，以和为宗人心诚。洗心如镜和天下，宁静致远和人间。放之于四海，看当今世界之潮流，浩浩荡荡，和平发展是时代主题，顺之者昌，逆之者亡；放之于国家，构建和谐社会，政通人和是发展的根本前提；放之于民族，和谐相处、"和平崛起"是必由之路；放之于社区，讲睦修和，安定祥和是人心所向；放之于家庭或个人，事理通达，心平气和，父慈子孝，兄友弟恭，夫妇和好，弟兄同心，其利断金，家和万事兴；放之于单位，同心同德，和谐协调，关系融洽，令人向往。有同事，乃有同志；有同志，乃有同心；有同心，乃有同道。道不同，不相与谋；志不同，不相与力；心不同，不相与合。家庭与个人、社会与单位、国家与民族，相互作用、互为影响。家庭个人之责，亲亲于内，彬彬于外。内和于家庭，外和于单位，近和于邻里，远和于社会。国以和为盛，家以和为兴，人以和为贵，商以和为本。

和善必达情，达情必近人。精诚所至，金石可镂；君子之至，天地为开。君子和而不同，小人同而不和。和而不同，同而能和。有同方和，无同不和。己所不欲，勿施于人。天生人者，来之同路，去之同程，殊途同归。四海之内，皆为兄弟；五洲之间，均是手足。支撑为"人"，二人见"仁"，三人合"众"。和谐利己，合作共赢。人之尊严，人格平等。人格就是力量，信誉乃无价之宝。真、善、美，既是人类社会永恒话题，又是多么令人向往的字眼！而"真"位居其首，"千教万教，教人求真；千学万学，学做真人"。真是道德的基石、科学的本质、真理的追求。理念和谐，求真向善，商德至上，仁者爱人。德乃国之基也，和乃商之魂也。莎士比亚有句名言："无德比无知更属罪恶。"道德人格是社会整体文化的基石，经营道德是商业文化之魂。崇道德，尚伦理，讲人格，守信誉，不仅是一种良好的商德修养，而且是精神文明的重要体现。

诚信经营，和而同心，谐而同行，行而同向。心态平和，积极阳光。用心不钩心，谋事不谋人。天下苍生，各含其性。民之万物，各有其形。海纳百川，有容乃大。"贤而能容罢，知而能容愚；博而能容浅，粹而能容杂。"大度能容，容天容地，容天下难容之事。天生一面喜，开口总是春。与人相处，谦和有礼，态度热情，和颜悦色，满面春风，和蔼可亲、平易近人。礼遇要适当，寒暄要热烈，赞美要得体，话题要投机。对方直率，提问要简洁；对方内向，提问要含蓄；对方严肃，提问要认真；对方暴躁，提问要委婉；对方开朗，提问要随意。商务交流，资在于口。或如小溪流水，潺潺东流；或如春风化雨，润物无声；或如暴风骤雨，倾盆而下；或如冲锋陷阵，爆竹连响……天地人道美于和，沟通之道和为贵。屹立世界舞台，展现民族风采，构建和谐社会，彰显自我价值，"和"文化始终是民族的主线与灵魂。和商生命，系于沟通；核心理念，以和为本；体悟沟通，和谐永恒。

和气生财，怒气伤肝；商务往来，以礼相待。礼貌是无声的力量，礼仪是行动的指南。人无礼则不生，事无礼则不成，国无礼则不宁。礼之用，和为贵。和者顺，顺者昌。仪表雅一点，微笑多一点；倾听多一点，空话少一点；赞美多一点，猜疑少一点；度量大一点，脾气小一点；承诺慢一点，行动快一点；自省多一点，指责少一点。尊重上司是一种天职，尊重同事是一种本分，尊重下级是一种美德，尊重客户是一种常识，尊重对手是一种风度，尊重他人是一种教养。生活中最重要的是有礼貌，它是最高的智慧，比一切学识都重要。"世事洞明皆学问，人情练达即文章。"人情练达即情商。情商之所以重要，是因为情商高的人，人见人爱，花见花开。由此形成了事业成功的因果链。情商高必然关系多—必然朋友多—必然信息多—必然机会多—必然支持多。人无笑脸莫开店，微笑服务暖人心。诚招天下客，誉从信中来；青山似信誉，绿水如财源。

和商学问，博大精深。雄心出胆略，恒心出意志，信心出勇气，决心出力量。智商高，情商高，春风得意；智商低，情商高，贵人相助；智商高，情商低，怀才不遇；智商低，情商低，一生潦倒。如果说胆商是"种子"，智商是"土地"，那么情商是"水源"，德商就是"阳光"。万物生长靠太阳，雨水滋润禾苗壮。修道弘德，财自道生，利缘义取，和谐治理。天下难事，必做于易；天下大事，必作于细。大处着眼，小处着手，感悟商道，体验经营，细节制胜，不可不察。高瞻远瞩，人尽其才。天时不如地利，地利不如人和。源清水自洁，身直行始正。送人玫瑰，手留余香。正本清源，诚心正意，诚信如金，物流货畅，和商永恒，商海潮头！诗曰：生意成败在和商，只有爱拼才会赢。群雄逐鹿何所惧，物竞天择适者存。至诚至善情商高，人格力量大无穷。商誉无价胜黄金，和气生财利自生。

参考文献

1. 张国良. 战略管理 [M]. 杭州：浙江大学出版社, 2008.

2. 李恩, 李洋. 实用领导谋略 [M]. 北京：蓝天出版社, 1995.

3. 谢科范. 企业风险防范 [M]. 沈阳：辽宁人民出版社, 1996.

4. 王昌顺. 科学决策的程序 [N]. 学习时报, 2011-10-5.

5. 王玉斌. 决策者的素质要求决策方法和决策程序 [J]. 领导科学, 2010, 6.

6. 王卫国. 毛泽东与图书资料 [J]. 党史文苑, 2005, 10.

7. 张苹. 双"管"式管理模式在班级管理工作中的应用 [J]. 现代企业教育, 2010, 2.

8. 许益锋. 如何说服对方 [J]. 现代企业教育, 2010, 2.

9. 王晓涛. "自读导学法"在初中思想品德课中的探索和实践 [D]. 内蒙古师范大学, 2012.

10. 石武强. "换位思考"在图书馆读者服务工作中的应用 [J]. 绍兴文理学院学报, 2007, 4.

11. 约翰·科特, 詹姆斯·赫斯克特. 企业文化与经营业绩 [M]. 李晓涛, 曾中, 译. 北京：华夏出版社, 1997.

12. 刘光明. 企业文化 [M]. 北京：经济管理出版社, 1999.

13. 彼得·圣吉. 第五项修炼 [M]. 上海：上海三联书店, 2001.

14. 张国良. 企业使命管理精要探析 [J]. 企业经济, 2010, 10.

15. 缪海军. 培植义利并重的创业文化 营造开放开明的人文环境——人文精神大讨论系列综述之二 [N]. 诸暨日报, 2007-10-26.

16. 温州人义利并重天生对数字敏感 [N]. 重庆晚报, 2011-04-12.

17. 郭占恒. 浙江民营经济发展问题 [J]. 商业经济与管理, 2012, 11.

18. 方明. 浙江人的智慧 [M]. 北京：新世界出版社, 2011.

19. 席酉民，唐方程，郭士伊. 和谐理论 [M]. 西安：西安交通大学出版社，2005.

20. 李佛关，郭思智. 企业和谐治理理论的构建 [J]. 经济问题探索，2006，9.